Andreas Preißner

Vertrieb

Andreas Preißner

Vertrieb

Märkte analysieren – Kunden überzeugen – Umsatz steigern

Bibliografische Information der Deutschen Nationalbibliothek:
Die Deutsche Nationalbibliothek verzeichnet diese Publikation in der Deutschen Nationalbibliografie; detaillierte bibliografische Daten sind im Internet über **http://d-nb.de** abrufbar.

Für Fragen und Anregungen:
preissner@redline-verlag.de

2., aktualisierte Auflage 2013

© 2013 by Redline Verlag, ein Imprint der Münchner Verlagsgruppe GmbH,
Nymphenburger Straße 86
D-80636 München
Tel.: 089 651285-0
Fax: 089 652096

Die vorherige Ausgabe des Buches erschien 2007 unter dem Titel „Vertrieb leicht gemacht".

Alle Rechte, insbesondere das Recht der Vervielfältigung und Verbreitung sowie der Übersetzung, vorbehalten. Kein Teil des Werkes darf in irgendeiner Form (durch Fotokopie, Mikrofilm oder ein anderes Verfahren) ohne schriftliche Genehmigung des Verlages reproduziert oder unter Verwendung elektronischer Systeme gespeichert, verarbeitet, vervielfältigt oder verbreitet werden.

Satz: Georg Stadler, München
Druck: Konrad Triltsch GmbH, Ochsenfurt
Printed in Germany

ISBN Print 978-3-86881-357-9
ISBN E-Book (PDF)) 978-3-86414-433-2

Weitere Informationen zum Verlag finden sie unter

www.redline-verlag.de
Beachten Sie auch unsere weiteren Imprints unter
www.muenchner-verlagsgruppe.de

Inhalt

Vorwort zur 2. Auflage 7

1. Einführung in den Vertrieb 9

    1.1   Entwicklung von Marketing und Vertrieb 9

    1.2   Direkter und indirekter Vertrieb 14

    1.3   Der Vertrieb in der Unternehmensorganisation 16

    1.4   Anforderungen an den Vertrieb im Wandel 18

2. Der Vertriebsprozess 29

    2.1   Vertriebskonzept entwickeln 30

    2.2   Märkte analysieren 39

    2.3   Kunden kennenlernen 51

    2.4   Kommunikationsmittel effektiv einsetzen 82

    2.5   Akquisitionsprozess erfolgreich gestalten................. 128

    2.6   Kunden begeistern und entwickeln 162

    2.7   Kunden halten und wiedergewinnen 190

2.8 Erfolg im Vertrieb analysieren 203

2.9 Compliance im Vertrieb 242

3. Management im Vertrieb 247

3.1 Effizient arbeiten durch Selbstmanagement 247

3.2 Vertrieb optimal strukturieren 257

3.3 Mitarbeiter im Vertrieb erfolgreich führen 293

3.4 Zielvereinbarungen im Vertrieb 308

3.5 Einsatz von CRM-Systemen 313

Literatur 319

Über den Autor 321

Stichwortverzeichnis 323

Vorwort zur 2. Auflage

Der Vertrieb steht in den Unternehmen oft genug im Mittelpunkt – wenn nicht verkauft wird, dann hilft auch alles andere nichts. Also muss der Vertrieb funktionieren. Aber wie? Während der Vertrieb einige Menschen magisch anzieht, fürchten sich andere davor, jemals jemandem etwas verkaufen zu müssen. Vertriebsarbeit ist meist systematischer als man denkt, gute Vertriebsleute werden von ihren Gesprächspartnern hoch geschätzt und nicht als „Verkäufertyp" abgetan. Sie verstehen es, eine Beziehung aufzubauen und an den Vorteil beider Seiten zu denken.

Dieses Buch zeigt, wie systematische Vertriebsarbeit aussieht. Es beginnt mit einer Positionsbestimmung – Wo steht der Vertrieb im Unternehmen? Was wird vom Vertrieb und von Vertriebsleuten erwartet? – und geht dann auf die einzelnen Vertriebsprozesse ein. Diese beginnen mit der Analyse von Markt und Kunden und gehen über die Verkaufsgespräche bis zur wirtschaftlichen Beurteilung der Kundenbeziehung. Im Anschluss wird gezeigt, wie ein Vertrieb/eine Vertriebsabteilung gemanagt werden kann.

Maßgebend ist dabei die praktische Umsetzung. Mit Hilfe des Buchs sollen Vertriebsmitarbeiter einen schnellen Einstieg in das Gebiet erhalten. Es enthält viele praktische Hinweise und Checklisten, aber auch Methoden. Neben den klassischen Aufgaben wie der Terminvereinbarung, der Führung einer Kundendatei und der Erfassung der Zufriedenheit werden als neue Herausforderungen zum Beispiel die Möglichkeiten der Direktwerbung nach neuer Rechtslage und der Einsatz von Onlinemedien dargestellt. Es kann somit ein Begleiter für die tägliche Vertriebsarbeit sein, aber auch der systematischen Vorbereitung auf eine neue Tätigkeit dienen.

Für die zweite Auflage wurde das Buch gründlich überarbeitet. So kamen Abschnitte über den Einsatz des Internets bei der Kundenakquise hinzu, die rechtlichen Rahmenbedingungen für Telefon-, Mail- und Briefwerbung wurden an das neue Datenschutz- und Wettbewerbsrecht angepasst. Das Kapitel zur Gesprächsführung wurde um die Einwandbehandlung und den Grid-Ansatz ergänzt. Zur Ermittlung der Kundenzufriedenheit kamen Ansätze speziell für Dienstleistungen und Investitionsgüter hinzu. Weil im Vertrieb aber auch die Effizienz ein wichtiges Thema ist, sind andere Abschnitte gekürzt worden. Damit soll das Buch weiter einen kompakten Einstieg in den Vertrieb liefern.

Wenn Sie Anregungen zum Buch haben, können Sie mich unter andreas.preissner@web.de erreichen. Nun wünsche ich Ihnen, dass das Buch Ihre Arbeit bereichert und Sie es mit der Freude lesen, die man im Vertrieb haben kann.

Andreas Preißner

1. Einführung in den Vertrieb

1.1 Entwicklung von Marketing und Vertrieb

Über die Bedeutung des Vertriebs für ein Unternehmen muss man heute nicht mehr diskutieren. Wir sind uns alle einig, dass es ohne Vertrieb nicht geht und kein anderer Bereich eine so große Wirkung auf den Erfolg hat wie eben der Vertrieb. Aber was gehört alles dazu? Wer ist Vertriebsmitarbeiter, wer nicht?

Einige Unternehmen gehen so weit, alle Mitarbeiter als Vertriebsmitarbeiter zu bezeichnen, weil sie alle etwas für den Absatz der Produkte tun können. So macht der Kundendienst auch Vertrieb, weil Kunden gerne dort kaufen, wo ihnen im Notfall schnell geholfen wird. Die Telefonzentrale macht Vertrieb, weil sie schon beim ersten Kontakt signalisiert, wie wichtig (oder auch unwichtig) ein potenzieller Kunde ist. Die Geschäftsleitung macht Vertrieb, weil sie die großen Aufträge einfädelt und in der Öffentlichkeit präsent ist.

In diesem Buch gehen wir aber nicht so weit, sondern werden die Vertriebsfunktion genauer abgrenzen und damit das Tätigkeitsfeld für „Vertriebler" beschreiben. Dazu wird auch gezeigt, wie Vertrieb zu Verkauf und Marketing steht, die sich oft in einem ständigen Wettbewerb um Einfluss und Budget befinden.

Sind Vertriebsleute Verkäufer oder Marketingleute? Verkaufen Marketingmenschen auch, und wer hat wem was zu sagen? In der täglichen Praxis zeigen sich immer wieder Gegensätze. Der eine möchte dem anderen etwas sagen, andere wollen nicht miteinander reden und prinzipiell ist immer der andere schuld, wenn etwas nicht funktioniert. Versuchen wir also etwas Licht in das Durcheinander der Konzepte und Abteilungen zu bringen.

Bis etwa zum Anfang der Fünfzigerjahre war der Begriff **Verkauf** vorherrschend. Er bezog sich auf den Leistungsaustausch zwischen Unternehmen bzw. die „Abgabe" von Waren an Endverbraucher. Verkauf war nichts anderes als die reine Funktion beim Lieferanten, um die Arbeitsteilung in der Wirtschaft zu ermöglichen bzw. Umsätze zu erzielen. Solange der Wettbewerb nicht allzu stark ist und eher ein **Verkäufermarkt** vorliegt, das heißt der Käufer nach Verkäufern sucht und nicht umgekehrt, kommen Unternehmen auch heute noch mit einer reinen Verkaufsabteilung aus.

In den Fünfziger- und Sechzigerjahren änderten sich die Verhältnisse auf den Märkten. Der Wettbewerb unter den Anbietern stieg, internationale Konkurrenz kam hinzu und viele Märkte wandelten sich von Verkäufer- zu **Käufermärkten**. Die Käufer gewannen aufgrund des wachsenden Angebots an Macht und die Anbieter mussten aktiver werden, um ihre Waren absetzen zu können. Dafür wurde vor allem der Verkauf ausgeweitet. Einfach gesagt wartete man nicht mehr, bis der Kunde kam, sondern ging zu ihm hin. Dieser konnte es sich also bequemer machen und mit etwas Glück war man noch vor den Wettbewerbern dort.

Der Aufbau von Vertriebsmannschaften, die einen intensiven Kundenkontakt gewährleisten konnten, stand im Mittelpunkt. Ergänzt wurde der Außendienst durch Mitarbeiter, die sich um die Abwicklung kümmern, Fragen beantworten und Serviceleistungen erbringen. Alle diese Funktionen zusammen werden unter dem Begriff **Vertrieb** zusammengefasst.

Im Laufe der Sechzigerjahre ging die Entwicklung dann stürmisch weiter. Die Förderung des weltweiten Handels verschärfte die internationale Wettbewerbssituation, Nachfrager wurden kritischer, Märkte in wachsendem Maße gesättigt. Der reine Vertrieb schien kein ausreichendes Mittel mehr zu sein, Produkte verkaufen zu können. Vielmehr erkannte man, dass schon bei der Entwicklung von Produkten auf die Anforderungen der Nachfrager zu achten ist. Das war sozusagen das Geburtsjahrzehnt des **Marketings**, zumindest in Europa. In Amerika war Marketing schon weit früher bekannt, weil es neben Sales (Verkauf) auch nie etwas anderes gab. Die dort schon früher verbreiteten Erkenntnisse zur erfolgreichen Vermarktung von Produkten und Ansprache von Konsumenten wurden aber erst in den Sechzigern hierzulande systematisch verbreitet.

Der Siegeszug des Marketing als **Konzept der marktorientierten Unternehmensführung** führte dann auch zur Einrichtung von Marketingabteilungen, die mitunter in eine interne Konkurrenzbeziehung zum Vertrieb traten. So entstand die Frage, wer wem zugeordnet wird und wer wofür zuständig ist. Während sich solche Probleme auf intellektueller Ebene leicht lösen lassen, hat die Praxis noch kräftig daran zu knabbern, denn selten empfinden Vertriebsleute eine überdurchschnittliche Sympathie für Marketingleute und umgekehrt. Dass eine gute Zusammenarbeit für den Erfolg beim Kunden hilfreich ist, steht auf einem ganz anderen Blatt.

Wesentliche Neuerung war der umfassende Anspruch. Kundenorientierung sollte während Entwicklung, Produktion, Logistik und im Vertrieb die Maxime sein, nicht erst, wenn die Ware im Auslieferungslager angekommen ist. Weiterhin wurden umfangreiche Vermarktungsaktivitäten entwickelt, so wuchs die Bedeutung von Kommunikation, Vertragsbedingungen, Serviceleistungen oder Distributionspartnern.

In der Folge wurden immer wieder neue Schwerpunkte im Marketing gebildet, je nach wirtschaftlichen und gesellschaftlichen Bedingungen. Die Siebzigerjahre waren vor allem durch eine Orientierung am Konsumenten geprägt, der zunehmend wissenschaftlich durchleuchtet wurde. So wurden viele Erkenntnisse aus der Psychologie gewonnen, die zum Beispiel für die Werbegestaltung eingesetzt wurden. Weiteres Thema war die kritischer werdende Einstellung zum Marketing. Man versuchte sich gegen Vorwürfe der Manipulation und Weckung falscher Bedürfnisse zur Wehr zu setzen.

Das nächste Jahrzehnt hatte wieder andere Schwerpunkte im Marketing. Da die Verwissenschaftlichung in den Siebzigern nicht unbedingt weiterhalf, forschte man verstärkt empirisch nach Erfolgsfaktoren und fand vor allem das Verhalten gegenüber dem Wettbewerb. Unternehmen müssen sich, um erfolgreich zu sein, von Wettbewerbern unterscheiden. So wurden passioniert Wettbewerbsstrategien entwickelt, mit denen der USP geschaffen und vermittelt werden kann.

USP wurde zum Zauberwort, das bis heute seinen Charme nicht verloren hat. Dahinter verbirgt sich die **Unique Selling Proposition**, das einzigartige Verkaufsversprechen. Das ist sozusagen die konkrete Variante der Wettbewerbsstrategie. Seither fragt man sich stets, welchen USP das eigene Produkt hat. Ohne diesen lohnt sich erst gar nicht das Angebot, weil der Kunde nicht weiß, warum er es kaufen soll.

Im Vertrieb setzten sich in dieser Zeit zahlreiche Hilfsmittel durch. So führten Unternehmen zunehmend Computer ein und konnten ihre Mitarbeiter durch Schreiben von Berichten vom Verkaufen abhalten. Es wurden Entscheidungshilfen und Programme entwickelt, die genaue Touren- und Besuchsplanung zulassen.

Die Neunzigerjahre waren durch drei Themenbereiche geprägt: Umwelt, Kunden und Internet. Umweltfreundlichkeit wurde zu einem selbstverständlichen Verkaufsargument, partnerschaftliche Beziehungen zum Umfeld sollten das Unternehmen als soziales Wesen darstellen. Kunden wurden noch deutlicher in den Mittelpunkt gestellt, Angebote sollten so individuell wie möglich auf die Bedürfnisse zugeschnitten werden. Um Kunden langfristig zu binden, wurden umfangreiche Konzepte der Bearbeitung entwickelt. Der Vertrieb spielt dabei die zentrale Rolle. Wesentliches Schlagwort ist das **Customer Relationship Management** (CRM), das sowohl die persönliche Beziehung zum Kunden als auch Maßnahmen zur Steigerung der Kundenzufriedenheit umfasst.

Natürlich darf das Internet nicht vergessen werden, das vielfach nicht nur Kommunikations-, sondern im ersten Jahrzehnt dieses Jahrhunderts auch Distributionskanal geworden ist. Es eröffnet vor allem im Endverbraucherbereich zusätzliche Möglichkeiten der Kommunikation, im gewerblichen Bereich verändern sich mitunter die Beschaffungsvorgänge entscheidend. So werden einfache Bestellungen häufig schon elektronisch abgewickelt, sodass sich der Vertrieb in erster Linie auf Vertragsverhandlungen konzentrieren kann. In vielen Branchen ist der Internetvertrieb schon das beherrschende Thema geworden, etwa für Reisen, Bücher, Musik. Büromaterial per Telefon zu bestellen, scheint heute schon anachronistisch.

Kontakte zu Kunden werden verstärkt auch über soziale Medien geknüpft. Interessenten stellen Fragen via Twitter und Facebook, kritisieren aber auch über diese Medien. Solche Informationen müssen heute in die Vertriebsaktivitäten integriert werden. CRM-Systeme erfassen heute automatisch, was und wie im Internet über die eigenen Produkte geschrieben wird bzw. was die eigenen Kunden posten. Vertriebsleute müssen daher auch die Manager vielfältiger Kommunikationskanäle sein.

Die Aufgaben und Instrumente von Vertrieb und Marketing unterscheiden sich erheblich zwischen den einzelnen Branchen. Während eine Branche direkt an den Endkunden absetzt, arbeitet eine andere mit Einzel- und Großhandel zusammen. In manchen Branchen sind die Lieferanten Entwicklungspartner für ihre Kunden, in anderen liefern sie Fertigware am Werkstor ab. Insofern unterscheiden sich die Anforderungen an Vertriebsmitarbeiter grundlegend. Das hat auch Auswirkungen auf die Karriereplanung im Vertrieb. Ein Wechsel innerhalb der Branche ist leicht möglich, ein Branchenwechsel deutlich schwerer. Traditionen und die vorhandene Vernetzung stellen in Personalfragen oft ein besseres Argument dar als kreative Impulse.

Während der Vertrieb als operative Einheit mit seinen Zielen und Aufgaben leicht zu verstehen ist, sieht es beim Marketing als eher strategischem Konzept komplizierter aus. Hier besteht nämlich Interpretationsbedarf, um konkrete Handlungen daraus ableiten zu können. Einige Beispiele für **Definitionen des Marketings**:

> „Marketing ist der Prozess der Planung und Ausführung der Konzeption, Preisbildung, Kommunikation und Distribution von

Ideen, Gütern und Dienstleistungen, um Austauschprozesse zur Erfüllung individueller und unternehmerischer Ziele herbeizuführen." (American Marketing Association 1985)

„Marketing bedeutet Planung, Koordination und Kontrolle aller auf die potenziellen Märkte ausgerichteten Unternehmensaktivitäten. Durch die dauerhafte Befriedigung der Kundenbedürfnisse sollen die Unternehmensziele verwirklicht werden." (Meffert 2007)

„Verwirklichung einer optimalen Unternehmens-Umfeld-Koordination durch eine konsequente Ausrichtung aller unmittelbar und mittelbar den Markt berührenden Entscheidungen an dessen Erfordernissen." (Nieschlag/Dichtl/Hörschgen 2002)

„Marketing ist ein Prozess im Wirtschafts- und Sozialgefüge, durch den Einzelpersonen und Gruppen ihre Bedürfnisse und Wünsche befriedigen, indem sie Produkte und andere Dinge von Wert erstellen, anbieten und miteinander austauschen." (Kotler/Bliemel 2006)

1.2 Direkter und indirekter Vertrieb

Eine ganz erhebliche strategische Unterscheidung betrifft die Frage, ob direkt oder indirekt vertrieben wird. Das wirkt sich auf viele weitere Gestaltungsfragen und Maßnahmen im Vertrieb aus. Die Definition von direkt und indirekt ist ein wenig theoretisch-hölzern, aber wenigstens eindeutig. **Indirekter Vertrieb** liegt immer dann vor, wenn ein rechtlich und wirtschaftlich Selbstständiger zwischen Hersteller und Endverbraucher geschaltet ist. Dies ist zum Beispiel beim Vertrieb über den Handel der Fall. Aus Marketingsicht ist dabei von Bedeutung, dass die Kontrolle über den Vertriebsweg bis zum Endverbraucher, der auch ein Unternehmen sein kann, verloren geht. Der Anbieter weiß oft gar nicht, wer der eigentliche Nutzer ist, ob er mit der Leistung zufrieden ist, und er hat keinen Einfluss auf den Verkaufspreis.

Die Kunden kaufen dementsprechend nicht für den eigenen Bedarf, dafür in größeren Mengen und oft professioneller. Der einzelne Abschluss wird dadurch bedeutender. Häufig wird in solchen Situationen auch ein Key Account Management eingesetzt, bei dem einem Kunden genau ein Vertriebsmitarbeiter zugeordnet ist.

Beim **direkten Vertrieb** tritt der Hersteller mit den Endkunden in Kontakt. Er kann dabei den Endverbraucherpreis selbst bestimmen, die Ware so präsentieren, wie er will. Einige Autohersteller vertreiben nicht nur über unabhängige Händler, sondern auch über eigene Niederlassungen, Bekleidungshersteller bieten bestimmte Waren auch über Factory Outlets an, zudem eröffnet das Internet weitere Möglichkeiten, den klassischen Handel zu umgehen. Manchmal spielt eine Rolle, eine hohe Handelsspanne selbst vereinnahmen zu können, manchmal geht es um die Gewinnung von Kundendaten bzw. Erkenntnisse, wie und warum die eigenen Produkte gekauft werden. Im industriellen Bereich ist Direktvertrieb vorherrschend, weil nur so eine umfangreiche Beratung gewährleistet werden kann.

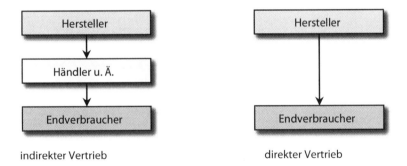

Abbildung 1.2.1: Indirekter und direkter Vertrieb

1.3 Der Vertrieb in der Unternehmensorganisation

Je nach Unternehmen kann der Vertrieb organisatorisch an unterschiedlichen Positionen angesiedelt sein. Dies hängt sowohl mit der Branche als auch den berühmten gewachsenen Strukturen und den Machtverhältnissen zusammen. Vor allem in klassischen Industrieunternehmen ist der Vertrieb oft ein eigenständiger Funktionsbereich. Er ist damit an allen Entscheidungen der Geschäftsführungsebene beteiligt und nimmt Einfluss bei strategischen Entscheidungen, auch soweit sie andere Funktionsbereiche betreffen.

Abbildung 1.3.1: Vertrieb als eigenständiger Funktionsbereich

Das Marketing kann gleichgeordnet sein, wird aber oft auch als eine Abteilung innerhalb des Vertriebs gesehen (Abbildung 1.3.1). In solchen Fällen hat Marketing nicht wie oben beschreiben die Bedeutung einer Unternehmensphilosophie, sondern ist eher eine Serviceabteilung für den Vertrieb. In der Praxis sieht das dann oft so aus, dass es sich auf die Erstellung von Prospekten, die Organisation von Messen oder besondere Verkaufsaktionen kümmert. Der Einfluss auf die Neuproduktentwicklung, Logistik und Vertrieb ist dabei gering, es wird überwiegend nur dann eingesetzt, wenn es eine konkrete Aufgabenstellung gibt. Diese Organisationsform findet sich oft in Branchen mit starkem Direktvertriebsanteil.

Bei einer Reihe von Konsumgüterunternehmen sind die Verhältnisse umgekehrt. Das Marketing spielt für den Unternehmenserfolg meist eine deutlich größere Rolle und wird entsprechend weit oben in der Hierarchie verankert (Abbildung 1.3.2). Der Vertrieb untersteht oft der Marketingleitung. Zentrale produktbezogene Entscheidungen haben beim Vertrieb über den Einzelhandel an die Endverbraucher eine größere Bedeutung, als es beim Direktvertrieb der Fall ist. Insofern reflektiert diese Organisation die innerbetrieblichen Entscheidungssituationen.

Abbildung 1.3.2: Vertrieb als Teil des Marketings

Nun können Sie sich sicher vorstellen, dass es für alle Unternehmen, die sich nicht für die eine oder andere Variante entscheiden können, auch den Ansatz gibt, beide Funktionen mehr oder weniger einträchtig und gleichberechtigt nebeneinander anzusiedeln. Damit erübrigt sich die Frage, wer wem etwas zu sagen hat. Allerdings hat man dann die unvermeidlichen Konflikte auf der obersten Führungsebene angesiedelt (Abbildung 1.3.3).

Abbildung 1.3.3: Marketing und Vertrieb gleichberechtigt nebeneinander

Das Verständnis der Rolle von Vertrieb und Marketing spiegelt sich in der Organisation. Wirft man also einen Blick auf die organisatorische Anordnung der beiden Funktionsbereiche, dann erfährt man viel über die Denkweise im Unternehmen.

1.4 Anforderungen an den Vertrieb im Wandel

Der kurze historische Überblick zeigt schon, dass Inhalte und Anforderungen einem kontinuierlichen Wandel unterliegen. Da der Vertrieb die Schnittstelle des Unternehmens zum Markt darstellt, ist auch die Abhängigkeit von der Entwicklung der Märkte bzw. der Umwelt allgemein sehr hoch. Ändern sich die Anforderungen an Produkte seitens der Konsumenten, werden bestimmte Kaufstätten plötzlich gegenüber anderen bevorzugt oder werden die Preise nicht mehr akzeptiert, merkt es der Vertrieb als Erster. Stellt er sich (häufig in Verbindung mit dem Marketing) darauf nicht ein, verliert er schnell seine Umsätze. Also ist ein hohes Maß an Sensibilität gefragt.

In der Praxis werden Vertriebsleute sowohl mit übergreifenden Trends, beispielsweise der zunehmenden Hinwendung zu ökologischen Lebensmitteln, als auch mit ganz pragmatischen Einflüssen wie einem Personalwechsel in der Einkaufsabteilung des Kunden konfrontiert. Die erforderliche Reaktion ist jeweils eine ganz andere, nicht zu reagieren ist meist die schlechteste Lösung.

Welche Entwicklungen waren in den letzten Jahren bedeutend für den Vertrieb?

Hier kann kein vollständiger Überblick über alle relevanten Entwicklungen gegeben werden. Es sollen aber einige wesentliche Trends erläutert werden, die sich deutlich auf die Arbeit im Vertrieb auswirken.

a) Elektronische Beschaffung

Vor allem der Absatz an große Unternehmen wird seit mehreren Jahren durch die Einführung elektronischer Beschaffungswege revolutioniert. Berühmte Beispiele finden sich in der Automobilbranche, in der Lieferanten über spezielle Portale angebunden sind bzw. über elektronische Marktplätze beschafft wird. Die Bedeutung des persönlichen Kontakts zwischen Einkaufs- und Vertriebsmitarbeitern geht dadurch zurück. Rein administrative Tätigkeiten wie die Nachbestellung sogenannter C-Teile (dazu gehören Büromaterialien, Werkstattbedarf oder Standardteile wie Schrauben) werden weitgehend in elektronische Bestellsysteme verlagert, die die Abwicklung standardisieren und automatisiert vornehmen. Parallel dazu wächst aber die Bedeutung strategischer Entscheidungen, etwa die Auswahl von Lieferanten und die Verhandlung von Vertragsbedingungen. Insofern musste sich der Vertrieb umstellen von der klassischen Laufarbeit hin zur betriebswirtschaftlichen Beratung und versierten Verhandlung über Logistik, Finanzierung, Recycling usw.

Das Ergebnis sind meist langfristig ausgerichtete Verträge mit eindeutigen Bedingungen, die auf höherer Ebene ausgehandelt werden. Der Vertrieb muss sich während der Vertragslaufzeit überwiegend um die Einhaltung von Terminen bzw. eines Mindestlagerbestands bemühen. In einigen Fällen übertragen Kunden (zum Beispiel Handelsunternehmen) ihren Lieferanten die Belieferung mit gelisteten Artikeln, indem sie ihnen Zugang zu den Lagerdaten geben. Die dabei gewonnene logistische Freiheit wird allerdings mit einer erheblichen Verpflichtung zur Zuverlässigkeit erkauft.

b) Wachsende betriebswirtschaftliche Orientierung

Nicht selten hört man noch von „alten Haudegen" des Vertriebs, wie große Abschlüsse bis tief in die Nacht mit den Kunden in der örtlichen Gastronomie gefeiert wurden oder wie dank guter persönlicher Beziehungen doch noch ein „ganz großer Deal eingetütet" wurde, obwohl die Konkurrenz unbedingt ins Geschäft kommen wollte. Diese Zeiten sind in den meisten Branchen vorbei. In vielen Unternehmen regiert inzwischen die Betriebswirtschaft bzw. das Controlling. Das führt dazu, dass Entscheidungen wie zum Beispiel auch größere Abschlüsse betriebswirtschaftlich gerechtfertigt werden müssen. Vertragsbedingungen werden ebenso transparent gehandhabt wie auch die Verhandlungen. Gerade in besonders gefährdeten Branchen wird auf transparente Vorgehensweise, auch im Hinblick auf mögliche „Mauscheleien", Wert gelegt.

Kunden hinterfragen verstärkt den wirtschaftlichen Nutzen von Produkten und Leistungen und entscheiden sich auch gegen den Kauf, wenn sie dabei unsicher sind. Verkäufer müssen daher nicht nur Experten für ihre Produkte sein, das heißt sie verstehen und erklären, sondern auch wirtschaftlich argumentieren können.

Auf Verkäuferseite kommt die betriebswirtschaftliche Orientierung in einer wachsenden ertragsorientierten Durchleuchtung der Kundenbeziehungen zum Ausdruck. So wird verstärkt darauf geachtet, sich besonders um die profitablen Kunden zu kümmern und defizitäre Kunden nicht mehr oder nur noch eingeschränkt zu bearbeiten. Dabei entstehen oft Diskrepanzen zwischen Unternehmensleitung und Vertrieb. Letzterer war jahrzehntelang auf Umsatz ausgerichtet worden und betrachtet häufig jeden Kunden als Wert an sich, aus Unternehmenssicht bietet sich aber häufig eine Konzentration auf wirklich starke Kunden an.

c) Entstehen neuer Vertriebswege

Die Nachfrage verändert sich kontinuierlich, nicht nur was die Produkte oder Dienstleistungen angeht, sondern auch die Kauforte und -wege betreffend. Klassische Vertriebswege brechen schon mal ganz weg, andere erhalten „nur" Konkurrenz durch neue. Davon kann die Vertriebsorganisation recht deutlich betroffen sein, weil es mitunter keine Einzelhändler mehr zu betreuen gibt oder vom indirekten auf direkten Vertrieb umgestellt wird. Typische Beispiele sind:

- der zunehmende Direktvertrieb von Pauschalreisen und Flugscheinen über das Internet anstelle des Reisebüros
- der Verkauf über firmeneigene Websites ergänzend oder als Ersatz für Einzel- oder Großhandel
- der Verkauf über Discounter oder andere Filialisten zusätzlich zum Facheinzelhandel
- die Vertragsanbahnung über elektronische Marktplätze statt der persönlichen Akquisition
- die Lieferung intellektueller/kreativer Produkte über das Internet anstatt auf einem festen Träger (Informationsdienste, Musik, Filme, Fotos, Bildungsleistungen usw.)
- die Umstellung eigener Verkaufsstellen auf unabhängige bzw. umgekehrt

Während solche strategischen Veränderungen in manchen Fällen durch den Markt bedingt sind, können in anderen auch unternehmensspezifische relevant sein. Im Vordergrund stehen meist Kostenüberlegungen, aber auch die Erreichbarkeit der Zielgruppe. Jüngere Personengruppen sind meist gut durch das Internet erreichbar und verlagern ihre Ausgaben kontinuierlich hin zu digitalisierbaren Produkten. Das Thema Handyklingeltöne mag verdeutlichen, wie die Nachfrage bestimmter Zielgruppen sehr deutlich in Bereiche verlagert wird, die für den klassischen Vertrieb irrelevant sind. Ebenso werden immer mehr Apps entwickelt, durch die mit wenigen Klicks ein Verkaufsabschluss per Telefon erzielt werden kann.

d) Internationalisierung

Internationalisierung und Globalisierung sind Dauerbrenner unter den Schlagworten, die sich in jeder Vorstandsrede oder Talkshow finden, um mehr oder weniger alles zu erklären. Der Vertrieb ist aber meist besonders konkret davon betroffen, sei es, dass die eigenen Leistungen auch im Ausland angeboten werden müssen, sei es, dass ausländische Wettbewerber auf den Markt treten.

Diese Entwicklung erfordert in aller Regel eine deutliche Ausweitung des Betätigungsfelds und das Eingehen auf länderspezifische Anforderungen, von der Sprache über Vorgehensweisen bis zu konkreten Produktanforderungen. Der Titel als Exportweltmeister, den Deutschland noch regelmäßig erhält, zeigt deutlich, wo die Umsatzdynamik herkommt. Umgekehrt werden aber auch verstärkt Unternehmen aus Schwellenländern hier aktiv und konkurrieren noch, aber mit nachlassender Tendenz, über den Preis (Beispiel Solarbranche).

Erfolgreiche Unternehmen begegnen dieser Herausforderung meist durch steigende Qualität, umfangreichere Leistungen und vor allem Beratung, die gerade Neueinsteiger in industriellen Märkten noch nicht bieten können. Der Vertrieb muss sich entsprechend auf eine komplexere Aufgabe einstellen und sich von der klassischen Verkaufs- hin zur Beratungsaufgabe orientieren. In diesem Zusammenhang ist auch der Trend zur Bildung von Vertriebsteams zu sehen, bei dem die Vertriebs- mit technischen Fähigkeiten kombiniert werden, um Kunden umfassend betreuen zu können.

e) CRM-Systeme

Teilweise noch als Wunderwaffe für den Verkaufserfolg gepriesen, werden CRM-(Customer Relationship Management)Systeme bei den betroffenen Vertriebsleuten oft mehr als Horrorvision gesehen. Das Ziel der individuelleren Kundenbetreuung wird durch eine erhebliche Datensammlung erkauft, die zunächst zu einer zeitlichen Mehrbelastung führt. So befinden sich viele Vertriebsleute in einem Zwiespalt zwischen akribischer Informationserfassung und genauer Auswertung auf der einen und dem eher intuitiven Umgang mit dem Kunden auf der anderen Seite. Auch werden die Möglichkeiten der neuen Systeme nicht ausreichend genutzt. Beispielsweise lässt sich anhand von Kaufdaten die Abwanderungswahrscheinlichkeit vorhersagen. Doch wird diese Möglichkeit kaum genutzt.

f) Outsourcing

Der wachsende wirtschaftliche Druck auf die Unternehmen führte mindestens seit Ende der Neunzigerjahre zu umfangreichen Bemühungen, Kosten zu senken und Flexibilität zu steigern. Nachdem zuerst die Produktionsbereiche davon betroffen waren, kamen später unterschiedlichste Verwaltungsabteilungen hinzu. In der Regel wird dabei an die Verlagerung ins billigere Ausland gedacht, Outsourcing kann aber auch einfach dadurch stattfinden, dass Aufgaben an externe Dienstleister verlagert werden, die zum Beispiel aufgrund nicht vorhandener tarifvertraglicher Bindungen niedrigere Personalkosten aufweisen. Beliebt ist es auch, eigene Mitarbeiter zu einem externen Dienstleister zu machen, dessen Weg in die Selbstständigkeit mit einem gewissen Vertragsvolumen versüßt wird.

In der Öffentlichkeit werden vor allem Fälle wie die Verlagerung von Call Centern oder Buchhaltungen nach Indien oder Tschechien diskutiert, es werden aber auch Vertriebsaufgaben an Dienstleister vergeben. Als großer Vorteil wird u. a. die Möglichkeit gesehen, in Abhängigkeit von der erbrachten Vertriebsleistung Aufträge zu verlängern oder zu stornieren. Zudem kann der Auftraggeber flexibel auf Marktveränderungen reagieren und so die Kapazitäten erhöhen oder reduzieren.

Aber auch auf individueller Ebene gibt es Bestrebungen, Vertriebsmitarbeiter aus Angestelltenverhältnissen herauszubringen und als Selbstständige zu beschäftigen. Betroffen ist etwa der Bereich Finanzdienstleistungen. Vertriebsleute müssen in solchen Situationen unternehmerische Qualitäten mitbringen. Vor allem entfällt ein klassisches Instrument der Motivation im Vertrieb, die Möglichkeit einer systematischen Karriere, die meist über verschiedene Stationen im Außendienst in der Vertriebsleitung endet. Dazu kommen nicht selten Qualitätsprobleme, wenn die Abhängigkeit von Provisionen allzu groß wird.

g) Der Einfluss veränderter Prozesse

In den letzten Jahren arbeiteten mehr oder weniger alle Unternehmen an ihren Prozessen. So gehört es auch heute noch zum guten Ton, geschäftliche Besprechungen mit einem Hinweis darauf zu beginnen, dass man sich in einer Umstrukturierung befinde, quasi als universelle Entschuldigung dafür, dass man nicht immer den vollständigen Überblick über alles haben könne. Vor allem ist dies als ein Resultat einer gewissen Verunsicherung zu verstehen, die Neuerungen mit sich bringen, deren Sinn sich nicht jedem Beteiligten sofort erschließt, nicht selten auch den eigentlich Verantwortlichen nicht.

Prozesse zu verändern ist deutlich schwieriger als Personen auszutauschen. So muss vor allem gegen Gewohnheiten des geschäftlichen Alltags angegangen werden, die sich über Jahre und Jahrzehnte eingeschliffen haben. Viele dieser Gewohnheiten sind nicht mit dem Unternehmensziel der Effizienzsteigerung zu vereinbaren und leisten Widerstand gegen allzu theoretische Konzepte.

Nichtsdestotrotz wird auch im Vertrieb versucht, in wachsendem Maße ökonomische Vernunft walten zu lassen und auf die Senkung von Kosten, die Steigerung der individuellen Leistung und vor allem Qualität hinzuwirken. Vertriebsmitarbeiter müssen sich heute einer ganzen Reihe von Ideen und Anweisungen stellen, die man früher dem Vertrieb nicht zuzumuten wagte. Dazu gehört vor allem die Übernahme unangenehmer Tätigkeiten, für die sie aber letztlich besser geeignet sind.

Ein Beispiel ist das **Forderungsmanagement.** So stellte man in den letzten Jahren fest, dass zwar die Buchhaltung die historische Zuständigkeit für das Eintreiben offener Forderungen besitzt, dies aber nur recht abstrakt auf schriftlichem oder rechtlichem Wege tun kann. Insofern erscheint es schon logisch, den persönlichen Kontakt des Vertriebs zum Kunden zu nutzen und über ihn auf die Begleichung der Forderung zu drängen. Voraussetzung ist aber ein Informationsaustausch zwischen Außendienst und Buchhaltung, ggf. mithilfe eines CRM-Systems, das die

Zahlungsdaten mit verwaltet. Einige Unternehmen binden die Zuverlässigkeit der Kunden mit in die variable Entlohnung ein. Der Vertriebsmitarbeiter erhält mitunter seine Provision nicht, wenn die Rechnung nicht oder verspätet gezahlt wird.

Ein anderes Beispiel für neu gestaltete Prozesse findet man bei der **Zusammenarbeit** von Vertriebs- mit anderen Mitarbeitern **im Team**. Hier steht man zwar noch am Anfang einer deutlichen Entwicklung, muss aber in manchen Unternehmen schon umdenken. So wird der Kundenkontakt nicht mehr alleine vom Außendienst übernommen, der sich dann auf reine Vertriebsfragen beschränkt, sondern zum Beispiel durch Kundendienstler ergänzt. Dies ist vor allem in Branchen sinnvoll, die durch ein hohes technisches Niveau gekennzeichnet sind und in denen fachliche Fragen vor und nach dem Kauf eine erhebliche Rolle spielen. Vertrieb und Kundendienst (bzw. auch Entwicklung) müssen sich dann zu Teamplayern entwickeln und sich über Dinge wie Provisionen einig werden.

h) Was die Kunden von ihren Gesprächspartnern erwarten

Gemeinhin glaubt man ja, Vertriebsleute seien bei den Kunden nie sonderlich beliebt, weil sie ihnen immer etwas aufschwatzen wollten. Insofern müsse man sich gegen ihre Versuche, etwas und vor allem zu viel und zu teuer zu verkaufen, wehren. Diese Vorstellung führt auch oft zu einer Ablehnung von Vertriebstätigkeiten gerade bei Nachwuchskräften, die über eine gute fachliche Qualifikation verfügen. Dass diese beim Kunden oft sehr gerne gesehen sind, bessert die Situation nicht gerade.

Das Verhältnis von Käufer und Verkäufer ist immer vor dem Hintergrund der Branche und der Produkte zu sehen. Die persönlichen Anforderungen unterscheiden sich entsprechend stark. So werden Vertriebsleute, die im Wesentlichen mit Disponenten in Verbrauchermärkten zu tun haben, mit ganz anderen Anforderungen konfrontiert als Key Account Manager, die mit dem Zentraleinkauf eines Konzerns über die Verträge für die nächsten Jahre verhandeln. Beide müssen natürlich im Vorfeld verstehen, was die Ziele ihrer Gesprächspartner sind und in welcher Situation sie sich befinden, sowohl was das Unternehmen als auch was den Markt angeht.

In jeweils unterschiedlichem Maße werden die folgenden Eigenschaften/ Leistungen erwartet:

> **Betriebswirtschaftliches Verständnis** – Kunden erwarten, dass der Verkäufer ihre wirtschaftliche Lage einschätzen kann und dies bei seinen Empfehlungen und Konditionen berücksichtigt. So werden Entscheidungen aufgrund unterschiedlicher wirtschaftlicher Größen gefällt, manchmal steht die Umschlagsgeschwindigkeit einzelner Waren im Vordergrund, in anderen Fällen die vertraglichen Verpflichtungen wie Lieferdauer und -menge, wieder andere achten auf die Folgekosten beim Einsatz bestimmter Produkte. Solche Anforderungen müssen vorhergesehen werden, denn es hilft nichts, über den geringen Energiebedarf zu philosophieren, wenn es dem Kunden um Kapitalbindung geht.
> **Beratungskompetenz** – Für praktisch alle Unternehmens- und Privatkunden ist das Geschäft bzw. Leben heute deutlich komplizierter als früher. So fehlt das Verständnis für neue Technologien oder sind die Rahmenbedingungen, etwa rechtliche Reglementierungen, Steuer- oder Umweltfragen häufig unklar. Gleichzeitig müssen Angebote anspruchsvoller werden, um sich am Markt, vor allem gegen Billigkonkurrenz, durchsetzen zu können. Der Vertrieb muss diese komplexeren Leistungen am Markt durchsetzen, indem er das nötige Wissen vermittelt. Nur wenige Kunden sind bereit, sich selbst in neue Fragestellungen einzuarbeiten, scheuen Zeit und Kosten dafür. Vertriebsmitarbeiter können den Absatz deutlich fördern, wenn sie diese Aufgabe übernehmen.
> **Verfügbarkeit** – Nachfrage entsteht oft genug spontan, und gerade dann ist die Bereitschaft zum Kauf am größten. In dieser Situation muss der Vertrieb zur Verfügung stehen, je nach Produktbereich für einen Besuch mit Beratung oder in Form eines funktionsfähigen Call

Centers, um eine Bestellung aufzunehmen. Im gewerblichen Bereich spielen vor allem Engpasssituationen eine Rolle, um „ins Geschäft zu kommen", etwa wenn der Stammlieferant nicht erreichbar ist. Aber auch Privatkunden erwarten in wachsendem Maße Verfügbarkeit, was sich etwa beim Vertrieb über das Internet zeigt. Zu erkennen ist das zum Beispiel an den Käuferzahlen an Sonntagen.

▶ **Fairness** – Der Ruf des Vertriebs in der Öffentlichkeit ist zumeist eher zweifelhaft. Das hängt im Wesentlichen mit immer noch vorkommenden Praktiken der Überrumpelung und Übervorteilung gerade nichtprofessioneller Kunden zusammen. So machen Verkäufer im Finanzanlagebereich Schlagzeilen, wenn sie wertlose Anlagen verkaufen, Telefonverkäufer, wenn sie nicht vollständig über die Verträge informieren. Da für beide Seiten immer ein Anreiz besteht, den Preis in die gewünschte Richtung zu beeinflussen, wohl wissend, dass der andere dies auch will, besteht ein grundlegendes Misstrauen. Diesem muss der Vertrieb durch ein hohes Maß an Fairness begegnen.

▶ **Einfühlungsvermögen** – Vertriebsmitarbeiter kommen meist täglich in mehrere unterschiedliche Umfelder. Dem einen Unternehmen auf Kundenseite geht es gut, dem anderen nicht. Der eine Gesprächspartner ist neu in seinem Job und traut sich noch nichts zu entscheiden, der andere hat gerade gekündigt und der nächste hat schon vor Jahren die innere Kündigung vollzogen. Ein Unternehmen verfügt über klare Strukturen, beim anderen weiß keiner, wer wofür zuständig ist. Darauf muss sich ein guter Verkäufer jeweils neu einstellen. Eine Strategie, die morgens funktioniert, kann am Nachmittag scheitern, weil die Verhältnisse ganz andere sind. Er muss entsprechend flexibel sein, einen guten Riecher für das persönliche und organisatorische Drumherum haben. Und muss natürlich auch eine ganze Menge Ärger herunterschlucken können.

▶ **Medienkompetenz** – Kunden möchten heute auf unterschiedlichsten Wegen mit ihren Lieferanten kommunizieren, teilweise haben sich bestimmte Formen auch zum Standard entwickelt. Manche sind es gewohnt, ihre interne Kommunikation über firmenspezifische Plattformen schriftlich abzuwickeln und können oder wollen nicht auf den Telefonkontakt umsteigen. Andere wiederum wollen gerade den persönlichen Kontakt und telefonieren lieber, lassen dafür vielleicht eine Mail liegen. Leider passen sich Kunden selten an den Kommunikationsstil des Lieferanten an. Da sie unterschiedliche Vorstellungen haben, muss sich der Vertriebsmitarbeiter jeweils neu einstellen.

2. Der Vertriebsprozess

Was Sie in diesem Kapitel erwartet:

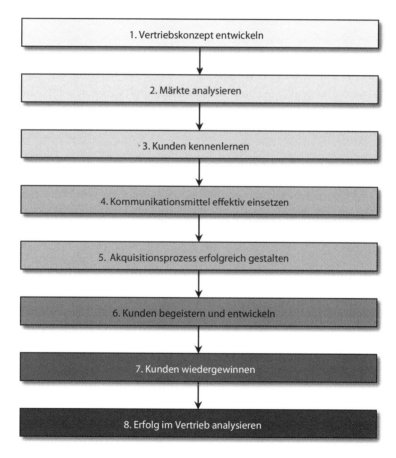

Abbildung 2.0 Kapitelübersicht

2.1 Vertriebskonzept entwickeln

Der Alltag im Vertrieb ist mehr als in anderen Funktionsbereichen durch kurzfristige Entscheidungen, Reaktionen auf äußere Ereignisse, kreative Ideen geprägt. Für systematische Planung hat man meist wenig Verständnis, zumal sie oft genug nach kurzer Zeit hinfällig wird. Das liegt aber meist an der ungeeigneten Planung bzw. vorhandenen Vorurteilen ihr gegenüber.

Vielfach scheitern aber Vertriebskampagnen, Markteinführungen usw. daran, dass vorher kein Konzept entwickelt wurde, der Überblick verloren geht und dann situativ ungeeignete Entscheidungen getroffen werden. Die Entwicklung eines Konzepts kann, ohne in lästige Bürokratie auszuarten, wesentliche Hinweise auf Stärken und Schwächen des Unternehmens geben und vor allem sicherstellen, dass auch systematisch die Ziele verfolgt werden.

> Nicht zuletzt ist die Konzeptentwicklung ein Instrument, um die ganze Abteilung einzubinden, mit Informationen zu versorgen und zur Zielerreichung zu motivieren. Die Identifikation mit Zielen und Plänen ist nun mal immer höher, wenn man sie selbst mit bestimmt hat.

Die Konzeptentwicklung orientiert sich am klassischen **Entscheidungsprozess**. Bevor irgendetwas inhaltlich geplant werden kann, muss eine **Analyse** durchgeführt werden. Sie stellt alle notwendigen Informationen bereit, die für die Planung notwendig sind. Weiterhin stellt sie sicher, dass nicht auf der Grundlage falscher Annahmen geplant wird. Dies geschieht recht schnell, wenn ein Plan aus dem Ärmel geschüttelt wird. Dann geht man meist von eigenen Erfahrungen aus, von dem, was man mal irgendwo gesehen oder gehört hat. Das muss aber nicht vollständig und objektiv sein. Nur wenn man gezielt nach Informationen sucht und sich nicht nur auf andere verlässt, kann ein markt- und kundengerechtes Konzept entwickelt werden.

> Das große Problem dabei ist die **Generalisierung**. Erzählt zum Beispiel ein Kunde über schlechte Erfahrungen, dann geht man schnell davon aus, dass es immer so ist. Über gute Erfahrungen wird auch seltener berichtet, weil sie eigentlich selbstverständlich sind. Stellt man fest, dass einige Wochen hintereinander die Bestellmengen für ein Produkt gestiegen sind, dann vermutet man schnell einen Trend und weitet das Angebot aus. Es kann sich aber auch um reinen Zufall handeln. In allen Fällen sollte daher analysiert werden, ob wirklich etwas dahintersteckt. Das kann aber nur zuverlässig geschehen, wenn man selbst aktiv wird und sich auch Gedanken über die Methode macht.

Nach der Analyse werden die **Ziele definiert**. Sie müssen mit den Unternehmenszielen abgestimmt sein und beschreiben, wohin man kommen will. Sie lassen noch offen, auf welchem Weg das geschieht, dafür ist dann die Maßnahmenplanung zuständig. Dabei werden die strategische und die operative Ebene unterschieden. **Strategische Pläne** sind längerfristig ausgerichtet und recht allgemein gehalten. Sie geben die grundsätzliche Richtung vor, vermitteln einen Überblick und sind Leitlinie für die **operativen** (Maßnahmen-)**Pläne**. Diese setzen die Strategie in konkrete Maßnahmen um, also ins Tagesgeschäft. Dabei kommt es immer wieder zu Anpassungen an aktuelle Entwicklungen. Und ganz zum Schluss wird das **Ergebnis kontrolliert**, um aus möglichen Abweichungen zu lernen. Allerdings wird dies in der Praxis nur ungern praktiziert, denn an mögliche Planungs- oder Umsetzungsfehler möchte man meist nicht erinnert werden, es sei denn, jemand anderes war dafür verantwortlich.

Dieses Phasenkonzept mag etwas abstrakt erscheinen, es ist aber letztlich eine ziemlich alltägliche Angelegenheit. Stellen Sie sich vor, Sie planen Ihren nächsten Jahresurlaub. Was machen Sie zuerst? Sie sehen sich die Urlaubstermine an, machen sich Gedanken über das Wetter zu der Zeit und schmökern vielleicht schon in Reiseführern, um sich mit ein paar Zielgebieten vertraut zu machen. Das ist die Analysephase. Und die lohnt sich, denn im November ist der Bayerische Wald nicht sonderlich attraktiv und im August werden Sie sich im Arabischen nur in klimatisierten Räumen aufhalten wollen.

Als Nächstes definieren Sie Ihr Urlaubsziel, sicher gemeinsam mit Partner und ggf. Kindern oder Freunden, die mitkommen. Das ist auch sinnvoll, denn oft genug will ja einer wandern, der andere schwimmen, und der oder die nächste shoppen. Das sollte man irgendwie koordinieren, sodass jeder gerne in diesen Urlaub fährt und man dann auch weiß, was man machen kann.

Wenn Sie sich für ein Ziel und eine Urlaubsart (Wandern, Baden usw.) entschieden haben, dann werden Sie einen strategischen Plan entwickeln. Dabei geht es um die Frage, ob Sie fliegen oder Auto fahren, ob Sie eine Rundreise machen wollen, eine Pauschalreise oder alles selbst organisieren, ob Sie ein Fünf-Sterne-Hotel oder den Campingplatz bevorzugen usw. Stellen Sie sich vor, Sie fahren los, ohne sich über diese strategische Fragen einig zu sein – glauben Sie, dass Sie dann noch die Chance auf einen schönen Urlaub haben? Können Sie sich ausmalen, wie lange Sie nach einer Unterkunft suchen, sich immer wieder über Ihre Aktivitäten streiten und wie viel Zeit noch für Erholung übrig bleibt?

Dann sind wir uns wohl einig, dass Strategie einen Sinn hat und Sie danach recht einfach mit dem operativen Plan weitermachen können. In diesem Zusammenhang entscheiden Sie dann über Besichtigungen, Vor-, Nachmittage und Abende am Strand, den Besuch von Museen usw. Und wenn das Wetter anders ist als erwünscht, dann wird eben wieder neu geplant oder man fährt in einen anderen Ort.

Eine systematische Kontrolle wird man nach dem Urlaub sicher kaum vornehmen, er sollte ja auch von der Arbeit ablenken. Aber es gibt meist einen Kassensturz mit der Erkenntnis, vielleicht doch ein wenig zu viel ausgegeben zu haben und es gibt vielleicht auch den Bilderabend, bei dem man noch einmal sieht, wie schön es war – oder auch nicht.

1. Schritt: Situationsanalyse

Der Prozess beginnt stets mit der Situationsanalyse, die den Standpunkt des Unternehmens am Markt verdeutlichen soll. Sie schließt die Analyse der Umwelt ebenso wie die des Unternehmens bzw. des Vertriebs selbst ein. Im Mittelpunkt steht oft eine aus vier Komponenten bestehende **SWOT-Analyse**.

Stellt sich nun im Vergleich mit einem oder mehreren Wettbewerbern heraus, dass eine Stärke des eigenen Unternehmens dort nicht vorhanden ist, ergibt sich ein Ansatz für die Strategieentwicklung. Findet sich auf diese Weise ein Nachteil, dann sollte die Strategie so entwickelt werden, dass dieser nicht bedeutsam wird.

Checkliste 1: SWOT-Analyse

Strengths – Stärken des Unternehmens/Vertriebs:

- Was können wir besonders gut?
- Wo haben wir technologische Vorteile?
- Welche besonderen Qualifikationen haben wir?
- Bieten wir unseren Kunden spezielle Dienstleistungen?
- Welche Imagevorteile haben wir gegenüber Wettbewerbern?
- Verfügen wir über hohe Personalkapazitäten?
- Ist unser Serviceniveau überdurchschnittlich?
- Haben wir eigene Vertriebswege?

Weaknesses – Schwächen des Unternehmens/Vertriebs:

- Ist unser Kostenniveau überdurchschnittlich?
- Sind unsere Produkte zu alt?
- Reagieren wir zu langsam auf Kundenwünsche?
- Sind wir bei potenziellen Kunden überhaupt bekannt?
- Gibt es Personalengpässe?
- Fehlen notwendige Qualifikationen?
- Gibt es schlechte Testergebnisse?
- Kommt es zu Lieferverzögerungen?

Opportunities (Chancen) – positive Einflüsse und Entwicklungen, die zum Beispiel eine Möglichkeit zur Absatzsteigerung, zur Innovation oder zur Preisanhebung ergeben. Sie sind auf ihre Verwertbarkeit hin zu bewerten und gegebenenfalls in die Strategieplanung einzubeziehen:

- Welche neuen Märkte können wir bearbeiten?
- Gibt es neue potenzielle Kunden?
- Welche zusätzlichen Anwendungsmöglichkeiten ergeben sich für unsere Produkte?
- Welche Zusatzleistungen können unsere Mitarbeiter anbieten?
- Wie können wir das Sortiment sinnvoll ausweiten?
- Haben wir die Möglichkeiten bei unseren Kunden bereits ausgeschöpft?

Threats (Risiken) – negative Einflüsse und Entwicklungen, die Umsatz, Image, Distribution und Ähnliches behindern, also möglichst abzuwehren sind. Sie können auf Aktivitäten von Wettbewerbern, staatliche/regulative Aktivitäten, Veränderungen im Nachfrageverhalten, technologische Entwicklungen usw. zurückzuführen sein:

- Welche Maßnahmen plant der Wettbewerb?
- Mit welchen Entwicklungen müssen wir bei den Kunden rechnen?
- Wie entwickeln sich Ertragskraft und Kaufkraft der Kunden?
- Gibt es neue rechtliche Reglementierungen?
- Werden neue Technologien auf den Markt gebracht?
- Wie entwickeln sich die Vertriebskanäle?
- Gibt es neue Richtlinien im Einkauf?

Damit lassen sich positive wie negative Faktoren ermitteln, und zwar für die aktuelle Situation (Stärken/Schwächen) wie auch für die Zukunft (Chancen/Risiken). Wenn ein neuer Markt erschlossen werden soll, dann ist es meist notwendig, noch eine eingehende Marktanalyse vorzunehmen, die unter anderem das Nachfragepotenzial, Kundenanforderungen oder vorhandene Vertriebswege untersucht. Da diese Analyse sehr umfangreich werden kann, beschäftigt sich ein eigenes Kapitel (2.2 Märkte analysieren) damit.

2. Schritt: Zielbildung

Die Situationsanalyse ist wie oben gesagt Ausgangspunkt für die Formulierung von Zielen. Da wir uns hier in einem Funktionsbereich befinden, gehen hier auch Unternehmensziele und damit auch das Unternehmensleitbild ein. Letzteres legt fest, wie das Unternehmen in der Öffentlichkeit wahrgenommen werden will, wie es sich von Wettbewerbern unterscheiden soll, mit welchen Zielen und Werten es sich identifizieren will. Daraus können sich Schwerpunkte oder auch Einschränkungen für die Zielformulierung ergeben.

Darüber hinaus ziehen bestimmte Unternehmensziele konkrete Ziele im Vertrieb nach sich. Im Falle von Umsatzvorgaben ist dies besonders deutlich. Die Ziele im Vertrieb müssen sich ganz eindeutig an solchen Zielen orientieren, idealerweise hat der Vertrieb auch dabei mitgewirkt. Aber auch alle anderen produkt- oder marktbezogenen Ziele müssen direkt in die Vertriebsziele übernommen werden.

> Die Ziele sind die Vorgaben für die Planung. Sie stellen dar, was erreicht werden soll, während die Planung selbst bestimmt, wie die Ziele erreicht werden sollen. Diese Arbeitsteilung wird gerne vermischt, sodass nicht mehr klar ist, ob es sich um ein Ziel oder einen Plan handelt. Eine Vermischung ist aber nicht sinnvoll, weil eine Zielvorgabe bewusst unterschiedliche Möglichkeiten zur Zielerreichung lässt. So kann die konkrete Maßnahmenplanung an Personen delegiert werden, die aufgrund ihrer Fach- und Marktkenntnis die richtigen Maßnahmen festlegen können. Weiterhin sind Zielvorgaben vergleichsweise stabil, weil sie zum Beispiel auf die Sicherung von Vertriebswegen ausgerichtet sind. Maßnahmen müssen häufiger angepasst werden, weil sich die Umfeldverhältnisse ändern.

Abbildung 2.1.1 zeigt ein Zieldreieck, bei dem drei Zielebenen unterschieden werden. Für die Unternehmens-, Bereichs- und Abteilungsebene werden häufige und typische vertriebsrelevante Zielthemen aufgeführt.

Der Vertriebsprozess

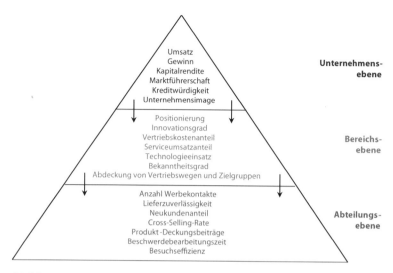

Abbildung 2.1.1: Zielebenen im Unternehmen

3. Schritt: Planung

Die Planungsphase kann in zwei Bereiche eingeteilt werden, und zwar die strategische und die operative:

- Die **strategische Planung** ist eine übergreifende, die auf einen längeren Zeitraum ausgerichtet ist und allgemeine Richtlinien enthält. Sie muss die vorher definierten Ziele umsetzen, aber noch genügend Raum lassen für unterschiedliche Maßnahmen.
- Die **operative Planung** ist kurzfristig ausgerichtet und enthält genaue Anweisungen, wie vorzugehen ist. Die operative ist immer auf die strategische Planung auszurichten. Hier kommt es häufiger zu Änderungen.

Zuletzt ist noch festzulegen, wie der **Erfolg** des Konzepts **kontrolliert** werden soll. Dafür kommen etwa Kennzahlen infrage, aber auch einfach der erzielte Umsatz oder die Kundenzufriedenheit.

Wie so ein Konzept am Ende aussieht, lässt sich nicht allgemein sagen. In jeder Situation ist ein individuell anderes Konzept angebracht. Vor allem sollte man nicht versuchen, irgendetwas zu kopieren, denn dann würde man immer der Konkurrenz hinterherlaufen. Die Planungsphase soll auch dazu dienen, einen eigenständigen, originären und möglichst originellen Weg zum Erfolg zu finden. Da man die Ideen erst einmal gedanklich durchspielt, kann man nach möglichen Fallen suchen, das heißt sich auch überlegen, wie Wettbewerber darauf reagieren, ob die einzelnen Maßnahmen zueinander passen, ob sie auch technisch und finanziell umzusetzen sind.

Tabelle 2.1.1 zeigt ein Beispiel für ein Vertriebskonzept. Das Unternehmen Immergrün GmbH ist Tochtergesellschaft eines Pflanzen-Großhändlers und stattet Büroräume und größere Privatwohnungen mit Grünpflanzen aus, wobei auf optimale Arbeitsatmosphäre und gutes Raumklima Wert gelegt wird. Durch entsprechende Beratung und Planung will man einen deutlichen Mehrwert gegenüber einem reinen Pflanzenhandel bieten.

In den letzten Monaten wurden testweise einige Firmen auf den Service angesprochen und es konnten recht erfreuliche Umsätze getätigt werden. Nun soll die Leistung in ganz Deutschland, Österreich und der Schweiz angeboten werden. Eine entsprechende Vertriebsstruktur muss aufgebaut, Strategien müssen entwickelt werden. Die beiden Geschäftsführer setzen sich mit einem Mitarbeiter, der Vertriebsleiter werden soll, zusammen und erstellen folgendes Konzept:

Situationsbeschreibung	Wachsender Personalbedarf, höhere Ausgabebereitschaft der Unternehmen und wachsende Bereitschaft, in die Arbeitsumgebung zu investieren. Hohe Sensibilität für Klimafragen. Auf dem Markt sind zahlreiche Blumenhändler aktiv, meist aber nur regional und mit sehr unterschiedlichem Know-how.

	Stärken	Schwächen	Chancen	Risiken
Situationsanalyse	Pflanzen-Knowhow durch Großhandelstätigkeit vorhanden, vorhandene Infrastruktur kann genutzt werden.	kaum Beziehungen zu Endkunden vorhanden, keine regionalen Kenntnisse und Bekanntheit.	positive konjunkturelle Situation, Bedeutung der Arbeitsumgebung für die Produktivität wird zunehmend erkannt.	Konzept kann von Wettbewerbern leicht übernommen werden, Ausgabebereitschaft konjunkturabhängig.
Ziele	\multicolumn{4}{l	}{Einrichtung von sechs Vertriebsniederlassungen in Deutschland (Hamburg, Berlin, Düsseldorf, Frankfurt, Stuttgart, München). Erzielung eines Bekanntheitsgrads von 15 Prozent innerhalb von zwei Jahren bei Geschäftsführern kleiner und mittlerer Unternehmen. Erzielung von fünf Mio. Euro Umsatz im ersten und zehn Mio. im zweiten Jahr.}
strategischer Plan	\multicolumn{4}{l	}{Systematische Pressearbeit in Fach- und regionalen Medien zum Thema Raumklima. Sicherstellung des Beratungs-Know-hows bei den Außendienstmitarbeitern. Direktansprache von Geschäftsführern. Einrichtung und Weiterentwicklung eines Info-Portals im Internet mit Online-Shop.}
operativer Plan	\multicolumn{4}{l	}{Anwerbung und Schulung von Verkaufsmitarbeitern aus dem Großhandel. Einstellung von sechs Niederlassungsleitern. Versand von fachlichen Pressemitteilungen an relevante Redaktionen. Versand von 20.000 Mailings an kleinere Büros. Direktkontakt (telefonisch und persönlich) zu potenziellen Kunden durch den Außendienst. Gewinnung von 1.000 Kunden pro Niederlassung und Jahr. Aufbau der Webseite, Einrichtung des Online-Shops.}

Kontrolle	verantwortlich: Gesamtvertriebsleiter
	Erfassung der eingehenden Bestellungen (Anzahl/Umsatz pro Monat/Jahr)
	Kennzahlen: Bestellungen in Relation zu Besuchen und Werbebriefen
	Anzahl der gedruckten Pressemitteilungen
	Aufrufe der Webseite mit Nutzungsintensität

Tabelle 2.1.1: Beispiel eines Vertriebskonzepts

2.2 Märkte analysieren

Wie schon im letzten Abschnitt beschrieben, ist die Analyse eine wesentliche Voraussetzung für jede erfolgreiche Planung. Die Marktanalyse nimmt regelmäßig die meiste Zeit in Anspruch und ist oft genug auch ein „Fass ohne Boden". Daher geht es sowohl darum, vollständig zu sein, aber auch, wichtige von unwichtigen Informationen zu trennen. Prinzipiell kann man seine ganze Zeit auch mit Analysieren verbringen, kommt dann aber nicht mehr zum Verkaufen.

Zwischen Vollständigkeit und Wirtschaftlichkeit muss also ein Kompromiss gefunden werden. Sehen wir uns hier an, welche Informationen und Kriterien zu berücksichtigen sind. Sie können diese Aufstellung als Checkliste verwenden, sollten aber auch daran denken, nötige Ergänzungen vorzunehmen.

Checkliste 2: Marktanalyse

Analysebereich Markt

1. Wie entwickelt sich der Markt insgesamt?
2. Wie hoch ist das Marktvolumen, das heißt die Summe aller verkauften Waren?
3. Wie hoch ist das Marktpotenzial, das heißt wie viel könnte unter idealen Bedingungen abgesetzt werden?
4. Daraus lässt sich die Ausschöpfungsquote (der Sättigungsgrad) errechnen: Marktvolumen/Marktpotenzial.
5. Ist der Markt in Segmente aufgeteilt bzw. lässt er sich segmentieren? Gibt es identifizierbare Nachfrager- und Produktgruppen, die differenziert bearbeitet werden müssen?
6. Welche Bedürfnisstruktur haben die Nachfrager (Produktarten/Mengen)?
7. Welche Substitutionsbeziehungen gibt es bei unseren Produkten?

Analysebereich Marktteilnehmer

8. Welche Marktposition haben die Wettbewerber inne?
9. Welche besonderen Stärken weisen die Wettbewerber auf?
10. Welche Absatzmittler und -helfer stehen zur Verfügung?
11. Wird auf elektronischem Wege beschafft?
12. Wie leistungsfähig sind die Absatzmittler und -helfer?
13. Welche Verflechtungen bestehen zwischen Kunden, Lieferanten, Vertriebspartnern?
14. Wie stark ist die Kauf-/Ertragskraft der Nachfrager? Wie wird sie sich entwickeln?
15. Welche Einstellungen der Nachfrager sind zu beachten (Präferenzen, Images von Lieferanten)?
16. Welche geschäftliche Gepflogenheiten existieren (Zahlungsverhalten, Kooperationsbereitschaft, Verhandlungsweisen usw.)?

Analysebereich Instrumente

17. Wie stark ist unser Sortiment im Wettbewerbsvergleich?
18. Wie ist das Entwicklungspotenzial unseres Angebots einzuschätzen?
19. Auf welchem Preisniveau verkaufen wir? Wie hoch ist die erzielte Preisprämie?
20. Wie hoch ist unser Distributionsgrad? Verfügen wir über verlässliche Vertriebsbindungen?

21. Welchen Bekanntheitsgrad haben wir erreicht?
22. Können wir unser gewünschtes Image durchsetzen?
23. Bieten wir den Kunden die gewünschten Zusatzleistungen an?
24. Ist unser Außendienst ausreichend qualifiziert?

Analysebereich Umwelt

25. Wie sind die volkswirtschaftlichen Rahmenbedingungen? Entwickelt sich die Wirtschaft positiv? Gibt es Steuererhöhungen?
26. Ändern sich Lebensgewohnheiten, die für unseren Vertriebserfolg relevant sind?
27. Gibt es neue technologische Standards, die wir berücksichtigen müssen?
28. Welche rechtlichen Rahmenbedingungen sind für uns relevant?
29. Spielen Klima, Infrastruktur eine Rolle?
30. Wie sind die Beziehungen zu Staat, Gemeinde, sozialem Umfeld?

Mit Hilfe solcher Checklisten lässt sich ein umfassender Überblick über die Marktsituation gewinnen. Diese Analyse reicht aber in aller Regel noch nicht aus, um konkrete Entscheidungen über die geeignete Zahl der Außendienstler, die Höhe des Vertriebsbudgets, geeignete Werbemaßnahmen oder zu erwartende Kundenumsätze zu fällen. Dafür ist es vielmehr erforderlich, auch quantitative Daten zu ermitteln oder zumindest zu schätzen. Regelmäßig entsteht das Problem der Verfügbarkeit, das heißt man möchte gerne 20 Zahlen haben, bekommt aber nur 5. Die Lücke lässt sich selten schließen, sodass oft genug improvisiert werden muss. Das gehört sozusagen zum Geschäft, weil viele Informationen, die der Vertrieb gerne hätte, aus Sicht der potenziellen Kunden ziemlich intim sind. So lassen sich beispielsweise im Konsumgüterbereich die Handelskanäle durch Daten der Marktforschungsinstitute sehr genau durchleuchten, in industriellen Märkten geht da aber fast gar nichts mehr. Manchmal geht es einfach um die Geheimhaltung, manchmal fehlt ein externer Anbieter für die gewünschten Informationen.

Wichtige Kennzahlen für die Marktanalyse

Abbildung 2.2.1 gibt einen Überblick über Kennzahlen, die für die Marktanalyse eingesetzt werden können.

Abbildung 2.2.1: Kennzahlen der Marktanalyse

Marktvolumen – Das Marktvolumen entspricht dem Gesamtwert aller verkauften Waren (in Geldeinheiten). Aus dem Vergleich mit Vergangenheitsdaten lässt sich das (historische) Marktwachstum errechnen. Die Datenbeschaffung ist in Konsumgütermärkten meist kein Problem, weil Marktforschungsinstitute über **Panels** die Verkaufsmengen und Umsätze erfassen. Zudem gibt es in aller Regel Daten der entsprechenden Verbände. Schwierig ist es in Investitionsgütermärkten, die kaum durch Marktforschung abgedeckt werden und zumeist auch recht intransparent sind.

Marktpotenzial – Diese Größe ist eher theoretisch, kann also nicht exakt gemessen werden. Das Marktpotenzial gibt an, wie viele Waren insgesamt verkauft werden könnten, wenn es keine Hindernisse für Konsumenten oder Einschränkungen für Hersteller gäbe.

Bei **Verbrauchsgütern** wird der maximal mögliche Verbrauch aller Bedarfsträger (also Einzelpersonen oder Unternehmen) hochgerechnet.

Das Marktpotenzial von Limonade läge dann bei vielleicht 160 Mio. Liter pro Tag in Deutschland, wenn man unterstellt, dass die Limonade auch andere Getränke verdrängt. Das Marktvolumen wird in einem solchen Fall immer weit vom Marktpotenzial entfernt sein.

Bei **Gebrauchsgütern** müssen **Neu- und Ersatzbedarf** unterschieden werden. Für eine Schätzung muss man wissen, wie viele der Haushalte oder Unternehmen das Produkt bereits besitzen. Diese kommen dann nach bestimmten Rhythmen als Ersatzkäufer infrage. Alle anderen sind potenzielle Neukäufer. Allerdings ist zu fragen, ob sie sich alle innerhalb eines Jahres für ein Produkt begeistern können.

Beispiel: Im Jahr 2011 besaßen 72 Prozent aller Haushalte in Deutschland eine oder mehrere Digitalkameras (Quelle: Statistisches Bundesamt). Bei 36,6 Mio. Haushalten insgesamt in Deutschland kommen 10,2 Mio. als Neukäufer infrage. Dazu kommen die Ersatzkäufer. Wenn man eine durchschnittliche Nutzungs-/Lebensdauer der Digitalkamera von vier Jahren unterstellt, kommen 9,15 Mio. Haushalte als Ersatzkäufer hinzu. Da die Haushalte im Schnitt mehr als eine Digitalkamera besitzen, liegt das Absatzpotenzial entsprechend höher.

Dass die potenziellen Neukäufer nicht von heute auf morgen zuschlagen, versteht sich von selbst. Zuletzt wuchs der Anteil der Haushalte mit Digitalkamera nur noch um rund vier Prozentpunkte. Insofern wären bei 36,6 Mio. Haushalten rund 1,5 Mio. Neukäuferhaushalte eine realistische Potenzialgröße.

Marktausschöpfungsgrad – Marktvolumen geteilt durch Marktpotenzial. Hierbei handelt es sich um die wichtigste Größe im Zusammenhang mit einem möglichen Markteintritt. Ist der Markt ausgeschöpft, kann ein neuer Anbieter nur noch durch Verdrängung anderer Umsätze erzielen. Das ist meist schwerer, als bisherige Nichtkunden zu gewinnen. Je nach Markt und Risikobereitschaft werden Obergrenzen der Marktausschöpfung definiert, bis zu denen ein Einstieg noch sinnvoll erscheint.

Distributionsgrad – Zentrale Größe zur Beurteilung der Vertriebsleistung in Märkten mit Handel. Der Distributionsgrad gibt an, in welchem Maße die verfügbaren Handelskanäle abgedeckt wurden. Zwei Arten werden unterschieden:

$$\text{gewichteter Distributionsgrad} = \frac{\text{Umsatz der Händler, die die Ware führen}}{\text{Umsatz der Händler, die die Ware führen könnten}}$$

$$\text{numerischer Distributionsgrad} = \frac{\text{Zahl der Händler, die die Ware führen}}{\text{Zahl der Händler, die die Ware führen könnten}}$$

Der Unterschied besteht darin, dass im ersten Fall die Händler mit ihrer Umsatzbedeutung gewichtet werden (gemeint ist der Gesamtumsatz des Händlers, nicht der Produktumsatz!) und nicht ein Tante-Emma-Laden mit einem Warenhaus gleichgesetzt wird. Liegt die gewichtete Distribution bei 90 Prozent, dann können durchaus 50 oder 60 Prozent aller Händler dieses Produkt nicht führen, sie sind dann aber eher kleine Händler. Die Distribution weiter auszubauen, ist nicht unbedingt wirtschaftlich, weil überwiegend kleine Händler hinzukämen, die den Produktumsatz nicht wesentlich beförderten.

Handelsspanne – Wie viel verdient ein Zwischenhändler durchschnittlich an den Produkten? Dabei handelt es sich um eine wichtige Kalkulationsgröße, die selten nennenswert zu beeinflussen ist. Oft unterscheiden sich die gewöhnlichen Spannen über die Branchen und Handelskanäle, sodass die Profitabilität in einzelnen Segmenten stark beeinträchtigt werden kann. Daran schließt sich auch die Überlegung an, bestimmte Vertriebswege nicht zu nutzen bzw. selbst aufzubauen.

Vertriebswegsanteil – Die unterschiedlichen Vertriebskanäle sind oft nicht gleichermaßen bedeutend. Da meist auch unterschiedliche Maßnahmen und Konzepte eingesetzt werden, muss der Umsatzanteil der Vertriebswege ermittelt werden.

Besuchshäufigkeiten – Dient der Steuerung des Außendiensteinsatzes. Kann definiert werden als Besuche pro Kunde im Laufe eines Jahres oder Besuche pro Auftrag. Vor allem letztere Definition ermöglicht die Kontrolle des Aufwands im Außendienst und hilft effiziente und weniger effiziente Mitarbeiter zu identifizieren. Geringe Besuchshäufigkeiten lassen eher darauf schließen, dass das Potenzial noch nicht ausgeschöpft ist.

Durchschnittlicher Auftragswert – Hohe Auftragswerte sind aus Lieferantensicht effizienter als geringe, weil der Akquisitionsaufwand relativ gesehen geringer ist. Sind in einem Markt oder einer Region die Auftragswerte sehr gering, dann besteht die Gefahr des „Totlaufens", das heißt der Aufwand im Außendienst ist wirtschaftlich nicht mehr vertretbar. Das kann bedeuten, nur noch telefonisch oder über Internet zu akquirieren oder den Markt sogar aufzugeben.

Bestellfrequenz – Diese Größe kann mit dem Auftragswert korrelieren. Sie gibt an, in welchem durchschnittlichen Zeitintervall die Kunden bestellen. Je nach Branche werden ganz unterschiedliche Frequenzen als normal angesehen. Bei Pharmaprodukten und Büchern sind mehrere Bestellungen pro Tag normal, ein Maschinenbauer kann langfristig disponieren und optimale Bestellzeitpunkte berechnen. Er meldet sich dann vielleicht erst nach Monaten wieder.

Kaufkraft – Eine der bekanntesten Potenzialgrößen für Privatkunden. Sie misst das verfügbare Einkommen der Bevölkerung, wobei Arbeitseinkommen, Kapitaleinkommen und Gewinne ebenso berücksichtigt werden wie Steuern, Versicherungen und Kredittilgung. Was übrig bleibt, steht für konsumtive Zwecke zur Verfügung. Hier wird noch einmal unterschieden in Kaufkraft insgesamt und einzelhandelsrelevante Kaufkraft, weil ein Teil der Ausgaben schon langfristig gebunden ist und nicht im Handel landet. Ein Beispiel sind Mobilfunkverträge.

Kaufkraftdaten können als Schätzgröße für regionale Absatzpotenziale verwendet werden, denn sie werden auch für einzelne Städte, Kreise und Gemeinden und für einzelne Warengruppen ausgewiesen. Es lässt sich erkennen, in welchen Regionen über- und in welchen unterdurchschnittliche Umsätze zu erwarten sind. Weiterhin lassen sich Vorgaben für den Außendienst, Werbemaßnahmen und Standorte präziser planen.

Abbildung 2.2.2 zeigt eine Kaufkraftkarte für Deutschland (Quelle: MB-Research). Jeder Kreis ist einer Kaufkraftklasse zugeordnet und entsprechend farbig dargestellt. Naja, hier ist es nur schwarzweiß, aber es lässt sich allgemein sagen: Je dunkler der Fleck, desto höher die Kaufkraft.

Preiselastizität – Eine Art Zaubergröße für den Vertrieb. Die Preiselastizität der Nachfrage beschreibt die Reaktion der Nachfragemenge auf eine Preisänderung. Wird beispielsweise der Preis um fünf Prozent angehoben und sinkt die Nachfragemenge daraufhin um zehn Prozent, dann liegt die Elastizität bei −2. Die Menge ändert sich doppelt so stark wie der Preis, und zwar in entgegengesetzter Richtung. Definition allgemein:

$$\text{Preiselastizität der Nachfrage} = \frac{\text{relative Änderung der Menge}}{\text{relative Änderung des Preises}}$$

Sie können sich sicher vorstellen, dass eine Elastizität von −0,5 ziemlich vorteilhaft für den Verkäufer ist. Er kann dann den Preis erhöhen, verliert aber in geringerem Maße Menge. In der Regel steigt dabei der Gewinn, zumindest dann, wenn sich die Kostensituation nicht ändert. Eine Elastizität von −2 mahnt zur Vorsicht, weil Preiserhöhungen deutlich mit Nachfrageentzug bestraft werden. Andererseits würden sich Preissenkungen sehr positiv auf die Menge auswirken.

So schön die Elastizität als Entscheidungsgrundlage ist, so schwierig ist sie zu ermitteln. Mutige Verkäufer variieren ihre Preise und beobachten was passiert. Damit können allerdings Kundenbeziehungen gefährdet werden. Weniger riskant, aber auch nicht gerade zuverlässig, sind Befragungen. Dabei müssen die Befragten angeben, wie viel sie bei vorgegebenen Preisen kaufen würden.

Kaufkraft 2012 in Deutschland

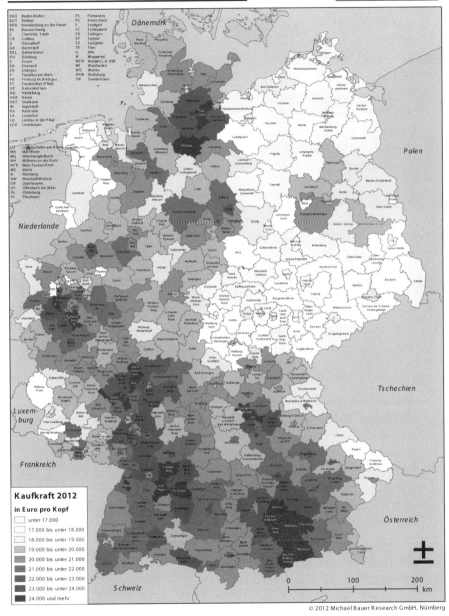

Abbildung 2.2.2: Kaufkraft in Deutschland 2011

Kundenzufriedenheit – Die Kundenzufriedenheit ist eine der komplexesten Größen in Marketing und Vertrieb. Es gibt sehr unterschiedliche Möglichkeiten, sie zu definieren und bei der Interpretation geht es dann noch weiter auseinander. Sie ist aber ein zentraler Faktor, um den Erfolg bzw. Potenziale im Vertrieb insgesamt bzw. bei einzelnen Kunden zu beurteilen. So lässt eine hohe Kundenzufriedenheit auf einen guten Erfolg, gleichzeitig auch auf gute Aussichten für Umsatzsteigerungen schließen. Ist sie gering, sind die Schwerpunkte natürlich anders zu setzen, kurzfristige Umsatzsteigerungen sind eher dem Bereich der Phantasie zuzurechnen. Aufgrund ihrer Bedeutung wird die Kundenzufriedenheit ausführlich im Abschnitt 2.6 dargestellt.

Reklamationsquote – Kann auch als Ersatz für die Kundenzufriedenheit eingesetzt werden, sie ist deutlich leichter zu erheben. Kunden, die reklamieren, sind unzufrieden und umgekehrt. Aber: Kunden, die reklamiert haben, können zu sehr zufriedenen werden! Gemessen wird meist der Anteil (rechtmäßig) reklamierter Produkte/Lieferungen an der Gesamtabsatzmenge.

Kundenwechselrate – Auch als **Churn Rate** bekannt. Misst den Anteil der verlorenen Kunden, beispielsweise bei Auslaufen eines Liefervertrages oder durch Kündigung eines Laufzeitvertrags. Die Wechselrate wird zum Beispiel bei Energieversorgern und Telekommunikationsdienstleistern eingesetzt.

Bekanntheitsgrad – Wie viele der relevanten Kunden kennen das Unternehmen bzw. Angebot? Bekanntheit ist Voraussetzung für einen Kauf, ein unbekanntes Unternehmen kann nicht damit rechnen, dass sich überhaupt ein Interessent meldet. Die Erhöhung des Bekanntheitsgrads ist daher meist der erste Schritt in einem Markt. Gemessen wird die Bekanntheit in der Regel durch Befragung (gestützt – **Recognition**: „Kennen Sie Fa. X?" bzw. ungestützt – **Recall**: „Welche Anbieter von XY kennen Sie?")

Bei Privatpersonen ist dies wiederum kein Problem, weil es zahlreiche Möglichkeiten gibt, sich mit einer Frage an einer größeren Befragung zu beteiligen (das sind dann sogenannte Omnibus-Befragungen). Bei Firmenkunden sind solche Umfragen selten, eine eigene Umfrage ist entsprechend teuer.

Lieferzeit – In vielen Branchen eine zentrale Größe bei der Lieferantenauswahl. Kann eine Chance für die Abwerbung von Kunden darstellen, aber auch einen Indikator für den bevorstehenden Verlust derselben. Märkte mit langen Lieferzeiten bieten für neue Anbieter ein interessantes Potenzial, auch bei hoher bestehender Marktausschöpfung. Dies betrifft vor allem Branchen wie Produktionsmaterialien oder Standardteile.

Share of Voice – Diese Kennzahl hört sich schon recht professionell an, sie wird vorwiegend in der Werbebranche verwendet.

$$\text{Share of Voice} = \frac{\text{Anzahl der Zielgruppenkontakte der eigenen Werbung}}{\text{Anzahl der Zielgruppenkontakte des Gesamtmarkts}}$$

Sie ist also eine Maßgröße für den Werbedruck, den ein Unternehmen in Relation zum Gesamtmarkt erzeugt. Dieser ist sozusagen ein Vorläufer für die Bekanntheit.

Relatives Preisniveau – Eigene Preise im Vergleich zu denen der Wettbewerber. Liegt der Verkaufspreis für das eigene Produkt bei 24 Euro, während der Marktdurchschnitt 29 Euro beträgt, hat das Unternehmen einen relativen Preis von 0,83 und damit einen deutlichen Vorteil am Markt. Allerdings kann er auch dafür stehen, dass das eigene Produkt schlechter als der Markt ist und somit billiger verkauft werden muss.

Marktanteil – Der Marktanteil ist der Anteil eines Produkts/Unternehmens am Marktvolumen. Er kann mengen- oder wertmäßig berechnet werden. Im ersten Fall wird die eigene Menge mit der Gesamtmenge dividiert, im zweiten Fall der eigene Umsatz mit dem Gesamtumsatz. Dadurch gibt es in vielen Märkten auch zwei Marktführer: Wenn ein Billiganbieter große Mengen schafft, kann er mengenmäßiger Marktführer sein, ein Hochpreisanbieter kann auch mit geringeren Mengen an der Spitze liegen.

Marktanteil im Vertriebskanal – In vielen Märkten existieren mehrere Vertriebskanäle nebeneinander, zum Beispiel Discounter neben Warenhäusern und Verbrauchermärkten. Diese können sich recht unterschiedlich entwickeln, sodass ein Hersteller in Verbrauchermärkten deutlich erfolgreicher ist als in Warenhäusern. Ein Marktanteil insgesamt würde dies verwischen. Weist man ihn separat aus, dann kann man Probleme in einzelnen Vertriebskanälen erkennen. Definition:

$$\text{Marktanteil im Vertriebskanal} = \frac{\text{Umsatz im Vertriebskanal X}}{\text{Gesamtumsatz des Vertriebskanals X}}$$

Käuferreichweite – Diese Größe ist als Ersatz oder Alternative zum Marktanteil zu verstehen, wenn nämlich keine Umsatzdaten verfügbar sind:

$$\text{Käuferreichweite} = \frac{\text{Anzahl der Produktkäufer/Kunden}}{\text{Anzahl der potenziellen Käufer/Kunden}}$$

Hier wird nicht berücksichtigt, wie viel die Kunden kaufen, insofern geht eine wichtige Information verloren. Die Kennzahl lässt sich aber leichter ermitteln – man benötigt „nur" noch die Zahl der potenziellen Kunden.

Verkaufsgebietsdurchdringung – Diese Kennzahl lässt sich auch als Käuferreichweite im Vertriebsgebiet bezeichnen. Dabei wird die Käuferreichweite präzisiert, um eine genauere Bewertung einzelner Gebiete vornehmen zu können. Definition:

$$\text{Verkaufsgebietsdurchdringung} = \frac{\text{Anzahl/Umsatz der Kunden eines Verkaufsgebiets}}{\text{Anzahl/Umsatz der potenziellen Kunden eines Verkaufsgebiets}}$$

Lieferanteil/Bedarfsdeckungsquote – Hierfür werden genauere Kenntnisse über den Kunden vorausgesetzt. Um ein individuelles Potenzial beim Kunden einschätzen zu können, ist es notwendig sein gesamtes Beschaffungsvolumen zu kennen. In der Praxis wird er dies natürlich ungern preisgeben, mitunter kann man anhand von Verkaufsumsätzen eine Schätzung des Beschaffungsvolumens vornehmen. Kommt man mit den eigenen Umsätzen nahe an das Gesamtvolumen heran, dann lohnen sich weitere Bemühungen zur Umsatzausweitung aus Vertriebssicht nicht. Definition:

$$\text{Lieferanteil/Bedarfsdeckungsquote} = \frac{\text{Netto-Umsatz des Kunden A}}{\text{gesamtes Beschaffungsvolumen von Kunde A}}$$

2.3 Kunden kennenlernen

Die Kenntnis des Kunden und seiner Wünsche und Anforderungen ist der zentrale Erfolgsfaktor im Vertrieb, wenn auch sehr allgemein gehalten. Denn was die Kunden wollen, unterscheidet sich oft ganz erheblich und wer beim einen Kunden erfolgreich ist, kann mit der gleichen Strategie beim anderen scheitern. Deswegen ist es wichtig, sich vorab mit seinen potenziellen Kunden zu beschäftigen. Firmenkunden, die dauerhaft beliefert werden wollen, spielen dabei natürlich eine ganz andere Rolle als private Endkunden, die vielleicht nur einmal etwas kaufen und dann wieder ganz andere Interessen haben.

In solchen Fällen können Kunden nicht individuell analysiert, sondern müssen als mehr oder weniger großes Marktsegment betrachtet werden. Zudem verhalten sich Einkaufsentscheider in einem Unternehmen immer anders als private Konsumenten, die nur sich selbst verantwortlich sind. Wir trennen daher für die Kundenanalyse die privaten und die gewerblichen Kunden.

a) Wie entscheiden Privatkunden?

Die Art und Weise, wie ein Joghurt im Lebensmittelladen gekauft wird, unterscheidet sich deutlich von der, wie ein Auto oder ein Haus gekauft wird. Wer erfolgreich Lebensmittel verkauft hat, muss sich auf eine Tätigkeit im Fahrzeughandel genauso neu einstellen wie ein Anfänger. Das liegt vor allem an den Kunden. Selbst wenn es die gleichen Menschen sind, verhalten sie sich anders. Grund ist natürlich auch der jeweilige Preis. Aber auch andere Faktoren spielen eine Rolle: Ein Auto ist auch ein Statussymbol, beim Haus gibt es wirtschaftliche Überlegungen zum Wiederverkaufswert, außerdem gibt es formale Anforderungen.

Um nun wenigstens etwas Übersicht in die unterschiedlichen Vorgehensweisen zu bekommen, gibt es eine Klassifizierung von Entscheidungen (siehe Abbildung 2.3.1).

Abbildung 2.3.1: Typen privater Kaufentscheidungen

Impulsive Entscheidungen werden getroffen, ohne über Für und Wider nachzudenken. Der Kunde kauft, weil er gerade Lust dazu hat, und macht sich allenfalls später Gedanken über seine Entscheidung. Es gibt also nichts zu argumentieren, die Ware muss präsent sein und natürlich wahrgenommen werden. Viele Modewaren, Genussmittel oder Spielzeug werden impulsiv gekauft. Der Preis kann relevant sein, etwa wenn er als ausgesprochenes Sonderangebot zum Kauf verführt, muss es aber nicht.

Gewohnheitsmäßige Entscheidungen werden bei fast allen alltäglichen Produkten gefällt. Wenn jeden Tag ein Brot gekauft wird, jede Woche ein Fruchtjoghurt oder jeden Monat ein Waschmittel, dann spielt die Gewohnheit die zentrale Rolle. Der Kunde steuert immer wieder den gleichen Punkt im Laden an, will sich nicht weiter mit der Entscheidung aufhalten und reagiert allenfalls, wenn ihn spontan irgendetwas stört. Auch hier wird nicht aktiv verkauft, die gewachsene Marken- und Geschäftstreue steuert den Kauf.

Vereinfachte (limitierte) Entscheidungen beinhalten ein geringes Maß an Kontrolle und Aufwand. Die Kunden beschränken sich auf die Beachtung einiger weniger Faktoren, alle anderen werden ignoriert. Welche Faktoren wichtig sind, ist individuell unterschiedlich. So kann beim Joghurt ein Käufer auf den Preis achten, der nächste auf die Verpackung, ein anderer auf die Zutaten. Hierauf muss sich der Vertrieb einstellen. Auf Verdacht alle relevanten Faktoren in ein Verkaufsgespräch einzuflechten ist allerdings auch keine Lösung, denn der Kunde will sich ja nicht zu stark mit der Entscheidung belasten.

Schließlich gibt es noch die **extensiven Entscheidungen**, bei denen umfangreich abgewogen, Argumente geprüft und kalkuliert werden. Sie kommen immer seltener vor, stellen den Vertrieb aber vor große Herausforderungen. Der Kunde will eine rationale Entscheidung fällen und sucht nach Kriterien für seine Entscheidung. Dabei wird umfassend verglichen, nur das individuell beste Produkt soll gekauft werden. Der Entscheidungsprozess kann entsprechend lange dauern.

Im direkten Kundenkontakt muss der Verkäufer erkennen, nach welchem Verfahren der Kunde seine Entscheidung fällt. Geht er extensiv vor, ist er nicht mit einem Fakt zufrieden, sondern will viele Argumente hören. Umgekehrt wird er, wenn er vereinfacht entscheidet, von einem Übermaß an Informationen eher genervt sein. Im Handel ist zum Beispiel von Bedeutung, dass gewohnheitsmäßig gekaufte Produkte immer vorrätig und immer am selben Platz präsentiert werden. Der Kunde würde sich sonst eher einen anderen Händler suchen, bei dem er es dann bequem hat. Will der Kunde Zeit in den Entscheidungsprozess investieren, muss der Händler Informationen bereitstellen und qualifiziertes Personal haben. Auf einen Kauf zu drängen, ist dann immer der falsche Weg.

b) Wie entscheiden Geschäftskunden?

Hier sieht es ganz anders aus, denn der Entscheider ist den Unternehmensinteressen und oft etlichen formalen Vorschriften unterworfen. Viele Unternehmen regulieren Beschaffungsentscheidungen, um Verschwendung, unnötige Anschaffungen und Unregelmäßigkeiten zu verhindern. Damit ist es oft nicht zulässig, alleine Kaufentscheidungen zu treffen.

Um die Entscheidungsprozesse im Unternehmen transparent zu machen, wurde schon vor Jahrzehnten das **Buying-Center-Konzept** entwickelt. Es beschreibt unter anderem die Rollen, die die in die Entscheidung eingebundenen Personen einnehmen. Fünf solcher Rollen werden unterschieden, die von einer, fünf oder mehr Personen eingenommen werden können. Vertriebsmitarbeiter können diese Rollen bei den Kontakten mit Kunden immer wieder identifizieren. Sie müssen es sogar, weil sie sonst keine Entscheidung herbeiführen können. Eine intensive Kenntnis des Buying Centers mag sich erst nach einer gewissen Zeit einstellen, stellt aber einen wesentlichen Vorteil für den Verkaufserfolg dar.

Folgende Rollen gibt es:

Benutzer – Das sind die Personen, die das Produkt später einsetzen werden. Nicht in allen Unternehmen werden sie vorab in den Entscheidungsprozess einbezogen, sie sind aber längerfristig entscheidend für den Wiederholungskauf. Zeigen sie sich nämlich unzufrieden, kommt es zu Fehlbedienungen usw., dann dürfte das Produkt nicht wieder gekauft werden.

Einkäufer – Hier sind nur die Personen gemeint, die den Einkauf kaufmännisch abwickeln. Sie kümmern sich um die vertragliche Abstimmung, kontrollieren die Abwicklung, lösen Bestellungen aus. Diese Rolle entscheidet aber oft nicht über die Lieferanten- oder Produktauswahl.

Beeinflusser – Sie sind die am schwersten zu greifende Rolle. Es handelt sich um Personen, die aufgrund besonderer Kenntnisse oder Interessen um ein Urteil gebeten werden. Sie können dadurch entscheidend sein, unabhängig von ihrer formalen Stellung im Unternehmen.

Gatekeeper – Dazu gehören alle Personen, die den Informationsfluss regulieren. Sie entscheiden, welche Informationen (persönliche Kontaktaufnahme, Werbesendungen) an die anderen Mitglieder des Buying Centers weitergeleitet werden.

Entscheider – Sie sind die Mächtigen, die die Kaufentscheidung genehmigen. Dabei müssen sie nicht unbedingt in den Prozess der Suche und Verhandlung eingebunden werden. Es kann sich um Vorstandsmitglieder handeln, die einen formalen Antrag vorgelegt bekommen, in dem der Beschaffungswunsch dokumentiert ist. Ist formal alles in Ordnung und die Finanzierung sicher, unterschreiben sie und der Einkäufer kann tätig werden.

Die jeweiligen Informationsflüsse und Entscheidungen lassen sich in einem Netzwerk darstellen. Abbildung 2.3.2 zeigt eine Situation, in der der Entscheider durch einen Assistenten „abgeschirmt" ist, dem Einkäufer Anweisung erteilt und sich mit dem Nutzer abstimmt. Der Beeinflusser informiert Entscheider und Nutzer.

> Verkäufer müssen für jede Rolle analysieren, welche Informationen sie benötigt und nach welchen Kriterien sie entscheidet. So ist es nicht hilfreich, beim Einkäufer auf eine Auftragsvergabe zu drängen, wenn er grünes Licht „von oben" braucht. Ebenso interessieren sich Benutzer kaum für kaufmännische Details, sondern eher für Faktoren wie Ergonomie, Sicherheit, Status.

Beispiel: Ein Unternehmen will eine Etage seines Bürogebäudes mit neuen Büromöbeln ausstatten. Betroffen sind rund 30 Arbeitsplätze. Der Abteilungsleiter fordert bei einem Büromöbelhersteller einen Katalog an. Eine Woche nach dem Versand meldet sich der zuständige Gebietsverkaufsleiter und erkundigt sich, ob die Angebote des Herstellers infrage kommen. Er erfährt dabei, dass für rund 30 Personen Stühle, Tische, Schränke, einige Besprechungstische usw. beschafft werden sollen. Das Gesamtvolumen taxiert er auf 50 bis 60.000 Euro. Der Abteilungsleiter bleibt bei seinen Auskünften recht unverbindlich, er scheint nicht der alleinige Entscheider zu sein.

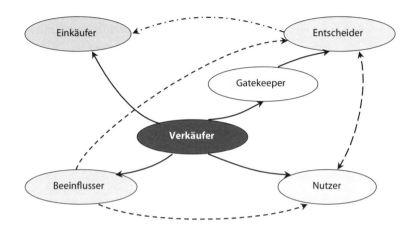

Abbildung 2.3.2: Informationsflüsse in einem Buying Center

Für den Gebietsverkaufsleiter geht es nun darum, das Buying Center zu identifizieren:

Gatekeeper: Offensichtlich die Sekretärin des Abteilungsleiters. Wurde aber überwunden, denn der Katalog kam an und das Telefonat wurde ohne Probleme durchgestellt.

Benutzer: Die 30 Mitarbeiter der Büroetage.

Einkäufer: Nach Andeutungen des Abteilungsleiters gibt es eine Einkaufsabteilung. Zu einem späteren Zeitpunkt wäre nach dem zuständigen Mitarbeiter zu fragen, um Lieferbedingungen, Zahlungsweise usw. zu klären.

Beeinflusser: Solche recht einfachen Produkte können durchaus auch ohne Einfluss Dritter beschafft werden. Je nach Unternehmen kann es aber sein, dass die Personalabteilung, der Betriebsrat oder auch der Betriebsarzt (was die ergonomische Leistung der Bürostühle betrifft) angesprochen werden.

Entscheider: Hier ist noch unklar, ob der Abteilungsleiter alleine entscheidet. Oft versucht der Entscheider dies auch zu verschleiern, um sich mit dem Hinweis auf „die da oben" aus der Affäre zu ziehen.

Für jede Rolle kann er nun festlegen, welche Informationen er bereithalten muss:

Beim Gatekeeper ist es unproblematisch, zumindest solange er eine sympathische oder wenigstens neutrale Wirkung erzielt. Informationen benötigt er nicht, will aber auch nicht übermäßig mit Nachfassanrufen belagert werden.

Die Benutzer dürften sich für Ergonomie und Ästhetik interessieren. Vor allem muss geklärt werden, ob sie mitentscheiden. Neben gesundheitsrelevanten Informationen spielt auch das Design eine Rolle. Ein Probesitzen oder der Besuch eines Musterbüros können hilfreich sein.

Beeinflusser könnten Bedenken in Richtung Arbeitsplatzsicherheit oder Ergonomie vorbringen. Fachliche Informationen, auch über bestandene Tests, und Gütesigel sind meist relevante Informationen.

Der zuständige Einkäufer interessiert sich für Vertragsbedingungen und ggf. die Möglichkeit, einen Rabatt auszuhandeln. Er wird mitunter wissen wollen, welche Möglichkeiten es gibt, Rabatte oder sonstige Zugeständnisse zu erzielen.

Schließlich wird der Entscheider die Gesamtkosten im Blick behalten. Dabei dürfte ihn auch interessieren, ob und inwieweit die Arbeitsproduktivität und Mitarbeiterzufriedenheit positiv beeinflusst werden können.

Der Gebietsverkaufsleiter kann nun die erforderlichen Informationen sortieren und in seine Gespräche einbringen bzw. entsprechende Dokumente aushändigen. Im Vordergrund sollte dabei stehen, nicht in jedem Gespräch alle Argumente vorzubringen, sondern nur die jeweils relevanten. Beispielsweise werten Benutzer Hinweise auf Kostengünstigkeit eher negativ, weil sie gerne das Gefühl haben, dass der Arbeitgeber in sie investiert.

> Achtung! Da nicht jede Rolle genau einer Person zugeordnet ist, kann sich der Verhandlungsprozess über mehrere Gespräche mit einer Person in mehreren Rollen hinziehen! So kann der Abteilungsleiter beim Erstkontakt selbst der Gatekeeper sein, indem er entscheidet, ob der Anrufer sympathisch genug wirkt, um sich mit ihm zu beschäftigen. Er kann auch später als Benutzer auftreten, weil er ja auch einen Arbeitsplatz für sich einrichten will. Wenn es keine Einkaufsabteilung gibt, übernimmt er auch die Rolle des Einkäufers und verhandelt die Liefer- und Zahlungsbedingungen. Und natürlich kann er ganz zum Schluss der Entscheider sein, wenn er den Außendienstler noch mal „zur Klärung der letzten Fragen" einbestellt. Dieser muss dann wieder umdenken und andere Argumente in den Vordergrund rücken.

c) Die Phasen der Kundenbeziehung

Sicher haben Sie schon vom Produktlebenszyklus gehört, der den typischen Absatzverlauf eines Produkts während seines „Lebens" modellhaft darstellt. Er soll dabei helfen, je nach Lebensphase die richtigen Maßnahmen durchzuführen. Eine ähnliche Überlegung gibt es für das „Leben" der Kundenbeziehung auch. Am Anfang ist ja alles anders als nach ein paar Jahren. So muss sich der Vertrieb zunächst um die Akquisition kümmern und sich dabei „richtig ins Zeug legen". Im Laufe der Jahre ändert sich dies, vieles läuft automatisch ab, die Abläufe haben sich eingespielt. Das Hauptaugenmerk des Vertriebs ist dann die Erhaltung zumindest der profitablen Kunden. Das erfordert ganz andere Maßnahmen als bei der Akquisition. Um die einzelnen Phasen mit ihren Besonderheiten herauszuarbeiten, wird die Kundenbeziehung modellhaft in Phasen mit individuellen Schwerpunkten unterteilt. Abbildung 2.3.3 verdeutlicht diese.

In der *ersten Phase* ist vor allem eine gründliche Marktanalyse vorzunehmen [Kapitel 2.2]. Potenzielle Kunden müssen auf ihre Grundanforderungen hin analysiert werden, dann kann eine genauere Bewertung (Kundenwert) erfolgen [Kapitel 2.3]. In kommunikativer Hinsicht spielen vor allem Direktwerbung, Öffentlichkeitsarbeit und eher rationale Massenwerbung (Investitionsgüterbereich) eine Rolle [Kapitel 2.4].

Abbildung 2.3.3: Phasen der Kundenbeziehung

In der *zweiten Phase* sind erste Umsätze zu erzielen. Dies wird erleichtert durch Reduktion von Risiko, etwa durch Testangebote. Vertrauen lässt sich durch Einsatz von Pre-Sales-Beratern aufbauen. In einem weiteren Schritt können gemeinschaftliche Entwicklungsprojekte infrage kommen [Kapitel 2.5].

Die *dritte Phase* ist idealerweise die längste. Die Kundenbeziehung wird durch Ausbau langfristiger Verträge gestärkt. Oft kommen individuelle Angebote infrage. Verbesserungsvorschläge werden abgefragt und umgesetzt. Weiterhin sollte eine Sozialisierung stattfinden (Einladung zu Firmenveranstaltungen, Werbepartnerschaften usw.) [Kapitel 2.6].

Die *vierte Phase* kommt dann zum Tragen, wenn Kunden abwandern bzw. abzuwandern drohen. Das Problem besteht darin, dieses Abwandern zu erkennen. Ein effektives Gegensteuern ist nur dann möglich, wenn mögliche Kritikpunkte und/oder Wettbewerbsnachteile bekannt sind [Kapitel 2.7].

Die *letzte Phase* basiert auf einer kontinuierlichen Analyse der Kundenprofitabilität. Bei einem schlechten Ergebnis sowie fehlenden Potenzialen müssen Maßnahmen zur Auflösung oder Umstrukturierung der Beziehung ergriffen werden (zum Beispiel Auslagerung, Umstellung auf Selbstbedienung usw.) [Kapitel 2.8].

d) Kundendaten als Aktionsgrundlage

Eine wichtige Grundlage kundenbezogener Maßnahmen ist eine möglichst vollständige Kundendatenbank. Da sich viele kundenbezogene Aktivitäten an dem Phasenschema orientieren, sollte eine solche Struktur auch beim Aufbau der Datenbank verfolgt werden. Das heißt: Daten werden von unterschiedlichen Stellen zu unterschiedlichen Zeitpunkten im Leben der Kundenbeziehung bereitgestellt. Während der Analyse von Märkten/Regionen fallen Daten an, die gespeichert werden sollten: zum Beispiel Marktvolumina, Firmenzahlen, Kaufkraft. Im Rahmen der Akquisition werden Daten über einzelne Kunden erhoben, etwa Beschaffungsvolumina, Bedarfsstrukturen, Ansprechpartner. Existiert die Kundenbeziehung schon eine Zeit lang, können Erfolgsdaten erfasst werden usw. usf. So vervollständigt sich im Laufe der Zeit das Datenbild über den Markt und die Kunden.

Die Tabellen 2.3.1 bis 2.3.4 zeigen vier Bausteine einer **Kundendatenbank**, die zumindest die grobe Struktur in Abhängigkeit von der Zeit wiedergeben.

Erster Baustein: Stammdaten

Zunächst werden die sogenannten Stammdaten erfasst, auf die immer wieder zurückgegriffen werden muss. Sie enthalten Grunddaten wie Adressen, Kommunikationsdaten, Ansprechpartner, Angaben zum Geschäftszweck des Unternehmens, seine Größe, Bonitätsratings usw. Für Privatkunden gelten diese Kriterien analog. Anhand dieser Daten soll entschieden werden können, ob eine Kontaktaufnahme/Akquisition überhaupt lohnenswert ist. Nicht zuletzt sollen sie verhindern, dass Unternehmen/Personen doppelt erfasst werden. Diese potenziellen Kunden werden oft als **Leads** bezeichnet, die durch nähere Analyse und Recherche qualifiziert werden müssen.

Die Daten werden in erster Linie vom Vertrieb auf der Basis erster Markterkundungen, aber auch aufgrund von Anfragen und eigenen Akquisitionsbemühungen erstellt. Dazu können ergänzende Informationen bzw. auch ganze Adressbestände von externen Dienstleistern bezogen werden. Vor allem, wenn es um die Einschätzung der Bonität, Erfahrungen mit anderen Geschäftspartnern usw. geht, sind externe Daten erforderlich (zum Beispiel von Auskunfteien wie Creditreform oder Schimmelpfeng über Unternehmen, Arvato Infoscore und Deltavista über Privatpersonen, Credit Ratings von der Schufa). Daten über Unternehmen allgemein können über Adressverlage wie Acxiom, AZ direkt, Postadress oder Schober bezogen werden. Hier geht es um grundlegende Merkmale wie Größe, Branchenzugehörigkeit, Mitarbeiterzahl, Rechtsform usw.

Im Hinblick auf die **Verschärfung des Bundesdatenschutzgesetzes** im Jahr 2009 muss jedoch darauf hingewiesen werden, dass die Verwendung von Adressbeständen für Werbezwecke deutlich erschwert wurde. So muss bei übernommenen Adressen die Quelle angegeben werden und der Adressat der werblichen Nutzung seiner persönlichen Daten ausdrücklich zugestimmt haben. Hierüber muss ein Nachweis geführt werden können. Dieser sollte in den Stammdaten enthalten sein, sodass schnell zu erkennen ist, ob die Adresse rechtmäßig verwendet werden darf.

Daten, nach denen Privatadressen selektiert werden können:

- Geschlecht
- Alter
- Kaufkraft
- Postkaufaffinität (kauft viel/kauft/kauft nicht per Post)
- Wohngebietstyp (zum Beispiel Wohn- oder Gewerbegebiet, Innenstadt- oder Randlage)
- Wohnlage (schlechte bis sehr gute Wohnlage – Indikator für das Einkommen)
- Gebäudegröße (Ein-Familien- bis Hochhaus)

- Ortsgröße (Klein-/Mittel-/Großstadt, Land)
- Konsumschwerpunkt (bekannte Käufe nach Produktgruppen)
- Kinderwahrscheinlichkeit (Wahrscheinlichkeit, nach der Kinder im Haushalt leben)
- Altersschwerpunkt (Zuordnung nach Vornamen zu Altersgruppen)
- Arbeitslosenquote
- Ausländerquote (vermutliche ethnische Herkunft)
- PKW-Dichte
- Bonitätsindex
- Postleitzahl
- Stadt/Gemeinde
- Kreis
- Bundesland

Solche Bewertungen werden in erster Linie vorgenommen, um Zielgruppen für Direktwerbemaßnahmen zu bestimmen. Sie sind stark auf den Faktor „verfügbares Einkommen" ausgerichtet. Die einzelnen Kriterien lassen in gewissen Grenzen eine Schätzung der finanziellen Leistungsfähigkeit zu. So sind die Bewohner des Rands von Ballungsgebieten durchschnittlich kaufkräftiger als die Bewohner eines Orts auf dem Land. Bewohner einer Gewerbestraße haben meist einen geringeren sozialen Status als die einer reinen Wohnstraße usw. Es handelt sich also um eine erste, allgemein gehaltene Einschätzung, die aber für anonyme private Haushalte schon fast das Maximum an Information darstellt.

Weiterhin gibt es Branchenanalysen, die vor allem vor einem größeren „Einstieg" in eine bestimmte Branche zurate gezogen werden sollten (zum Beispiel von Marktforschungsinstituten wie der GfK, Nielsen, Forrester, Researchabteilungen der Banken, Unternehmensberatungsgesellschaften usw.). Hieraus lassen sich branchenspezifische Chancen und Risiken erkennen, denen die potenziellen Kunden unterworfen sind.

Daten, nach denen Firmenadressen selektiert werden können:

- Branche
- Postleitzahl
- Stadt/Gemeinde
- Bundesland
- regionale Bonitätsindizes
- Umsatzkategorien
- Mitarbeiterzahl
- Rechtsform
- Entscheider (namentlich, allgemein oder fachbezogen)

Im Zuge der Kontaktaufnahme, zum Beispiel auch durch den Kunden selbst, lässt sich eine pauschale Bewertung vornehmen und auch entscheiden, ob und wie der Kontakt fortgeführt wird. Beispielsweise entscheiden Versandhändler aufgrund der Zugehörigkeit zu einer (mikrogeografischen) Zelle, ob sie auf Rechnung liefern oder Vorkasse verlangen. Gab es in der Vergangenheit Zahlungsausfälle, kann Vorkasse verlangt werden, selbst wenn der konkrete Kunde damit eigentlich nichts zu tun hat.

Kundendatenbank – Stammdaten	
Interessentendaten Firmenkunden – Leads	
Name	Adresse
Telefon/Fax/E-Mail	Ansprechpartner
Branche	Brancheninformationen
Bonität (Auskunft/Credit Rating)	Wettbewerbsposition
wichtige Mitarbeiter	alte Kaufdaten/Kundenstatus
Herkunft der Adresse	ggf. Einwilligung zur Verwendung der Adresse
Rabattkonditionen/Preisstaffel	

Potenzialdaten Firmenkunden	
aktuelles Beschaffungsvolumen	Umsatzpotenzial (Beschaffungsvolumen)
Empfehlungs-/Referenzpotenzial	besondere Interessen/Anforderungen
Branchenbewertung/-rating	voraussichtlicher Betreuungsaufwand
ggf. regionale/nationale Bewertung	vorhandene Maschinen- und Geräteausstattung
Zahl/Stärke der bisherigen Lieferanten	bisheriges Verhältnis zum Kunden
kalkulierter Kundenwert	Bedarfszeitpunkte

Tabelle 2.3.1: Stammdaten in der Kundendatenbank

Zweiter Baustein: Aktions- und Reaktionsdaten

Genauer sind Daten, die auf der Basis eigener Aktionen gewonnen werden und der näheren Qualifizierung der potenziellen Kunden dienen. Sie werden im Zuge kommunikativer Aktivitäten erhoben (Direktwerbekampagne, Messebeteiligung, Anfrage über Homepage usw.) und ermöglichen es näher festzustellen, in welcher Richtung Interesse besteht. Konkrete Anfragen, für die Angebote erstellt wurden und eine gewisse Realisationswahrscheinlichkeit haben, werden oft als **Opportunities** bezeichnet. Sie können über ihren Erwartungswert (Erfolgswahrscheinlichkeit x erwarteter Umsatz) kontrolliert werden.

Kundendatenbank – Aktionen und Reaktionen	
Aktionsdaten (für jede Aktion zu erstellen)	
Name der Aktion	Ziel der Aktion
Zeitraum	Ort/e der Durchführung
Kosten	Einzelmaßnahmen
Werbemittel	Zielgruppe
Kooperationspartner	parallele Maßnahmen/Vorkommnisse

Reaktionsdaten – Opportunities	
Anfragen insgesamt	Anfragen nach Kundenarten
Anfragen nach Zeit	Anfragen nach Leistungen
Erfolgswahrscheinlichkeit der Angebote	erwartete/angebotene Umsätze
Projektstand Angebote	Präsentationen beim Kunden
Transaktionsdaten	
Käufe/Aufträge	Reklamationen (Zahl, Gründe)
Auslieferungen/Unterwegsware	persönliche Kontakte
Stornos (Zahl, Gründe)	

Tabelle 2.3.2: Aktions- und Reaktionsdaten

Ebenso können erste allgemeine Kundenklassifizierungen vorgenommen werden, um in einem nächsten Schritt gezieltere Aktionen durchführen zu können. Damit verbunden ist auch eine Erfolgskontrolle der einzelnen Maßnahmen möglich. Zuständig für diesen Bereich sind Vertrieb und Werbung, was etwa auch Call Center einschließt.

Dritter Baustein: Kontakt- und Verkaufsdaten

Auf der dritten Ebene werden Kontakt- und Verkaufsdaten erfasst, die vom Vertrieb übermittelt werden. Sie basieren auf konkreten Gesprächen mit Kunden bzw. deren Kaufverhalten, sodass auch Kundenwertberechnungen durchgeführt werden können. Weitere Ziele dieser Datenerhebung sind, Ansatzpunkte für Umsatzausweitungen (Cross- und Up-Selling) zu gewinnen und über kundenspezifische Preiszugeständnisse entscheiden zu können. Diese Daten dienen auch der Abstimmung mit dem Innendienst bzw. anderen Mitgliedern von Vertriebsteams. Problematisch ist vor allem, dass etliche Informationen nur als Freitext erfasst werden können und damit kaum statistisch auszuwerten sind.

Kundendatenbank – Kontakt- und Gebietsdaten	
Kundendaten	
Besuchsdaten mit Zeit, Ort, Gesprächspartner und Thema	offene Probleme/Projekte mit Zuständigkeiten und Terminzielen
gewonnene Kundeninformationen	Kosten/Kilometer/Reise-/Gesprächszeit des Außendienstmitarbeiters
Umsatzpotenzial des Kunden	geplante Umsätze
geschätzte Kundenzufriedenheit	Anregungen/Innovationen/Kritik des Kunden
Stornierungsverhalten	Wiederkaufrate
Cross-Selling-Rate	Entscheiderstruktur/Buying-Center-Mitglieder
Entscheidungspräferenzen	
Gebietsdaten	
Wettbewerberstruktur	Wettbewerbsaktivitäten in der Region
Potenzial der Verkaufsgebiete nach Umsatz, Deckungsbeitrag	Bewertung der Gebiete nach Kaufkraft, Wohnwert usw.
Nachfragerstruktur	Größe/Abgrenzung der Verkaufsgebiete

Tabelle 2.3.3: Kontakt- und Gebietsdaten in der Kundendatenbank

Vierter Baustein: Erfolgsdaten

Schließlich enthält die Kundendatenbank auch Erfolgsdaten, die durch interne Berechnungen erstellt werden. Dazu gehören die Ermittlung von Kennzahlen zur Kundenbeziehung und die kundenspezifische Erfolgsrechnung. Bei geeignetem Aufbau der anderen drei Bausteine können diese Berechnungen selbsttätig durchgeführt werden und erleichtern somit die Entscheidungsfindung.

Kundendatenbank – Controlling	
Erfolgsdaten Kunde	
Umsätze nach Aufträgen	Deckungsbeiträge nach Aufträgen
Umsätze nach Produkten	Deckungsbeiträge nach Produkten
Lieferanteile bei den Kunden	gewährte Rabatte/Konditionen
Betreuungskosten	Werbekostenzuschüsse
Kulanzkosten	Reklamationsaufwand
Erfolgsdaten Region/Gesamtvertrieb	
Umsätze nach Kunden/-gruppen	Deckungsbeiträge nach Kunden/-gruppen
Umsätze nach Regionen	Deckungsbeiträge nach Regionen
Marktanteil	Marktausschöpfungsgrad
Reisekosten nach Regionen	Werbekosten
Stornoquote	Lieferbereitschaftsgrad

Tabelle 2.3.4: Controllingdaten in der Kundendatenbank

e) Kundenwertermittlung

Wozu soll man Kundenwerte ermitteln? Die Erkenntnis, dass einige Kunden profitabler sind als andere, hat sich inzwischen ausgebreitet. Doch ist dieses Wissen umso wertvoller, je früher man es gewinnt. Am besten wäre es, vorher Bescheid zu wissen. Dies geht natürlich nur auf der Basis von Schätzwerten. Dann kann entschieden werden, ob ein Kunde überhaupt akquiriert werden soll, wie er zu betreuen ist oder welche Konditionen er erhält.

Beispiel: Ein Hotel der gehobenen Klasse lebt vor allem von seinen Stammgästen. Die Rezeptionisten kennen wichtige Gäste und haben auch ein Gespür dafür, wer wichtig werden kann. Für solche Gäste halten sie immer noch ein

Zimmer vorrätig, damit sie nicht zu anderen Hotels abwandern. Außerdem erfüllen diese auch Wünsche, die über die sonstigen Dienstleistungen des Hotels hinausgehen. Über die Rechnung am Ende der Reise wissen sie dann jeweils, ob sich Sonderleistungen gelohnt haben und weiter gewährt werden.

Eine Kundenwertschätzung ist immer eine unsichere Sache. Deswegen darf sie auch nicht überbewertet werden. Zwei Situationen sind zu unterscheiden: Zum einen kann die Schätzung vor der Aufnahme der Geschäftsbeziehung vorgenommen werden, zum anderen während. Der Unterschied liegt vor allem in der Verfügbarkeit und Qualität der Daten.

So schätzen Sie das Potenzial eines Neukunden

Der Kunde wird hier wie ein Investitionsobjekt betrachtet. Das kostet in der Anfangsphase Geld, er wird im Laufe der Zeit aber immer profitabler und erwirtschaftet eine bestimmte Rendite. Profitabel heißt im Wesentlichen: Der Kunde liefert Deckungsbeiträge, sein Umsatz liegt über den Kosten der Produkte, die er kauft. (Darauf werden wir später noch genauer eingehen.)

Vor allem Unternehmen, deren Geschäft auf langfristigen vertraglichen Bindungen basiert, müssen zunächst einmal in Kundenbeziehungen investieren, um dann später profitabel zu werden. Das Problem liegt auf der Hand: Mit wenigen Ausnahmen müssen sich Anbieter, vom Buchhandel bis zur Versicherung, damit auseinandersetzen, dass die angesprochene Zielgruppe bereits Vertragspartner hat und dadurch erst aus bestehenden Geschäftsbeziehungen abgeworben werden muss. Oder sie sind skeptisch, verbinden mit einem Abschluss ein hohes subjektives Risiko. Dadurch sind ausgiebige Werbemaßnahmen, Investitionen in Infrastruktur, intensive Beratungen und ggf. Preiszugeständnisse erforderlich.

Beispiel: Eine Versicherungsgesellschaft will Kunden für ihre Krankenversicherung anwerben. Eine solche Entscheidung bindet langfristig, wird also nicht von heute auf morgen gefällt. Die Komplexität des Produkts erfordert eine umfangreiche Beratung, damit auch hohe Provisionen. Außerdem sind Kündi-

gungsfristen zu berücksichtigen. Die Gesellschaft muss zunächst in Marketing und Vertrieb investieren und kann keine allzu hohen Sofortgewinne erwarten. Erst nach einigen Jahren dürfte das Geschäft profitabel werden.

Abbildung 2.3.4 zeigt zwei Beispiele für typische Verläufe der Kundenprofitabilität, gemessen in Deckungsbeiträgen (das heißt: Erlös – dem Kunden zurechenbare Kosten).

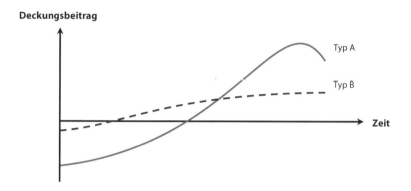

Abbildung 2.3.4: Beispielhafte Verläufe der Kundenprofitabilität

Die durchgezogene Linie (Typ A) beschreibt eine Kundenbeziehung, in die zunächst investiert werden muss und die erst nach einer gewissen Zeit vorteilhaft wird. Wie schon oben gezeigt, ist dies bei Versicherungen der Fall, aber auch im Mobilfunk oder bei Maschinenbauern, die erst einmal in die kundenspezifische Entwicklung investieren müssen. Sie alle dürfen nicht nach einem Jahr aufgeben, sondern müssen die Durststrecke überwinden. Häufig lassen sich später aufgrund der gefestigten Beziehung hohe Deckungsbeiträge erzielen, sodass sich die anfänglichen Investitionen lohnen.

Die gestrichelte Linie (Typ B) beschreibt ein Kundensegment, das relativ leicht anzuwerben ist, aber nicht zu hohen Deckungsbeiträgen führt. Meist geht es um kleinere Geschäfte, etwa den Handel mit Büromaterial, alltägliche Dienstleistungen wie Gastronomie oder Verbrauchsgüter. Käufer lassen sich aufgrund des geringen Kaufrisikos leicht gewinnen, gehen aber auch leicht verloren. Der Verkäufer kann kaum höhere Gewinnspannen durchsetzen, weil er den Kunden schnell wieder verlöre. Insofern wird das Profitabilitätsniveau relativ gering bleiben, dafür wird es aber auch schneller erreicht als beim Typ A.

Diese Verlaufsarten müssen schon beim Aufbau der Kundenbeziehung geschätzt werden, um eine optimale Investitionsentscheidung fällen zu können. Besteht keine Möglichkeit der Vertragsbindung, muss der Break Even sehr früh erreicht werden.

Was macht nun den Wert eines Kunden konkret aus?

Checkliste 3: Kundenwertschätzung

Eine konkrete Schätzung des Kundendeckungsbeitragspotenzials (Kundenwerts) ist unter anderem von folgenden Faktoren abhängig:

1. Wie viel gibt der Kunde insgesamt für Produkte aus unserem Sortiment aus, wie hoch ist damit unser Umsatzpotenzial?
2. Wie viele Lieferanten hat der Kunde? Wie viele Marken werden parallel gekauft?
3. Wie lange dürfte die Kundenbeziehung dauern?
4. Wie profitabel sind die gekauften Produkte und Dienstleistungen (Deckungsbeitrag vor Abzug kundenspezifischer und Marketingkosten)?
5. Wie groß ist das Potenzial für Bedarfssteigerungen? Entwickelt sich das Geschäft des Kunden positiv?
6. Welche Möglichkeiten zum Cross Selling (Verkauf weiterer Produkte aus dem eigenen Sortiment; zum Beispiel ergänzende Dienstleistungen, Zubehör) gibt es?
7. Wie hoch ist der erstmalige Aufwand zur Kundenakquisition (Vermittlungsprovisionen, Werbeaufwand)?
8. Wie hoch ist der erforderliche Aufwand zur Erhaltung der Kundenbeziehung (Werbung, Außendienstbesuche usw.) pro Jahr?
9. Wie viel muss für Reklamationsbearbeitung, Nacharbeit, Kulanz, Stornierungen, Mahnungen usw. pro Jahr aufgewendet werden?
10. Lassen sich Zusatzdeckungsbeiträge aufgrund von Empfehlungen erzielen?
11. Kann der Kunde als Referenzkunde eingesetzt werden? Welchen Ruf hat der Kunde in der Branche?

Bei Privatkunden sieht die Kundenwertberechnung anders und vor allem einfacher aus. Viele der gewünschten Informationen lassen sich nicht erheben, oft scheint auch der Aufwand viel zu hoch. Außerdem ist nur in wenigen Fällen überhaupt bekannt, wer der Kunde ist und ob und wann er wieder kauft.

Sehen wir uns hierzu ein kleines Beispiel für ein Reisebüro an. Es befindet sich in einer mittelgroßen Stadt und hat viele Kunden, die ihre Reise nicht über das Internet buchen würden. Der Inhaber will sein Wertermittlungsschema handhabbar halten und beschränkt sich auf die wesentlichen Faktoren, die sich auf der Grundlage seiner Erfahrungen schätzen lassen (Tabelle 2.3.5). Dabei geht er davon aus, für die ca. 100 besten Kunden einen Wert einzeln zu schätzen.

Position	Beispiel
1. durchschnittliche Jahresausgaben für Reisen in der Familie	4.000 €
2. geschätzter Lieferanteil davon	90 %
3. ergibt Umsatzpotenzial	3.600 €
4. entspricht Provisionsertrag (durchschnittlich 11 %)	396 €
5. abzüglich kundenspezifischer Betreuungskosten pro Jahr	150 €
6. erwartete Dauer der Kundenbeziehung	6 Jahre
7. erwarteter Nettoertrag: (4.–5.) x 6.	1.476 €

Tabelle 2.3.5: Beispiel einer Kundenwertberechnung im Reisebüro

Der Kunde hat einen geschätzten Wert von 1.476 Euro. Die Höhe der Gesamtausgaben im Jahr lässt sich aufgrund von Vergangenheitsdaten bzw. der angegebenen Reiseplanung schätzen. Eventuell sollten die Mitarbeiter dahingehend geschult werden, entsprechende Fragen zu stellen. Neben den reinen Kosten eines Arrangements sind auch Nebeneinnahmen wie Reiseversicherungen zu berücksichtigen.

Der Korrekturfaktor „Lieferanteil" berücksichtigt den Umstand, dass der Kunde auch einige Fahrkarten oder Ähnliches am Automaten oder am Zielort kaufen wird. Die Betreuungskosten beinhalten spezielle Aufwendungen für Anfragen bei Veranstaltern, Werbebriefe oder Einladungen zu Veranstaltungen.

Der Nettoertrag wird hier nicht abgezinst, was finanzmathematisch eigentlich erforderlich wäre. Im Mittelpunkt steht die Einfachheit des Verfahrens. Das Reisebüro hat nun einen Indikator, wie interessant der Kunde ist, vor allem auch in Relation zu anderen. Ließe sich kein positiver Kundenwert ermitteln, weil der Kunde in der Vergangenheit nur billige Reisen gebucht und oft reklamiert hat, dann hieße dies: nicht mehr umwerben, am besten Wettbewerbern überlassen.

Referenzkunden

Einige Kunden fallen in eine ganz besondere Kategorie: Bei ihnen ist es fast egal, ob sie profitabel sind oder nicht. Sie sorgen nämlich für weitere Kunden: die Referenzkunden. Man unterstellt ihnen eine so hohe kommunikative Wirkung, dass sich allein durch die Tatsache, diesen Referenzkunden zu beliefern, auch weitere Kunden akquirieren lassen, die dann selbst ausreichend profitabel sind.

Beispiele für intensive Arbeit mit Referenzkunden (und entsprechenden Preiszugeständnissen):

➤ *Flugzeughersteller suchen frühzeitig einen Erstabnehmer für ein neues Flugzeug, und zwar eine Fluggesellschaft mit sehr gutem Image. Diese erhält das Flugzeug zu Sonderkonditionen und lässt sich dafür in der Kommunikation entsprechend herausstellen.*
➤ *Unternehmensberatungsgesellschaften suchen sich bei der Gründung oder Eröffnung eines neuen Geschäftsfelds einen Kunden mit hohem Bekanntheitsgrad, auf den als Auftraggeber verwiesen werden kann. Er symbolisiert dann das Vertrauenskapital.*

> *Maschinenbauer suchen gerade bei technologisch anspruchsvollen Produkten Kunden, die Interessenten Zutritt zu der Maschine im praktischen Einsatz gewähren.*

Natürlich müssen die Referenzkunden noch ermittelt werden. In einigen Fällen ist dies bei Firmenkunden einfach, denn dort bedient man sich gerne der Marktführer. Bei kleineren Unternehmen muss näher hingeschaut werden, vor allem was die zu erwartende Lebensdauer des Unternehmens angeht.

Privatkunden stellen ein größeres Problem dar, weil die relevanten Eigenschaften üblicherweise schlecht recherchierbar sind. Hier kann man sich letztlich auf bestimmte vorhandene Kriterien beschränken oder im Akquisitionsgespräch danach fragen.

Folgende Checkliste führt einige Kriterien auf, die für die Bestimmung der Referenzeignung relevant sind.

Checkliste 4: Bestimmung von Referenzkunden

Bei **Privatpersonen:**

> Beruf – Ist der Kunde Selbstständiger, Freiberufler, Angestellter? Freiberufler in sogenannten Expertenberufen wie Rechtsanwälte, Ärzte und nicht zu vergessen Fachautoren werden auch im privaten Umfeld regelmäßig um Empfehlungen gebeten und um Rat gefragt.
> Wie viele Kollegen/Mitarbeiter hat der Kunde? Eine hohe Zahl führt zu umfangreicheren persönlichen Kontakten.
> Wie groß ist die Familie? Partner und Kinder können Informationen in ihren Freundeskreisen zusätzlich verbreiten.
> Gibt es besondere Freizeitaktivitäten? In Vereinen Engagierte verfügen über zusätzliche soziale Kontakte, Hobbyfußballer haben mit mehr Leuten zu tun als Angler. Das gilt besonders für Trainer, Vorstände usw.
> Ist der Kunde intro- oder extrovertiert? Extrovertierte kommunizieren leichter und umfangreicher als Introvertierte.
> Welche Ausbildung hat der Kunde? Eine einschlägige Ausbildung (Meisterbrief, Studium usw.) symbolisiert höhere Fachkompetenz.

> Wie hoch ist sein Einkommen/seine Ausgabebereitschaft? Regelmäßige Käufer und Vielnutzer haben eine stärkere Bindung an das Produkt, außerdem werden sie öfter beim Konsum erlebt.

Bei **Firmenkunden**:
> Wie ist der Ruf innerhalb der Branche?
> Hat das Unternehmen eine gute Marktposition?
> Wie viele Kunden/Lieferanten gibt es?
> Gibt es Mitgliedschaften in Verbänden?
> Üben die Entscheidungsträger dort besondere Funktionen aus?
> Nimmt der Kunde an Kongressen/Konferenzen teil?
> Wie groß ist die Bereitschaft zur kommunikativen Zusammenarbeit (Namensnennung, Gemeinschaftswerbung usw.)?
> Verfügt der Kunde über Auszeichnungen/Zertifizierungen? Wie hoch ist das Niveau der Qualitätsstandards?
> Gibt es ein PR-Bewusstsein?

So schätzen Sie den Wert eines Bestandskunden

Während die Schätzung des Kundenwerts bei Neukunden stark spekulativ ist, lässt sie sich bei einer bereits bestehenden Beziehung recht präzise vornehmen. Voraussetzung ist allerdings, dass die Kunden auch namentlich bekannt sind. Vor allem im Versandhandel werden Bewertungsverfahren eingesetzt, mit deren Hilfe regelmäßig festgestellt werden kann, ob ein Kunde noch profitträchtig ist oder nicht.

Basis dieser Bewertungen ist das Verhalten in der Vergangenheit. Dies betrifft sowohl die getätigten Umsätze als auch die entstandenen Aufwendungen zur Förderung des Kunden. Manchmal ist es allerdings schwierig, diese Daten genau zu erfassen. Wenn immer nur für 40 oder 50 Euro bestellt wird, dann entsteht ein fürchterlicher Datenwust, ohne dass sich die Genauigkeit lohnen würde. Alternativ kann daher mit Punktwerten gearbeitet werden, die zudem einfach in der Kundendatenbank zu verarbeiten sind. Der Kunde erhält dann Bonuspunkte für alle Aktivitäten, die den Deckungsbeitrag steigern, Maluspunkte für alle Aktivitäten, die Kosten verursachen. Die erreichte Punktzahl ist dann Entscheidungsgrundlage für die Art und Intensität der Kundenbetreuung.

Ein beliebtes Verfahren ist die **Recency-Frequency-Monetary-Ratio-Methode** (auch: Recency-Frequency-Money). Die Beurteilungskriterien eines Kunden sind:

- **Recency** – Zeit, die der letzte Kauf zurückliegt. Kunden, die kürzlich kauften, werden höher bewertet als Kunden, bei denen der Kauf länger zurückliegt.
- **Frequency** – Kunden mit höherer Bestellfrequenz werden höher bewertet als Gelegenheitskunden.
- **Monetary Ratio** – Kunden mit einem höheren Deckungsbeitrag/ Umsatz werden höher bewertet als solche mit einem niedrigeren.

Faktoren	Startwert: 25 Punkte					
Letztes Kaufdatum in den letzten ... Monaten	6: +30 P.	9: +25 P.	12: +15 P.	18: +5 P.	24: –5 P.	früher: –15 P.
Häufigkeit der Käufe in den letzten 18 Monaten	Zahl der Aufträge multipliziert mit 6					
Durchschnittlicher Umsatz der letzten 3 Käufe	bis 25 €: +5 P.	bis 50 €: +10 P.	bis 100 €: +20 P.	bis 150 €: +30 P.	bis 200 €: +40 P.	über 200 €: +50 P.
Anzahl Retouren der letzten 24 Monate	0–1: 0 P.	2–3: –5 P.	4–5: –10 P.	6–7: –15 P.	8–9: –20 P.	+9: –25 P.
Marketingmaßnahmen seit letztem Kauf	Hauptkatalog je –12 P.		Spezialprospekt je –6 P.		Mailing je –2 P.	

Tabelle 2.3.6: Beispiel RFMR-Methode

Damit ergibt sich beispielsweise das in Tabelle 2.3.6 gezeigte Schema. Bei diesem System verliert ein Kunde sukzessiv Punkte, wenn er über einen längeren Zeitraum nicht aktiv ist. Nach einer festzusetzenden Zeit wird sein Punktestand so niedrig sein, dass für ihn kein Betreuungsaufwand mehr erfolgt. Das Versandhaus muss nur noch die Punktegrenzen festlegen, ab der bestimmte Maßnahmen durchgeführt werden.

Während das Beispiel in Tabelle 2.3.6 aus dem Versandhandel stammt, kann die Methode auch für viele andere Branchen angewandt werden. Dabei sind gegebenenfalls andere Bewertungskriterien aufzustellen. Wie diese gewichtet werden, hängt wiederum von individuellen Gegebenheiten eines jeden Anwenders ab. Hier spielen beispielsweise die erzielten Spannen pro Auftrag und die Kosten für Werbemaßnahmen eine Rolle. Die Kunden müssen allerdings bekannt sein und es sollten nicht nur zwei Variablen zur Verfügung stehen, weil man sich dann den Aufwand auch sparen könnte. Dies beträfe etwa Energieversorger.

Bei der Berechnung des zukünftigen Kundenwerts kann der Zeitfaktor über eine Abzinsung der Werte berücksichtigt werden. Tabelle 2.3.7 zeigt ein Beispiel für eine solche Rechnung.

Faktor	2013	2014	2015	2016	2017
Netto-Umsatz	8.000	12.000	14.000	15.000	15.000
Kunden-Deckungsbeitrag I	2.000	4.000	5.000	6.000	6.000
Marketingkosten anteilig	3.000	2.000	1.000	0	0
Vertriebskosten	1.000	1.200	1.500	1.000	1.000
Reklamationskosten	0	500	500	500	500
Kunden-Deckungsbeitrag II	–2.000	300	2.000	4.500	4.500
Barwerte der Kunden-DB	–2.000	273	1.653	3.381	2.794

Tabelle 2.3.7: Beispiel einer Wertberechnung eines aktuellen Kunden

In diesem Beispiel wurden fünf Jahre betrachtet inklusive dem aktuellen. Es ergibt sich ein Kundenwert von 6.101 Euro bei 10 % Zinssatz. Dies ist sein Beitrag zur Deckung weiterer Fixkosten im Unternehmen, die von der Bearbeitung des Kunden unabhängig sind.

Mathematisch kann der Kundenwert wie folgt ausgedrückt werden:

Mit:

C_0	=	Barwert der Kundendeckungsbeiträge = Kundenwert
n	=	geschätzte Dauer der Kundenbeziehung
E_t	=	Ertrag des Kunden im Jahr t (in der Regel Kundendeckungsbeitrag I)
A_t	=	Aufwand für den Kunden im Jahr t (in der Regel Akquisitionskosten, Betreuungskosten, ggf. Marketingkosten usw.)
$E_t - A_t$	=	Deckungsbeitrag II des Kunden im Jahr t
i	=	kalkulatorischer Zinssatz
$(1+i)^{-t}$	=	Abzinsungsfaktor: entspricht $1/(1+i)$

f) Bedarfsanalyse

Was will der Kunde eigentlich? Das ist sicher die strategisch wichtige Frage, denn man kann wunderschön aneinander vorbeireden, wenn man etwas anbietet, das der Kunde gar nicht gebrauchen kann. Schon bevor die erste Kontaktaufnahme stattfindet, sollte im Wesentlichen bekannt sein, welche Produkte und Dienstleistungen der Angesprochene überhaupt verwenden könnte. Im Rahmen eines persönlichen Kontakts lässt sich dann detailliert feststellen, welche genauen Spezifikationen und Mengen infrage kommen.

Je nach Art des Kunden und der angebotenen Leistungen muss man sehr unterschiedlich vorgehen. Wer beispielsweise ein Selbstbedienungsgeschäft oder einen Web-Shop eröffnet, kann sich kaum mit der jeweiligen Bedarfssituation auseinandersetzen, weil der Kunde selbst aktiv werden muss. Anders sieht es aus, wenn der Anbieter noch unbekannt ist und komplexe Leistungen anbieten will. Dann muss vorher der Bedarf der möglichen Kunden ermittelt werden.

Gehen Sie aber nicht davon aus, dass ein (potenzieller) Kunde seinen Bedarf selbst kennt. Nicht wenige Privatleute und Unternehmen kennen ihren Bedarf erst dann, wenn irgendetwas fehlt und dann nehmen sie die leere Verpackung in die Hand und suchen Nachschub. Genauso weiß man selten, welche Alternativen es zu einem alten Produkt gibt. So sind neue Technologien nicht bekannt oder hat man keine Vorstellung von den Einsatzmöglichkeiten der verfügbaren Techniken.

Eine Bedarfsanalyse durch den Verkäufer darf also nicht nur fragen „Was brauchen Sie?", sondern muss im Detail herauszufinden versuchen, welche Einsatzmöglichkeiten es für die eigenen Produkte gibt. Diese Potenziale kann der Kunde auch gar nicht kennen, insofern wird er nicht gezielt nach Anbietern suchen.

Beispiel: Stellen Sie sich vor, Sie verkaufen Postbearbeitungsmaschinen. Natürlich können Sie in einem Unternehmen fragen, ob es gerade Bedarf an einer solchen hat. Wahrscheinlich wird man aber sagen, dass man so etwas nicht habe und auch nicht brauche bzw. dass die vorhandene Maschine es noch mache. Intelligenter ist es aber festzustellen, ob das Unternehmen mit einer solchen Maschine bzw. einer neuen einen wirtschaftlichen Vorteil erzielen kann. Der Kunde kann das nicht, weil er die Leistungsfähigkeit der Maschine nicht kennt. Es ist also allenfalls ein latenter Bedarf vorhanden, der durch die Bedarfsanalyse konkretisiert werden muss.

Als Verkäufer müssen Sie daher ermitteln, wie hoch das Briefaufkommen im Unternehmen ist, wie es bearbeitet wird und welche Kosten dafür entstehen. Ideal ist es, die Abläufe selbst kennenzulernen, um Einsparpotenziale finden zu können. Dies gilt auch, wenn bereits Maschinen im Einsatz sind, aber weniger effizient als die eigenen arbeiten. Der Bedarf ergibt sich aus der Tatsache, dass die angebotene Maschine einen wirtschaftlichen Vorteil erzielen kann.

Eine Bedarfsanalyse ist grundsätzlich mit Fragen und Beobachten verbunden. Auch wenn Kunden davon deutlich profitieren können, sind sie aber nur selten bereit, Auskunft über interne Abläufe, persönliche Vorstellungen und vor allem Budgets zu geben. Verkäufer sollten daher mit ihren Erkenntnissen rücksichtsvoll umgehen. Die Auskunftsbereitschaft ist nur dann hoch, wenn ein gewisses Vertrauenspotenzial vorhanden ist.

Eine Checkliste für die Bedarfsanalyse kann nur sehr allgemeine Vorschläge machen und muss auf jeden Fall an die jeweilige Situation angepasst werden. Schon obige Beispiele zeigen, dass das Vorgehen ganz anders sein muss. Im Folgenden finden Sie einige Ansatzpunkte im Bereich der Unternehmenskunden.

Checkliste 5: Bedarfsanalyse

Was?

- Was wird wie hergestellt? Welche Leistung wird erbracht?
- Welche Verwendungssituation/en für unser Produkt gibt es beim Kunden?
- Wie wird die Leistung bislang erbracht/das Problem bislang gelöst?
- Welche technischen/qualitativen Probleme sind damit verbunden?
- Gibt es Informationen über Ausfallraten/Reklamationen usw.?
- Sind Verbesserungspotenziale bekannt/offensichtlich?
- Bestehen technologische/rechtliche Herausforderungen?
- Können Wettbewerber des Kunden die Leistung besser erbringen?
- Sind technologische Neuerungen beim Kunden bekannt?
- Kann der Kunde mit unserem Produkt/unserer Dienstleistung neue Angebote auf den Markt bringen?
- Kann der Kunde mit unserem Produkt/unserer Dienstleistung seine Wettbewerbsfähigkeit steigern?
- Kann die Zielgruppe des Kunden optimal bedient werden?

Wie teuer?

- Welche Kosten sind bislang damit verbunden?
- Lassen sich Lebenszykluskosten (also inkl. Wartung, Energieversorgung, Recycling usw.) senken?
- Können Prozesse vereinfacht werden?

> Welche Investitionen wurden getätigt?
> Welches Budget steht für den Bereich zur Verfügung?

Wie viel?

> Welche Volumina werden verarbeitet/verkauft?
> Sind die Absatzpotenziale des Kunden ausgeschöpft?
> Könnte unser Produkt die Verkaufsmenge des Kunden steigern?

Wann?

> Kann die Lieferschnelligkeit des Kunden verbessert werden?
> Lassen sich Innovationszyklen verkürzen?
> Bestehen Lieferprobleme bei Wettbewerbern?

Verkäufer, die Privatpersonen gegenüberstehen, können nie so stark ins Detail gehen. Das liegt schon daran, dass die meisten Entscheidungen limitiert, gewohnheitsmäßig oder impulsiv fallen. Also wird kaum ein Kunde bereit sein, sich so intensiv mit der Entscheidung auseinanderzusetzen. Verkäufer müssen also pragmatisch vorgehen, sich auf das Wesentliche konzentrieren, schnell die Bedarfslage erkennen und genau die Kriterien ansprechen, die für die Kunden wichtig sind.

Häufig spielt es eine zentrale Rolle, welche Bedürfnisse ein Kunde hat. Zwischen Bedürfnis und Bedarf besteht ein enger Zusammenhang. **Bedürfnis** ist sozusagen die theoretische Größe, **Bedarf** die praktische. So hat ein Mensch eine Reihe grundlegender Bedürfnisse (siehe die Bedürfnishierarchie von Maslow in Abbildung 2.3.5, vgl. ausführlich Maslow 1981).

Diese Bedürfnisse stehen in einem bestimmten Zusammenhang. So müssen erst die physiologischen Bedürfnisse befriedigt werden, dann die Sicherheitsbedürfnisse usw. Das Bedürfnis nach Selbstverwirklichung wird erst dann befriedigt, wenn die tiefer liegenden erfüllt sind.

Bedürfnisse konkretisieren sich in einem Bedarf, zum Beispiel an Nahrungsmitteln, Wohnung oder Freizeitgütern. Allerdings gibt es keinen linearen Zusammenhang, nach dem Nahrung nur zur Befriedigung physiologischer Bedürfnisse eingesetzt würde. Vielmehr kann Essen auch ein Ausdruck von Status sein (denken Sie an den Verzehr von Kaviar oder bestimmten Süßwaren) und der eine oder andere sieht es auch als Selbstverwirklichung an.

Abbildung 2.3.5: Bedürfnishierarchie von Maslow

Nun ist es ein entscheidender Kaufeinfluss, welches Bedürfnis einem Bedarf zugrunde liegt. Vielfach denkt man in Marketing und Vertrieb zu mechanisch und orientiert sich an der rein sachlichen Funktion. Das erschwert den Verkauf aber.

Im Verkauf ist es von großer Bedeutung, sich mit den oftmals **verborgenen Bedürfnissen der Kunden** zu beschäftigen. Werden sie angesprochen, fällt es ihnen meist wesentlich leichter, eine Kaufentscheidung zu fällen. Oft werden die Bedürfnisse auch nicht geäußert, weil es den Kunden unangenehm ist. Wer seinen Nachbarn mit einem neuen Auto beeindrucken will, sagt dies nicht seinem Autohändler, sondern sucht nach bestimmten Leistungsmerkmalen.

Produkt	mögliche zugrunde liegende Bedürfnisse
Bekleidung	soziale Zugehörigkeit, Anerkennung, Status, Erotik, Wärme, Schutz
Kosmetik	Selbstbestätigung, Sicherheit, Erotik
Tabak	soziale Zugehörigkeit, Anerkennung
Fahrzeuge	Reisen, Transport, Status, Selbstbestätigung
Literatur	Selbstverwirklichung, Status
Restaurantbesuch	Hunger, Durst, Geselligkeit, Status
Bahnfahrt	Reisen, Transport, Geselligkeit
Joghurt	Hunger, Gesundheit
Seminarbesuch	Wissenserwerb, soziale Kontakte, Karriere, Selbstverwirklichung
Schuhe	Gesundheit, Schutz, Erotik, Status
Couchgarnitur	Sitzgelegenheit, Gemütlichkeit, Geselligkeit, Status

2.4 Kommunikationsmittel effektiv einsetzen

Um den Vertrieb zu unterstützen, stehen eine ganze Reihe von Kommunikationsmitteln zur Verfügung. Sie sind in der Lage, sowohl große und anonyme Zielgruppen als auch einzelne Personen anzusprechen. Dies tun sie allerdings mit höchst unterschiedlicher Effizienz und ebenso unterschiedlicher Qualität. Während ein Unternehmen in seiner Marketingstrategie durchaus eine groß angelegte Werbekampagne zur Steigerung der Bekanntheit in der Gesamtbevölkerung vorsehen kann, ist der Vertrieb meist konkret an der Förderung des Abverkaufs interessiert und weiß auch genauer, wer angesprochen werden soll.

Hier kommt es also darauf an, das jeweils am besten geeignete Instrument auszuwählen und möglichst auch auf seine Wirksamkeit zu kontrollieren. Machen Sie sich dazu mit der Wirkungsweise vertraut. Das klassische Muster der Werbewirkung beschreibt die **AIDA-Formel**. Danach gibt es vier Phasen:

Abbildung 2.1.1: AIDA-Formel

Zunächst wird durch Kommunikation Aufmerksamkeit erzeugt. Diese ist Voraussetzung für jede weitere Informationsverarbeitung. Sie kann Interesse wecken, das heißt der Umworbene fängt an, sich mit der Botschaft zu beschäftigen. Diese Beschäftigung löst idealerweise den Wunsch aus, das Beworbene zu kaufen. Schließlich wird die Handlung (Kauf) ausgelöst.

Diese Formel zur Werbewirkung ist recht alt und nicht mehr oft zutreffend. Sie sehen, dass sich hierbei der Umworbene intensiv mit den Informationen auseinandersetzt. Wann ist das noch der Fall? Privatleute kaufen, wie oben bereits gezeigt, heute mit möglichst geringem Aufwand und interessieren sich oft nicht für detaillierte Informationen. Manchmal suchen sie auch erst nach dem Kauf nach Informationen, das heißt sie experimentieren erst einmal und setzen sich dann näher mit ihren gekauften Produkten auseinander. Nur bei wirtschaftlich bedeutenden Entscheidungen im Unternehmen kann von einem systematischen Prozess der Informationsverarbeitung gesprochen werden.

> Wer sich an AIDA orientiert, investiert oft zu viel in Werbemaßnahmen, die nicht beachtet werden. Mitunter braucht der Kunde nur einen kleinen werblichen Auslöser, um sich zum Kauf zu entscheiden. Das gilt vor allem für Private als Kunden.

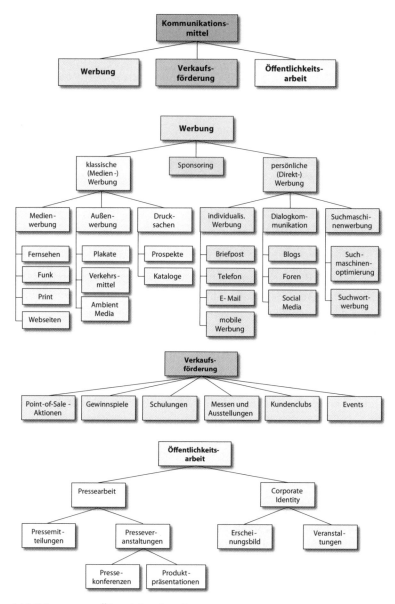

Abbildung 2.4.2: Übersicht über die Kommunikationsmittel

Sehen wir uns zunächst an, welche Kommunikationsmittel es überhaupt gibt. Abbildung 2.4.2 gibt einen Überblick. Aufgrund der Vielzahl neuer Kommunikationsmittel, insbesondere der internetbasierten, ist es heute kaum noch möglich, diese vollständig abzubilden. Zudem verändern sich die Strukturen laufend. Lag der Schwerpunkt vor 30 Jahren noch auf der klassischen Werbung, die sich an eine mehr oder weniger anonyme Masse von Adressaten wendet, sind es heute die individuellen Kommunikationswege.

Die Kommunikationsmittel werden meist in drei Kategorien eingeteilt:

1. Werbung

Werbung wird nochmals unterteilt in klassische und persönliche. Der wesentliche Unterschied liegt in der Zielgruppe. **Klassische Werbung** richtet sich an eine weitgehend anonyme Zielgruppe, das heißt man kann nicht planen, wer genau angesprochen werden soll. Zwischen Sender und Empfänger befindet sich ein Medium, das die persönliche Ansprache unmöglich macht. Die Kosten pro Kontakt sind dabei meist gering, allerdings sind die Streuverluste hoch und entsprechend die Kosten für den erwünschten Kontakt mit der Zielgruppe recht hoch. Als Werbeträger/Medien werden üblicherweise **Fernsehen, Funk und Printmedien** unterschieden. Zu letzterer Gruppe zählen etwa Publikums- und Fachzeitschriften sowie Zeitungen. Werbung im Internet kann (wie hier) zur klassischen Werbung gezählt werden, was aber nicht jedem behagt, denn wenn das Internet schon klassisch ist, aus welcher Stein- oder Papierzeit mag dann die Zeitung kommen? **Bannerwerbung** im Internet funktioniert aber genauso wie Anzeigenwerbung in Zeitschriften – eigentlich sogar besser, denn die Nutzung kann viel besser kontrolliert und kalkuliert werden. Die Anwendung klassischer Planungsgrößen wie Tausendkontaktepreis ergibt streng genommen erst im Internet einen Sinn.

Zur **Außenwerbung** gehören vor allem Plakate am Straßenrand und Verkehrsmittelwerbung. Sie ist die Urform der Werbung. Nicht zuletzt erreicht sie auch Medienverweigerer, solange diese wenigstens gelegentlich aus dem Haus gehen. Heute wird gerne auch der Begriff **Ambient Marketing** (oder: Ambient Media) verwandt, der alle Kommunikationsmaßnahmen im Lebens-/Wohnumfeld außerhalb der Medien umfasst. Auch **Guerilla-Marketing**-Aktionen sind oft Außenwerbung, sie bestehen zum Beispiel aus der werblichen Nutzung des öffentlichen Raums, etwa des Straßenpflasters.

Nicht zuletzt benötigt gerade der beratende Vertrieb **Drucksachen** mit Informationen über die Produktangebote. Diese können auch elektronisch weitergegeben werden, etwa als CD, (Schulungs-)Video oder interaktive Anwendung über das Internet. So lösen beispielsweise Berechnungsprogramme im Versicherungsvertrieb umfangreiche Vergleichstabellen ab.

Die Nutzung der Medien wandelt sich stark. Unter den 14 – 29-Jährigen liegt die Internetnutzung schon über der von Fernsehen und Hörfunk. Verglichen mit den Über-50-Jährigen wird das wird das Fernsehen weniger als halb so intensiv genutzt, das Internet aber mehr als drei Mal so lange. Die Zeitungsnutzung liegt unter einem Drittel. Siehe Tabelle 2.4.1.

Altersklasse	Mediennutzung in Deutschland (Angaben in Minuten pro Tag)						
	Fernsehen	Hörfunk	Internet	Zeitung	Tonträger	Buch	Zeitschrift
Gesamt	242	191	83	23	31	22	6
14 – 29 J.	138	146	150	10	72	30	4
30 – 49 J.	226	207	99	18	29	15	4
ab 50 J.	297	200	42	34	13	23	9

Tabelle 2.4.1: Durchschnittliche tägliche Mediennutzungsdauer 2012 in Deutschland
Quelle: ARD-ZDF-Online-Studie 2012, Daten für das erste Halbjahr 2012

Direktwerbung ist immer an eine spezielle Person gerichtet. Zumindest die Post-/Internetadresse oder Telefonnummer muss bekannt sein.

Früher setzte sie voraus, zumindest den Verdacht zu haben, der Empfänger könne sich für das Angebot interessieren. Heute kommt die Reaktion auf das (Such-)Verhalten des Adressaten hinzu. Direktwerbung wird u. a. durch die Suche nach Produkten auf einer Webseite ausgelöst oder auf Angaben in Profilen in sozialen Medien hin gestaltet. Auch die persönliche Kommunikation eines Mitarbeiters eines verkaufenden Unternehmens mit einem potenziellen Interessenten in einem Internetforum ist eine Form der Direktwerbung. Die Möglichkeiten, individuell auf die Bedarfssituation einzugehen, sind deutlich besser als zu Zeiten der Briefpost. Zu beachten ist hierbei die rechtliche Situation. Einige Werbeformen sind nur unter bestimmten Bedingungen zulässig. So darf im Allgemeinen brieflich geworben werden, ist jedoch die Herkunft der Adresse anzugeben, wenn sie von Dritten bezogen wurde. Telefonwerbung ist bei Privatpersonen nur unter ganz speziellen Umständen zulässig, beispielsweise nicht einmal gegenüber ehemaligen Abonnenten einer Zeitung, die gerade gekündigt haben.

Der wachstumsstärkste Bereich dürfte die Ansprache der „Suchenden" im Internet sein. Sie ist hier der Direktwerbung zugeordnet, weil über die Suche nach einer speziellen Information (Suchwortwerbung auf **Suchmaschinen**) diese Person identifiziert werden kann. Dabei wird zwar nicht der Name bekannt, aber es können gezielt werbliche Reize durch Werbeeinblendungen zu einer individuellen Suchanfrage gesetzt werden, um der Person das eigene Angebot vorstellen zu können. Die entsprechende Aufbereitung der Webseiten (Suchmaschinenoptimierung) sorgt zudem dafür, dass das eigene Angebot auch ohne gekaufte Suchbegriffe gefunden wird.

Das **Sponsoring** steht etwas verloren zwischen den beiden Hauptthemen der Werbung. Es handelt sich um eine Art der klassischen Werbung über ein Medium, das nicht zu den Werbeträgern zählt. Beispiele sind Sportvereine, soziale Einrichtungen oder kulturelle Veranstaltungen.

2. Verkaufsförderung

Die Verkaufsförderung ist ein Sammelbecken für viele Maßnahmen, die relativ konkret auf den Kauf eines Produkts ausgerichtet sind. Dazu gehören vor allem auch **Maßnahmen am Verkaufsort**, etwa Displays oder Verkostungen. In Investitionsgüterbranchen sind die verkaufsfördernden Maßnahmen deutlich anspruchsvoller. Vielfach sind **Messebeteiligungen** das zentrale Element, zumindest, wenn man das Produkt sehen kann. Ist dies nicht der Fall, kommen meist Schulungen oder Anwendungsdemonstrationen zum Einsatz, etwa für Software.

In unterschiedlichsten Formen und Branchen zu finden sind **Events** im Einsatz. Hierunter sollen Firmenveranstaltungen mit Kunden verstanden werden, ein Konzert mit bekanntem Sänger, bei dem auch die eigenen Produkte vorgestellt werden, Konferenzen zu Fachthemen und wenn es ganz hart kommt, auch ein gemeinschaftlicher Besuch des Münchener Oktoberfests.

3. Öffentlichkeitsarbeit

Schließlich ist die Öffentlichkeitsarbeit ein größerer Bereich der Kommunikation. Bei der **Pressearbeit** steht die Information im Vordergrund, wobei Redaktionen als neutrale Institution zur Steigerung der Glaubwürdigkeit zwischengeschaltet werden. Mit der **Corporate Identity** wird das öffentliche Erscheinungsbild des Unternehmens angesprochen. Dadurch soll die Wiedererkennbarkeit gesteigert und auch die Identifikation der Mitarbeiter gefördert werden.

Sehen wir uns anhand von typischen Beispielen an, was mit welchem Kommunikationsmittel erreicht werden kann.

Kommunikationsbeispiel 1: Steigerung der Bekanntheit

Wie schon oben betont, ist Bekanntheit bei den potenziellen Kunden eine zentrale Voraussetzung für den Absatzerfolg. Wenn Sie persönlichen Kontakt aufnehmen, sollte der Angesprochene Ihren Namen bzw. den Ihres Unternehmens schon einmal gehört haben. Von einem bekannten Unternehmen kauft man lieber als von einem, das man überhaupt nicht kennt.

Es gibt zwar unzählige Möglichkeiten, Bekanntheit zu erlangen, hier sollen aber zwei herausgestellt werden: Der Einsatz von Medienwerbung (online und offline) und der Pressearbeit.

Um eine große Zielgruppe anzusprechen, sind die Instrumente der klassischen Werbung meist am besten geeignet. Die Kosten pro Kontakt liegen weit unter denen der Direktwerbung, wenn auch eine deutlich geringere Intensität erreicht wird. Geht es aber erst einmal um die Bekanntheit, ist dies zu vertreten.

> **Bewertung von Werbeträgern**
>
> Das wichtigste Kriterium zur Bewertung der **Kontaktkosten** ist der Tausend-Kontakte-Preis. Dieser und vergleichbare Preise werden als „Tausender-Preise" ausgewiesen, das heißt bezogen auf tausend Kontakte. Das hat ganz einfach mit den Größenordnungen zu tun und verhindert, allzu viele Zahlen hinter dem Komma mitschleppen zu müssen.
>
> Sie sollten folgende Preise kennen:
>
> Tausend-Auflage-Preis TAP:
> (Schaltkosten x 1000) : verkaufte Auflage
>
> Tausend-Kontakte-Preis TKP:
> (Schaltkosten x 1000) : Zahl der Kontakte (Leser, Zuschauer ...)
>
> Tausend-Zielpersonen-Preis TZP:
> (Schaltkosten x 1000) : Zahl der erreichten Zielpersonen
>
> Für jeden Werbeträger können Sie diese drei Kennzahlen bestimmen. Sicher sehen Sie schon, dass der letzte Preis der wirklich wichtige ist.

Sehen wir uns das anhand zweier Beispiele an: Eine Publikumszeitschrift habe eine verkaufte Auflage von 1 Mio. Exemplaren und 4 Leser pro Ausgabe (das sind dann Mitleser beim Friseur, im Unternehmen oder der Familie). Für Sie seien aber nur 15 % der Leser relevant, weil Ihre Zielgruppe zum Beispiel aus Personen mit einem bestimmten Hobby besteht. Der Preis einer farbigen ganzseitigen Anzeige liege bei 50.000 Euro.

Diese Zeitschrift erreicht

- einen TAP von 50,00 (50.000 x 1.000 : 1.000.000),
- einen TKP von 12,50 (50.000 x 1.000 : 4.000.000) und
- einen TZP von 83,33 Euro (50.000 x 1.000 : 600.000).

Anders gesagt kostet Sie ein Kontakt in der Zielgruppe 0,0833 Euro. Das sieht erst einmal billig aus. Sie müssen allerdings berücksichtigen, dass nicht jeder Leser der Zeitschrift auch Ihre Anzeige beachtet und schon gar nicht Kunde wird. Interessant sind die Kennzahlen für den Vergleich verschiedener Werbeträger.

Für Ihre Zielgruppe gebe es eine Special-Interest-Zeitschrift mit einer Auflage von 50.000 Stück. Die Zielgruppenabdeckung ist 100 %, es gibt 2 Leser pro Heft. Für eine Anzeigenseite werden 8.000 Euro verlangt.

Diese Zeitschrift erreicht

- einen TAP von 160 (8.000 x 1000 : 50.000),
- einen TKP von 80 (8.000 x 1000 : 100.000) und
- einen TZP von 80 Euro (8.000 x 1000 : 100.000).

Sie sehen, dass die Bewertung anhand der Kennzahlen unterschiedlich ausfällt. Publikumszeitschriften wie Stern, Spiegel oder Focus erscheinen zunächst günstig, lohnen sich aber nur für sehr große Zielgruppen. Die zielgruppenspezifischen Zeitschriften holen beim TZP deutlich auf. Denken Sie beim Vergleich aber auch an qualitative Kriterien wie das redaktionelle und werbliche Umfeld. In der Special-Interest-Zeitschrift finden Sie viele themenspezifische Beiträge um Ihre Anzeige herum, aber auch viele Wettbewerber mit ihren Anzeigen.

Steuerung der Werbung im Internet

Für die Werbung auf **Webseiten** gilt übrigens das Gleiche. Hier ist allerdings die Einhaltung der Kontaktzahlen noch besser zu kontrollieren. Die Werbebanner werden so lange eingespielt, bis die gebuchte Kontaktmenge erreicht ist. Während also bei der Printwerbung die Kontaktpreise letztlich nur Schätzwerte sind – schlimmstenfalls wurde die Zeitschrift zwar verkauft, aber nicht gelesen –, können die Webseitenbetreiber ihre Kontaktzahlen garantieren.

Die Frage, wie die Werbung im Internet wahrgenommen und genutzt wird, lässt sich ebenfalls umfassend ermitteln. So können schnell Änderungen vorgenommen werden, wenn sich eine Maßnahme als nicht erfolgreich erweist. Die verfolgbaren Ziele sind zudem weitaus vielfältiger, von der einfachen Bekanntheit einer Marke bis zur intensiven Kenntnis der Anwendungsbedingungen komplexer Produkte. An dieser Stelle kann nur ein kurzer Überblick über solche Steuerungsgrößen gegeben werden, auch vor dem Hintergrund, als Ausgangspunkt für Zieldefinitionen zu dienen.

Qualität/Nutzung der Website – Hier geht es um die Qualität der Gestaltung des Webangebots, also darum, ob Besucher leicht angeworben werden können, wie lange sie auf der Website verweilen und wie intensiv sie sie nutzen.

Visit – Zusammenhängender Nutzungsvorgang eines Besuchers. Setzt sich üblicherweise, aber nicht immer, aus mehreren Seitenabrufen (Page Impressions) zusammen. Ein Besucher kann mehrere Visits auslösen.

Visit Duration – Zeitdifferenz zwischen der ersten und letzten Aktivität des Besuchers auf der Website.

Link Popularity – Anzahl der Backlinks einer Webseite – Wie oft wird von anderen Websites auf diese verlinkt? Ist auch ein Bewertungsmaß für Webseiten von Suchmaschinen.

Unique Visitors – Unique Visitor ist ein Nutzer, der in einem bestimmten Zeitraum eine oder mehrere Seiten auf der Website besucht hat. Die Kennzahl misst also die Anzahl der Nutzer, und dabei jeden Nutzer nur einmal.

Hits (Zugriffe) – Anzahl der Abrufe eines Werbeelements von einem Webserver.

Page Impressions/Page View – Anzahl der aufgerufenen Webseiten – kann sowohl für die Beliebtheit des Angebots stehen als auch für unübersichtliche Gestaltung, wenn immer wieder hin und her gesprungen wird.

Effektivität der Website – Diese Größen analysieren die Nutzungsintensität des Angebots. So möchte der Anbieter wissen, ob die gezeigte Werbung, die angebotenen Informationen und Kommunikationsmittel genutzt werden. Für praktisch jede Angebotsart (Information, Bestellung, Anfrage usw.) kann eine geeignete Steuerungsgröße definiert werden.

Click-Through-Rate – misst die Attraktivität einer Werbeschaltfläche.

$$\frac{\text{Anzahl der Nutzer, die auf ein Werbeelement geklickt haben}}{\text{Anzahl der Einblendungen des Werbeelements}}$$

Download Rate – misst die Attraktivität angebotener Downloads

$$\frac{\text{Anzahl der Downloads}}{\text{Anzahl der Besucher auf einer Website}}$$

Conversion Rate (Umwandlungsrate) – universelle Erfolgsgröße

$$\frac{\text{Anzahl der Besucher, die eine bestimmte Aktion durchgeführt haben}}{\text{Anzahl der Besucher auf der Website}}$$

Sales Conversion Rate (Verkaufsrate) – Welcher Anteil der Besucher hat gekauft? Wie hoch ist der Umsatz pro Besucher?

$$\frac{\text{Anzahl Verkäufe bzw. Verkaufserlös}}{\text{Anzahl der Besucher auf der Website}}$$

Lead Conversion Rate – Welcher Anteil der Besucher konnte für unser Angebot interessiert werden?

$$\frac{\text{Anzahl der Kontaktanfragen über eine Website}}{\text{Anzahl der Besucher auf der Website}}$$

Wirtschaftlichkeit der Website – Die entstehenden Kosten des Webangebots müssen den erzielten Erlösen gegenübergestellt werden. So kann entschieden werden, wie am besten kommuniziert wird, es sind gleichzeitig auch Vergleiche unterschiedlicher Anbieter möglich.

Click-To-Basket – Wie viele Informationsabrufe waren notwendig für einen Verkauf?

$$\frac{\text{Anzahl der Abrufe von Produktinformationen}}{\text{Anzahl der Benutzer, die das Produkt in den Warenkorb gelegt haben}}$$

Sales per Visit – Verkaufserlös pro Besuch

$$\frac{\text{Verkaufserlös über eine Website in einem Zeitraum}}{\text{Anzahl der Besuche auf der Website (Visits)}}$$

Cost per Click – Kosten für jeden Klick auf ein Werbeelement

$$\frac{\text{Kosten der Werbeschaltung}}{\text{Anzahl der Nutzer, die auf ein Werbeelement geklickt haben}}$$

Cost per View – Kosten für jeden Werbeseitenabruf

$$\frac{\text{Kosten der Werbeschaltung}}{\text{Anzahl der Seitenabrufe mit dem Werbeelement (Page Impressions)}}$$

Cost per Lead – Kosten pro Interessent

$$\frac{\text{Kosten der Werbeschaltung}}{\text{Anzahl der generierten Leads}}$$

Fernsehwerbung lohnt sich meist erst bei Werbebudgets in Höhe mehrerer Millionen Euro. Dabei spielen sowohl die Schaltkosten, also die Kosten für die Schaltung eines Werbespots in einem Werbeblock, als auch die Produktionskosten eine Rolle. Je nach Sendezeit und Zuschauerzahl kosten einzelne Schaltungen ab etwa 5.000 bis weit über 100.000 Euro, dazu kommt die aufwendige Produktion mit Kreativentwicklung, Schauspielerhonoraren, Studiomiete usw. Um eine Zielgruppe halbwegs zuverlässig abdecken zu können, sind mehrere Schaltungen zu unterschiedlichen Zeiten in unterschiedlichen Programmen erforderlich.

Funkwerbung ist vergleichsweise preiswert zu haben, zumal auch die Produktionskosten gering sind. Sie bietet sich daher auch für kleinere Unternehmen mit regional beschränkter Zielgruppe an. Allerdings sollte man beachten, dass auch hier eine gewisse gestalterische Qualität angestrebt werden sollte. Das Verlesen von Werbebotschaften im Studio ist nicht immer hilfreich.

Am vielfältigsten einzusetzen ist die Anzeigenwerbung in **Printmedien**. Aufgrund der vielfältigen Presselandschaft gibt es auch für sehr spezielle Zielgruppen geeignete Werbeträger. Wenn Sie sich schnell einen Überblick verschaffen wollen, finden Sie unter www.pz-online.de ein vollständiges Verzeichnis der Publikumszeitschriften. Im industriellen Vertrieb helfen sie nicht unbedingt weiter, dafür gibt es aber Zeitschriften, die sich direkt an Unternehmen wenden und meist einen konkreten Branchen- oder Funktionsbezug haben. So gibt es Zeitschriften für Versicherungen, Chemieunternehmen, Textilhändler usw. und ebenso Zeitschriften für Elektroniker, IT-Fachleute oder Geschäftsführer.

Einige wesentliche Unterschiede sind zu beachten: Während einige Zeitschriften überwiegend im Handel oder im Abonnement verkauft werden, werden andere über einen Verteiler an potenziell interessierte Personen verschickt. Letztere finanzieren sich ausschließlich über die Werbung, können aber recht genau an die Zielgruppe verteilt werden. Bei den verkauften Zeitschriften darf zwar mit einem größeren Leserinteresse gerechnet werden, doch gibt es keine Garantie, dass die angesprochene Zielgruppe auch erreicht wird. Lesen Sie daher genau in den Mediadaten der Zeitschrift nach, wie die Leser erreicht werden. Solche Daten finden Sie zum Beispiel auch unter www.ivw.de.

Was die **Internetwerbung** angeht, ist vor allem die neue Vielfalt an Werbeträgern zu beachten. Es sind nicht mehr nur Informations- und Unterhaltungsmedien, sondern auch Plattformen, auf denen gehandelt wird, die ein technisches Hilfsmittel darstellen. Das Werbewirkungsumfeld ist jeweils höchst unterschiedlich. Im Mai 2012 beispielsweise fanden sich unter den Top 20 der Werbeträger nach AGOF-Zahlen sechs Online-Angebote von Zeitschriften, fünf E-Mail-Portalseiten, zwei Angebote von Fernsehsendern, zwei Telefonverzeichnisse und unterschiedlichste Angebote mit Interaktion, allen voran eine Auktionsseite.

Des Weiteren zerfließen hier die Grenzen zwischen Print und Film, denn anstelle von einzelnen Bildern können auch Sequenzen davon oder auch Filme gezeigt werden.

Checkliste 6: Werbeträgerselektion

Achten Sie bei der Auswahl eines **Print-Werbeträgers** auf die folgenden Kriterien:

- Druckauflage und tatsächlich verbreitete Auflage (relevant ist nur die Letztere – achten Sie auf die ivw-Prüfung!)
- verkaufte Auflage (siehe Erläuterung oben; bei Publikumszeitschriften gibt es auch oft Kontingente für Fluggesellschaften und Hotels, die dort kostenfrei abgegeben werden)
- Anteil Abonnenten (hohe Aboquoten bedeuten stabile Leserschaft, also wenige neue Kontakte durch mehrfache Schaltung)

> Leserschaft (bei Publikumszeitschriften nach Alter, Geschlecht, Einkommensklasse und gegebenenfalls Interessenlagen, bei Fachzeitschriften nach Branche, Unternehmensgröße, beruflicher Position der Leser)
> geografische Verbreitung (national – regional – lokal)
> Bezugspreis
> redaktionelle Themen – Schwerpunktthemen in einzelnen Heften
> Schaltkosten (Preis pro Seite bzw. Millimeter)
> Anzeigenformate (wichtig ist zum Beispiel auch die Frage, welche kleineren Formate angeboten werden: 1/4-Seite, Spalte, Zeile usw.)
> Achten Sie auch auf die thematische Ausrichtung bei Fachzeitschriften. Vielfach werden in den einzelnen Heften bzw. zu Messen Schwerpunktthemen angeboten, die für die entsprechende Branche ein besonderes Werbeumfeld bieten. Diese Sonderthemen stehen schon im Vorjahr fest und können so in die Werbestrategie eingebunden werden.

So ganz zwischendurch haben Sie eine Menge über Werbeplanung erfahren. Das mag etwas aufwendig erscheinen, aber es geht hier um viel Geld. Selbst eine etwas größer angelegte Printkampagne in Fachmedien schlägt schnell mit einem sechsstelligen Betrag zu Buche. Um diesen Betrag optimal zu investieren, sollten Sie systematisch planen. Dabei empfiehlt sich folgende Vorgehensweise:

1. Bestimmung der **Werbeziele** – Warum wird geworben?
   Hier legen Sie fest, was Sie eigentlich erreichen wollen, zum Beispiel Bekanntheit, Imageverbesserung, Information oder Umsatzsteigerung. Alle weiteren Entscheidungen richten sich danach, welche Ziele Sie vorgeben.
2. Bestimmung der **Zielgruppe** – Wer wird umworben?
   Die Zielgruppe kann die Ihres Produkts sein, und damit ziemlich groß. Sie können aber auch nur einen Teil ansprechen, das geht oft effizienter, wenn es spezifische Medien gibt.
3. Bestimmung des **Werbebudgets** – Welche Mittel stehen zur Verfügung?
   Legen Sie fest, was Sie ausgeben wollen bzw. beantragen Sie ein entsprechendes Budget. Lassen Sie sich dabei nicht nur von Kostenquo-

ten leiten (Prozent vom Umsatz), sondern von den Zielen, die Sie erreichen wollen.
4. Auswahl der **Werbemittel** – Mit welchen Medien wird geworben? Damit ist die grundlegende Kategorie gemeint, zum Beispiel TV-Spot, animierter Banner, Anzeige, Plakat oder Prospekt. Oft lässt das Budget nur bestimmte Werbemittel zu, aber auch die Darstellungsmöglichkeiten sind wichtig.
5. Auswahl der **Werbeträger** – In welchen Werbeträgern wird geworben? Hierüber kann auch kurzfristig noch entschieden werden. Wichtig sind die konkreten Leistungen und Kosten des Werbeträgers (Stern oder Spiegel, FAZ oder Zeit, onvista.de oder finanztreff.de?). Rechnen ist angesagt!
6. **Streuung** der Werbung – Wie werden die Schaltungen über das Jahr verteilt? Es gibt Sommerlöcher, Messetermine, Feiertage, Dezemberfieber usw. Überlegen Sie, wann Ihre Werbung präsent sein muss und wann nicht. Wollen Sie dann werben, wenn Sie hohe Umsätze haben und Geld in der Kriegskasse oder lieber dann, wenn die Aufträge nachlassen und Sie Geld brauchen?
7. Bestimmung des **Werbeinhalts** – Wie wird geworben? Der Inhalt kommt hier nicht zu spät. Erst wenn alles andere geklärt ist, können Sie entscheiden, was Sie eigentlich darstellen wollen: Welches Produkt, welche Merkmale, welcher Stil, welche Kundenvorteile?
8. Bestimmung der **Erfolgskriterien** – Wie wird der Werbeerfolg kontrolliert? Bitte auch nicht vergessen: Werbung sollte kontrolliert werden, damit man sie bei Misserfolg schnell verändern oder stoppen kann und es beim nächsten Mal (noch) besser wird. Entscheiden Sie also, ob Sie den Bekanntheitsgrad ermitteln, nach dem Produktwissen fragen oder Aufträge zählen.

Pressearbeit

Wenn Sie ein neues Produkt vorstellen möchten, das eine besondere Leistung hat und damit für die Zielgruppe von allgemeinem Interesse ist, sollten Sie auch die Pressearbeit einsetzen. Redaktionen haben dann Interesse, das Produkt oder Ihr Unternehmen im redaktionellen Teil vorzustellen. Vielfach wird Öffentlichkeitsarbeit als billige Werbung angesehen, diese Einstellung schadet dem Erfolg allerdings. Es fallen zwar keine Schaltkosten an, aber die Inhalte müssen wohldurchdacht sein, zudem ist eine genaue Auswahl der geeigneten Redaktionen erforderlich. Je nach Medienart und persönlichen Vorlieben werden Pressemeldungen ganz unterschiedlich bearbeitet. Während einige Zeitungen und Zeitschriften ganze Beiträge mehr oder weniger unverändert in das redaktionelle Programm übernehmen, führen andere grundsätzlich erst eigene Recherchen durch. Insofern kann es sein, dass Ihre Aussendung gar nicht beachtet wird.

Voraussetzung für erfolgreiche Pressearbeit ist immer eine Nachricht, die eine Redaktion als wichtig und interessant betrachtet. Es muss sich also um eine wirkliche Neuerung handeln, eine ganz aktuelle Nachricht bzw. einen Mehrwert für den Leser. Außerdem muss die Information nachprüfbar sein, das heißt die Anforderungen an die Zuverlässigkeit und Richtigkeit sind höher als in der Werbung. Bedenken Sie was passiert, wenn Sie über ein neues Produkt informieren und Versprechungen machen, die nicht einzuhalten sind. Eine Redaktion, die diese Information einmal verbreitet hat, wird Ihnen nie wieder vertrauen, weil sie ihre Reputation beschädigt!

Sie haben grundsätzlich mehrere Möglichkeiten der Pressearbeit zur Auswahl:

Pressemitteilung – Eine Mail an die Redaktion, die kurz gefasst die Neuigkeit enthält.

> ❯ Prinzipiell soll sie eher zu kurz als zu lang sein, denn bei Interesse wird die Redaktion nachrecherchieren, sonst die Mitteilung eher ignorieren.

- Achten Sie auch auf die durchschnittliche Textlänge der Zeitung/Zeitschrift/Webseite. Alles, was im Internet veröffentlicht wird, sollte so kurz wie möglich sein. Wenn die Redaktion kürzen muss, ist nicht gewährleistet, dass sie den Text streicht, der am wenigsten wichtig ist.
- Schreiben Sie so, dass die Mitteilung direkt übernommen werden könnte, also nicht im „Wir-Stil". Beachten Sie dabei auch, dass technische Kürzel und Fachbegriffe nur stören. Je weniger Arbeit die Redaktion mit der Überarbeitung hat, desto lieber verarbeitet sie die Meldung.
- Geben Sie immer Ansprechpartner für Rückfragen an, und zwar einen, der auch wirklich erreichbar und mit dem Thema vertraut ist!

Pressekonferenz – Einladung an mehrere Pressevertreter zu einer Produkt-/Unternehmensvorstellung

- Die Erwartungen sind bei einer Pressekonferenz sehr hoch. Führen Sie sie nur durch, wenn es etwas wirklich Bedeutsames zu verkünden gibt.
- Der Rahmen muss stimmen. Sie benötigen ein entsprechendes Ambiente (zum Beispiel Hotel, Messegelände, auch Freizeiteinrichtungen) in zentraler Lage, Catering, eine ausreichende Zahl von Ansprechpartnern und Pressematerial.
- Nutzen Sie die Gelegenheit, wenn es eine geeignete Veranstaltung gibt, an der ohnehin Pressevertreter teilnehmen (zum Beispiel Messen, Fachkongresse). Dann geht man auch mal „auf Verdacht" zu der Pressekonferenz.
- Bieten Sie nach Möglichkeit ein kleines „Bonbon" an, etwa Interviews mit einem verantwortlichen Entwickler, einem bekannten Kunden oder einem Wissenschaftler, mit dem Sie zusammenarbeiten.
- Wenn der Aufwand für eine Präsenzveranstaltung zu hoch ist, können Sie auch eine Web-Konferenz anbieten. Interessierte Journalisten können sich dann am PC einschalten und Fragen stellen.

Presseveranstaltungen – Hierzu gehören Produktvorführungen, Werksbesichtigungen, Diskussionsrunden und Ähnliches.

- Hierbei gilt das Gleiche wie bei der Pressekonferenz.
- Sie können die Veranstaltungen noch interessanter machen, wenn Sie nur wenige Pressevertreter einladen. Die Teilnahme wird für den Einzelnen dadurch noch interessanter.

Kommunikationsbeispiel 2: Vereinbarung von Akquisitionsterminen

Der persönliche Kontakt zu Kunden ist trotz aller neuen Medien noch das erfolgreichste Kommunikationsinstrument im Vertrieb. Während der Besuch an der Haustür bei Privatkunden eher eine Nische im Vertrieb darstellt, ist er im industriellen Geschäft üblich und oft auch erwünscht.

Natürlich können Sie von Unternehmen zu Unternehmen fahren und „die Klinken putzen", doch ist dies nur in wenigen Branchen wirklich Erfolg versprechend. Denn selten wartet ein qualifizierter Ansprechpartner nur darauf, dass ihm jemand etwas verkaufen will. Für Sie stellt sich damit die Frage, wie sich interessierte Gesprächspartner finden lassen.

Die **telefonische Terminvereinbarung** ist ein echter Klassiker im Vertrieb. Nicht, dass Vertriebsleute dies gerne tun, aber er ermöglicht es, zahlreiche Fragen vorab zu klären und damit einen leichten Einstieg ins Verkaufsgespräch zu finden. Allerdings machen es viele andere auch, sodass viele der Angerufenen mit grundsätzlicher Abneigung reagieren, ohne sich mit dem Angebot überhaupt zu beschäftigen. Davon dürfen Sie sich allerdings nicht entmutigen lassen. Viele dieser Termingespräche laufen so schlecht ab, dass Sie mit einer fairen und freundlichen Einstellung schon sehr viel gewinnen können. Da das Thema im nächsten Kapitel noch näher behandelt wird, fassen wir uns hier kurz.

Zunächst müssen Sie wissen, wer überhaupt als Kunde infrage kommt. Dazu benötigen Sie Adressen. Idealerweise haben Sie im Rahmen der Marktanalyse schon Adressen Ihrer Zielgruppe erhoben, sonst müssen sie spätestens jetzt beschafft werden. Dazu gibt es eine Reihe von Möglichkeiten:

Telefon- und Branchenverzeichnisse – halbwegs zuverlässig, aber mühselig, weil die Daten nie in der Form zur Verfügung stehen, in der sie gebraucht werden. Keine qualifizierenden Informationen wie Produktprogramm oder Unternehmensgröße.

Firmenverzeichnisse – von unterschiedlichen Datenanbietern und Verlagen erstellt, bieten oft die Suche nach bestimmten Kriterien und auch die Nennung von Ansprechpartnern. Der Preis steigt jedoch mit der Zahl der Eigenschaften, zudem finden sich immer wieder alte und nicht zutreffende Angaben. Eine recht gute Qualität, wenn auch nicht vollständig eine Branche abdeckend, bieten Verzeichnisse von Messeausstellern. Manche Messegesellschaften bieten die Daten separat an, sie sind aber auch in den Katalogen vorhanden und müssen „nur" noch elektronisch erfasst und vervollständigt werden. Denken Sie daran: Die Herkunft der Adresse unbedingt mit erfassen!

Kammern und Verbände – Einige Industrie- und Handelskammern und Branchenverbände vermarkten die Adressdaten ihrer Mitgliedsunternehmen gegen Gebühr. Sie sind oft recht zuverlässig, es gibt aber keine Gewähr, dass jeder Verband solche Leistungen anbietet.

Internetrecherche – Relativ mühsam ist es, einzelne Kontaktdaten von Webseiten zu rekrutieren. Die potenziell interessanten Unternehmen verfügen zwar überwiegend über eine Website, doch stellt jedes seine Kontaktinformationen anders zur Verfügung. Allerdings werden aus naheliegenden Gründen manchmal keine Ansprechpartner im Einkauf genannt.

Full-Service-Anbieter – Da der Erstkontakt immer mühselig ist und sehr viel Zeit verschlingt, bieten verschiedene Dienstleister die systematische Kontaktaufnahme und Terminvereinbarung an. Dazu stehen Call Center zur Verfügung, über die sich eine hohe Zahl von Kontakten erreichen lässt, allerdings ist deren Qualität nicht mit dem eigenen Anruf vergleichbar.

Sowohl Einkäufer im Unternehmen als auch Privatpersonen wissen um den Überrumpelungseffekt und bekunden erst einmal ihr Desinteresse an allem. Häufig ist es nur ein nicht persönlich zu nehmender Abwehrmechanismus. Lassen Sie den Angerufenen daher ein wenig Zeit zum Überlegen, indem Sie den Zweck Ihres Anrufs und Ihre Funktion kurz erläutern.

Grundsätze der Terminvereinbarung

- Entschuldigen Sie sich nicht für die Störung, Sie haben ja Vorteile zu bieten. Konzentrieren Sie sich auf das Angebot und seinen Nutzen für den Kunden. Sie stören nicht und es gibt auch nichts zu entschuldigen! Denken Sie daran, dass es zur Aufgabe Ihres Gesprächspartners gehört, gute Angebote zu erkennen und zu prüfen. Sie können ihn nur überzeugen, wenn Sie es selbst sind.
- Klären Sie frühzeitig, welche Funktion der Angerufene hat. Fragen Sie gegebenenfalls nach dem zuständigen Ansprechpartner. Wenn Sie einen Privathaushalt anrufen, ist oft genug psychologisches Geschick gefragt. Es ist meist nicht geschickt zu fragen „Fällen Sie bei Ihnen im Haushalt die Entscheidungen?"
- Versetzen Sie sich in die Lage des Angerufenen. Sprechen Sie seine Sprache, sowohl was die Wortwahl als auch was die Argumente angeht. In internationalen Unternehmen müssen Sie möglicherweise Englisch sprechen, weil Ihr Gegenüber kein Deutsch spricht. Auch ist ein eher kumpelhafter Umgang nicht immer erwünscht. Es mag zwar manchmal helfen, sich freundschaftlich/kumpelhaft zu geben, allerdings werden heute Einkäufer meist angehalten, eher zurückhaltend und sachlich zu sein.
- Argumentieren Sie nutzenorientiert. Sie wollen nicht Zeit für einen Termin rauben, sondern zeigen, wie Kosten gesenkt, Zeit gespart oder Leistungen gesteigert werden können. Bereiten Sie sich darauf vor, onkrete Beispiele oder Referenzen zu nennen. Denken Sie auch daran, mit welcher Person/Rolle des Buying Centers Sie sprechen!

> Verzichten Sie auf rhetorische Tricks wie Ja-Straße oder Auswahlfragen („Passt es Ihnen besser am Montagvormittag oder am Dienstagnachmittag?"). Einkäufer kennen sie schon längst und nehmen Sie dann nicht mehr ernst.

Telefonwerbung ist erheblichen rechtlichen Einschränkungen unterworfen (§7 UWG). Diese werden im folgenden Abschnitt dargestellt, da sie auch für die elektronische Werbung gelten.

Kommunikationsbeispiel 3: Steigerung des Umsatzes

Umsatzsteigerung ist ein ganz alltägliches Ziel, wenn auch nicht immer leicht zu erreichen. Hier soll es aber nicht um eine Neueinführung gehen, sondern um zusätzliche Verkäufe innerhalb eines bekannten Kundenstamms. Der Vorteil ist, dass Sie nicht erst Adressen beschaffen müssen, zumindest nicht alle.

Tausende verschiedener Einzelmaßnahmen können einen Beitrag zur Umsatzsteigerung leisten. Dabei kommt es wie immer auf die Branche, die Kunden und die Situation an, was zieht und was nicht. An dieser Stelle können nur einige Beispiele für interessante Maßnahmen angeführt werden, die aber sicher einen Anhaltspunkt für weitere Ideen und Konzepte geben.

a) E-Mail-Newsletter

E-Mail-Werbung ist oft genug mit dem Attribut „Spam" verbunden. Sie wird häufig als lästig angesehen und aus Prinzip gelöscht. Aber es geht auch anders. Wer seinen Kunden nach einer einfachen Bestellung regelmäßig Werbemails schickt, ohne dass sie um Erlaubnis gefragt wurden, verstößt nicht nur gegen geltendes Recht (§7 Abs. 2 Nr. 3 des Gesetzes gegen den unlauteren Wettbewerb – UWG), sondern verärgert sie auch.

§ 7 UWG – Unzumutbare Belästigungen

(1) Eine geschäftliche Handlung, durch die ein Marktteilnehmer in unzumutbarer Weise belästigt wird, ist unzulässig. Dies gilt insbesondere für Werbung, obwohl erkennbar ist, dass der angesprochene Marktteilnehmer diese Werbung nicht wünscht.

(2) Eine unzumutbare Belästigung ist stets anzunehmen

1. bei Werbung unter Verwendung eines in den Nummern 2 und 3 nicht aufgeführten, für den Fernabsatz geeigneten Mittels der kommerziellen Kommunikation, durch die ein Verbraucher hartnäckig angesprochen wird, obwohl er dies erkennbar nicht wünscht;
2. bei Werbung mit einem Telefonanruf gegenüber einem Verbraucher ohne dessen vorherige ausdrückliche Einwilligung oder gegenüber einem sonstigen Marktteilnehmer ohne dessen zumindest mutmaßliche Einwilligung;
3. bei Werbung unter Verwendung einer automatischen Anrufmaschine, eines Faxgerätes oder elektronischer Post, ohne dass eine vorherige ausdrückliche Einwilligung des Adressaten vorliegt;
4. bei Werbung mit einer Nachricht, bei der die Identität des Absenders, in dessen Auftrag die Nachricht übermittelt wird, verschleiert oder verheimlicht wird oder bei der keine gültige Adresse vorhanden ist, an die der Empfänger eine Aufforderung zur Einstellung solcher Nachrichten richten kann, ohne dass hierfür andere als die Übermittlungskosten nach den Basistarifen entstehen.

(3) Abweichend von Absatz 2 Nummer 3 ist eine unzumutbare Belästigung bei einer Werbung unter Verwendung elektronischer Post nicht anzunehmen, wenn

1. ein Unternehmer im Zusammenhang mit dem Verkauf einer Ware oder Dienstleistung von dem Kunden dessen elektronische Postadresse erhalten hat;

2. der Unternehmer die Adresse zur Direktwerbung für eigene ähnliche Waren oder Dienstleistungen verwendet;
3. der Kunde der Verwendung nicht widersprochen hat und
4. der Kunde bei Erhebung der Adresse und bei jeder Verwendung klar und deutlich darauf hingewiesen wird, dass er der Verwendung jederzeit widersprechen kann, ohne dass hierfür andere als die Übermittlungskosten nach den Basistarifen entstehen.

Den § 7 UWG sollten Sie bei allen werblichen Aktivitäten berücksichtigen. Man muss davon ausgehen, dass Kunden ebenso wie Nicht-Kunden sich beschweren, wenn sie sich belästigt fühlen, oder – schlimmer noch – von weiteren Käufen ganz absehen, ohne sich noch einmal zu melden. Nicht zuletzt können sie bzw. Wettbewerber Schadensersatz einklagen. Die Briefwerbung ist hier nicht explizit erwähnt. Dafür ist § 28 des Bundesdatenschutzgesetzes relevant, der einen vergleichbaren Schutz für die Angesprochenen gewährleistet. Beide Gesetze sind in diesem Zusammenhang als gleichberechtigt anzusehen.

§ 28 BDSG – Datenerhebung und -speicherung für eigene Geschäftszwecke (Auszug: Abs. 3)

(3) Die Verarbeitung oder Nutzung personenbezogener Daten für Zwecke des Adresshandels oder der Werbung ist zulässig, soweit der Betroffene eingewilligt hat und im Falle einer nicht schriftlich erteilten Einwilligung die verantwortliche Stelle nach Absatz 3a verfährt. Darüber hinaus ist die Verarbeitung oder Nutzung personenbezogener Daten zulässig, soweit es sich um listenmäßig oder sonst zusammengefasste Daten über Angehörige einer Personengruppe handelt, die sich auf die Zugehörigkeit des Betroffenen zu dieser Personengruppe, seine Berufs-, Branchen- oder Geschäftsbezeichnung, seinen Namen, Titel, akademischen Grad, seine Anschrift und sein Geburtsjahr beschränken, und die Verarbeitung oder Nutzung erforderlich ist

1. für Zwecke der Werbung für eigene Angebote der verantwortlichen Stelle, die diese Daten mit Ausnahme der Angaben zur Gruppenzugehörigkeit beim Betroffenen nach Ab-

satz 1 Satz 1 Nummer 1 oder aus allgemein zugänglichen Adress-, Rufnummern-, Branchen- oder vergleichbaren Verzeichnissen erhoben hat,

2. für Zwecke der Werbung im Hinblick auf die berufliche Tätigkeit des Betroffenen und unter seiner beruflichen Anschrift oder

3. für Zwecke der Werbung für Spenden, die nach § 10b Absatz 1 und § 34g des Einkommensteuergesetzes steuerbegünstigt sind.

Für Zwecke nach Satz 2 Nummer 1 darf die verantwortliche Stelle zu den dort genannten Daten weitere Daten hinzuspeichern. Zusammengefasste personenbezogene Daten nach Satz 2 dürfen auch dann für Zwecke der Werbung übermittelt werden, wenn die Übermittlung nach Maßgabe des § 34 Absatz 1a Satz 1 gespeichert wird; in diesem Fall muss die Stelle, die die Daten erstmalig erhoben hat, aus der Werbung eindeutig hervorgehen. Unabhängig vom Vorliegen der Voraussetzungen des Satzes 2 dürfen personenbezogene Daten für Zwecke der Werbung für fremde Angebote genutzt werden, wenn für den Betroffenen bei der Ansprache zum Zwecke der Werbung die für die Nutzung der Daten verantwortliche Stelle eindeutig erkennbar ist. Eine Verarbeitung oder Nutzung nach den Sätzen 2 bis 4 ist nur zulässig, soweit schutzwürdige Interessen des Betroffenen nicht entgegenstehen. Nach den Sätzen 1, 2 und 4 übermittelte Daten dürfen nur für den Zweck verarbeitet oder genutzt werden, für den sie übermittelt worden sind.

Tabelle 2.4.2 gibt einen Überblick über die zentralen rechtlichen Regelungen für die Direktwerbung. Berücksichtigen Sie dabei, dass es sich in einigen Fällen um Ermessensentscheidungen handelt. Einige höchstrichterliche Entscheidungen werden durchaus kontrovers diskutiert, auch sind einige Formulierungen nicht immer eindeutig zu interpretieren. Eine juristische Diskussion der Regelungen für die Telefonwerbung findet sich zum Beispiel bei Fezer 2010. Vom Verband der deutschen Internetwirtschaft gibt es die eco Richtlinie für zulässiges E-Mail-Marketing (Köln 2011).

Kommunikationsmittel effektiv einsetzen

	Business to Consumer	Business to Business
Grundregel	Die Privatsphäre genießt einen besonderen Schutz. Jede Form des unerwünschten Eindringens durch Anrufe, Faxe, Mails u. Ä. ist verboten.	Die Arbeitsumgebung des Angesprochenen genießt nicht den hohen Schutz der Privatsphäre. Eine unangemessene Störung des Geschäftsbetriebs durch Werbung für Leistungen, an denen kein Interesse besteht, muss jedoch nicht hingenommen werden.
Telefonwerbung (nach UWG)		
Voraussetzung für Zulässigkeit der Telefonwerbung	Der Verbraucher muss sich ausdrücklich mit Telefonwerbung einverstanden erklären. Vorformulierte Einverständniserklärungen etwa in AGBs sind unwirksam.	Der Angesprochene muss ausdrücklich oder konkludent sein Einverständnis erklären. Die Telefonwerbung ist auch zulässig, wenn aufgrund konkreter Umstände ein Interesse an der Kontaktaufnahme anzunehmen oder die Telefonwerbung in der Branche üblich ist.
Telefonwerbung im Rahmen bestehender Geschäftsbeziehungen	Im Allgemeinen ist eine bestehende Geschäftsbeziehung (Zeitungsabonnement, Versicherungsvertrag) nicht ausreichend als Voraussetzung für zulässige Telefonwerbung. Auch dann nicht, wenn der Kunde seine Telefonnummer beim Vertragsabschluss angegeben hat.	Im Allgemeinen ist eine bestehende Geschäftsbeziehung eine ausreichende Voraussetzung für Telefonwerbung. Es darf auch für neue und weitere Produkte und Leistungen geworben werden. Ausnahme sind jedoch Scheingeschäftsbeziehungen (ohne wirtschaftliches Interesse) oder nur sehr allgemeine Interessenslagen, die bei anderen Angesprochenen auch vorliegen dürften.
Werbung via elektronischer Post, Fax, SMS, automatischen Anrufmaschinen (nach UWG)		
Voraussetzung für Zulässigkeit der Mail-, Fax-, SMS-Werbung sowie durch automatische Anrufmaschinen	Der Angesprochene muss sich ausdrücklich mit diesen Werbeformen einverstanden erklären. Vorformulierte Einverständniserklärungen etwa in AGB sind unwirksam.	
Fax-, SMS-Werbung und automatische Anrufmaschinen im Rahmen bestehender Geschäftsbeziehungen	Ebenfalls ausdrückliche Einwilligung erforderlich.	
Mail-Werbung im Rahmen bestehender Geschäftsbeziehungen	Auf die Einwilligung kann verzichtet werden, wenn die Mailadresse im Rahmen des Verkaufs erlangt wurde, eigene, ähnliche Angebote beworben werden, der Kunde der Verwendung nicht widersprochen hat und darauf hingewiesen wird, dass er der Verwendung jederzeit widersprechen kann.	

Briefwerbung (nach BDSG)	
Voraussetzung für Zulässigkeit der Briefwerbung	Grundsätzlich muss der Angeschriebene vorher in die Briefwerbung eingewilligt haben. Im Gegensatz zu den anderen Kommunikationsmitteln gibt es jedoch mehrere Ausnahmen.
Ausnahme für das grundlegende Erfordernis der ausdrücklichen Einwilligung	Es gilt das Listenprivileg: Die Briefwerbung ist zulässig, wenn rechtmäßig erhobene Listendaten verwendet werden: **Listendaten** sind: Name, Anschrift Titel akademischer Grad Geburtsjahr (nicht Datum) Berufs-, Branchen-, Geschäftsbezeichnung und ein Gruppenzugehörigkeitsmerkmal Diese müssen **rechtmäßig** erhoben worden sein, das heißt sie stammen aus allgemein zugänglichen Quellen, wurden für die Abwicklung einer Geschäftsbeziehung erhoben *oder* wurden im Wege des Adresshandels rechtmäßig erworben.
Werbung gegenüber Bestandskunden	Bestandskunden dürfen auf der Grundlage der Listendaten umworben werden, wenn diese bei Vertragsabschluss erhoben wurden und für die Abwicklung notwendig sind.	Im geschäftlichen Zusammenhang (gegenüber Unternehmen und ihren Mitarbeitern sowie Freiberuflern) dürfen Listendaten verwendet werden, um sie per Brief an die Geschäftsadresse zu umworben.
Werbung gegenüber Nichtkunden	Nichtkunden dürfen nur auf der Grundlage der Listendaten umworben werden, wenn diese allgemein zugänglichen Verzeichnissen entnommen wurden. Dazu gehören Adress- und Branchenverzeichnisse, jedoch keine Impressumsangaben auf Websites und Werbeanzeigen.	
Weitergabe von personenbezogenen Daten an Dritte	Die Listendaten können weitergegeben werden. Die erhebende Stelle muss bei den Datensätzen gespeichert werden. Das Unternehmen, das die Daten verwendet, muss die erhebende Stelle angeben.	

Tabelle 2.4.2: Rechtsregeln für die Direktwerbung

Es kommt aber wie immer auch darauf an, wie die Werbung verpackt wird. Viele Unternehmen binden sie nämlich in einen Newsletter ein, der regelmäßig und zuverlässig über einen Markt berichtet. Er kann dann auch zu einer gern gelesenen Informationsquelle werden. Für die Werbung ist dies zudem ein attraktives Umfeld. Natürlich ist der Aufwand höher als bei gelegentlichen Werbemails, aber er kann einen Baustein der Kundenbindung darstellen, zumal die technischen Kosten gegen null tendieren.

Gestaltungshinweise für E-Mail-Newsletter

➤ Gestalten Sie einen Newsletterdienst wie eine aktuelle Zeitung. Elektronische Medien haben den Vorteil, schnell zu sein, und können diesen bei aktuellen Informationen ausspielen. Messetermine, Klatsch und Tratsch aus der Branche, neue Produkte, wirtschaftliche Daten können einen wesentlichen Bestandteil darstellen.

➤ Beschränken Sie sich auf zwei oder drei Bildschirmseiten. Haben Sie mehr zu berichten, binden Sie Links auf Ihre Website ein, sodass Interessierte dort weiterlesen können. Sie erhalten dadurch auch eine Rückmeldung, welche Beiträge auf Interesse stoßen. Einige Unternehmen arbeiten nur mit Links, was aber ein Ausdrucken und späteres Lesen unmöglich macht.

➤ Beachten Sie, dass in Unternehmensnetzwerken oftmals Bilder und Anhänge geblockt sind. Die Angesprochenen können dann einen Teil des Newsletters nicht lesen. Bieten Sie im Zweifel zwei Versionen an: als HTML- und als reine Textversion.

➤ Übertreiben Sie nicht mit der Werbung im Newsletter. Mitunter sind auch Links in eigene Kataloge wirksam.

➤ Erstellen Sie nicht selbst den Newsletter nebenbei. Ideal ist es, wenn ein Mitarbeiter ein regelmäßiges Zeitbudget dafür hat.

➤ Berücksichtigen Sie auch, dass Werbemails eindeutig als solche gekennzeichnet werden müssen.

➤ Vergessen Sie schließlich nicht das Urheberrecht. Falls Sie Bilder oder Texte aus dem Internet für Ihre Mail verwenden, benötigen Sie die ausdrückliche Zustimmung des Rechteinhabers.

➤ Berücksichtigen Sie, dass der Newsletter möglicherweise nicht auf einem großen Bildschirm, sondern auf einem Smartphone oder Tablet-PC gelesen wird. Das schränkt die Darstellungsmöglichkeiten aufgrund der kleineren Bildschirme ein.

➤ Bauen Sie den Newsletter einheitlich und schematisch auf. Ganz oben sollte sich der (aussagefähige) Aufmacher befinden, direkt darunter die vollständigen Absenderangaben mit Hinweis, warum der Adressat den Newsletter erhält und wie er sich ggfs. aus dem Verteiler löschen kann. Dann folgen die eigentlichen Inhalte, möglichst schnell erfassbar und knapp dargestellt.

> Vermeiden Sie typische Spam-Wörter im Text, weil sie mit großer Wahrscheinlichkeit dazu führen, die Mail in den Spam-Ordner wandern zu lassen.

Beispiel 1

Titel des Newsletters	
Highlights/Stichworte aus dem Inhalt	
Herausgeber:	Registrierungsdaten, zum Beispiel Eintragung in Newsletterverzeichnis
Name, Postanschrift	
elektronische Anschrift	Adresse, an die der Newsletter verschickt wird
Ansprechpartner/Verantwortliche	Link zum Löschen aus dem Verteiler
ggf. USt.-ID-Nr.	
Aufmacherthema	Aufmacherthema
Text	Text
Text	Text
Link zu weiterführenden Infos	Link zu weiterführenden Infos
Werbung	Werbung
Text Produktabbildung	Text Produktabbildung
Text	Text
Text	Text
Link zu weiteren Infos/	Link zu weiteren Infos/
Online-Shop	Online-Shop

Abbildung 2.4.3: Erstes Gestaltungsbeispiel einer E-Mail

Beispiel 2

Link zu Website, wenn der Newsletter nicht vollständig angezeigt wird

Titel des Newsletters
Highlights/Stichworte aus dem Inhalt

Link zu Thema 1
Link zu Thema 2
Link zu Thema 3
Link zu Thema 4

Thema 1

Text

Text

Link zu weiterführenden Infos auf Website

[Produktabbildung]

Thema 2
Text
Text
Link zu weiteren Infos/Online-Shop

Thema 3
Text
Text

Thema 4
Text
Text
Link zu weiteren Infos/Online-Shop

[Produktabbildung]

Herausgeber:	Registrierungsdaten, zum Beispiel Eintragung in Newsletterverzeichnis
Name, Postanschrift	
elektronische Anschrift	Adresse, an die der Newsletter verschickt wird
Ansprechpartner/Verantwortliche	
ggf. USt.-ID-Nr.	Link zum Löschen aus dem Verteiler

Abbildung 2.4.4: Zweites Gestaltungbeispiel einer E-Mail

Wie können Mailadressen für die werbliche Verwendung gewonnen werden?

- ▶ Der bequemste Fall ist die bestehende Kundenbeziehung. Kauft der (Unternehmens-)Kunde bereits beim Unternehmen, kann die Adresse für das Angebot ähnlicher Waren und Dienstleistungen verwendet werden. Der Kunde muss allerdings problemlos der weiteren Kontaktaufnahme widersprechen können.
- ▶ Der Kunde wird um die Einwilligung zum Versand von Werbemails gebeten. Dies kann auf der eigenen Website geschehen. Beispiel: „Geben Sie hier Ihre Mailadresse an, wenn Sie unseren XY-Newsletter erhalten wollen." Oder: „Klicken Sie hier, um regelmäßig über unsere Aktionen bei YZ-Produkten zu erhalten." Die Einwilligung muss bewusst erfolgen und darf nicht untergeschoben werden. Das Vorgehen wird auch als **Opt-in-Verfahren** bezeichnet.
- ▶ Nur in ganz wenigen Fällen kommt es infrage, Mailadressen von Dritten zu beziehen. Bei diesen muss gewährleistet sein, dass die Adressaten der Nutzung für genau die beabsichtigte Werbung zugestimmt haben. Adressen von Homepages oder Visitenkarten abzuschreiben und dann für Werbung zu verwenden, ist nicht mehr zulässig.

Die Einwilligung zur Verwendung der Mailadresse für Werbezwecke muss nachgewiesen werden können. Im Rahmen eines persönlichen Kontakts besteht die Möglichkeit, sich dies schriftlich bestätigen zu lassen. Lässt sich das Unternehmen die Einwilligung postalisch zuschicken, trägt es das Risiko, dass jemand anderes sie unterschrieben hat. Letztlich bietet sich aus pragmatischen Gründen insbesondere das **Double-Opt-in-Verfahren** an. Der Kunde muss sich wie beim Opt-in einmal für den Werbeversand eintragen, bekommt dann eine Bestätigungsmail an die angegebene Adresse, die er wiederum meist durch Klick auf einen Link bestätigen muss.

Sowohl bei der Einwilligungserklärung als auch bei allen einzelnen Werbeemails muss der Empfänger die Möglichkeit haben, der Verwendung seiner Adresse zu widersprechen.

Für die Gestaltung und Steuerung der Werbemaßnahmen ist es oft sinnvoll, Nutzungsprofile zu erstellen. So kann der Inhalt der Mails etwa auf bestimmte Typen von Empfängern zugeschnitten werden. Wer auf Preisaktionen reagiert, soll dann entsprechend auf Rabatte aufmerksam gemacht werden, wer neugierig ist, soll verstärkt mit Innovationen umworben werden. Diese Nutzungsprofile dürfen jedoch nur mit Pseudonymen aufgebaut werden, das heißt es darf nicht möglich sein, einen konkreten Adressaten zu erkennen.

b) SMS

Dass heutzutage viel telefoniert wird, kann man überall auf der Straße sehen. Vor allem bei Jüngeren ist das Mobiltelefon bzw. Smartphone ein ständiger Begleiter im Alltag. Durch die Verbreitung von Smartphones mit Internetzugang sinkt die Bedeutung der SMS als Medium rapide. Doch sind einige potenzielle Kunden bewusst nur bzw. überwiegend per SMS zu erreichen. Die Botschaft konzentriert sich zwangsweise auf wenige Zeichen, ist leicht zu erfassen und schließlich lässt sich die Weitergabe der Telefonnummer leicht kontrollieren.

Voraussetzung ist natürlich die Mobilfunknummer und die Zustimmung zu der Werbung. Hierbei gilt das, was zur E-Mail gesagt wurde. Weiterhin müssen die Informationen treffsicher sein, es nutzt also nichts, einem Motorradfahrer eine Klimaanlagenwartung zum Sonderpreis anzubieten. Insofern sollte mit dem Empfänger abgestimmt werden, welche Angebote ihn interessieren. Um hohe Streuverluste zu vermeiden (die Kosten liegen hier deutlich über denen der E-Mail-Newsletter), ist eine genaue Kenntnis der Kundenwünsche erforderlich.

> ▶ Bieten Sie nur Leistungen und Konditionen über SMS an, die nicht im normalen Sortiment enthalten sind. Der besondere Nutzen ergibt sich nur, wenn der Kunde sofort reagieren muss.
> ▶ Beschränken Sie den Versand auf besonders wichtige Kunden, schließen Sie reine Interessenten davon aus. So erhalten Ihre guten Kunden eine Belohnung.

> Kombinieren Sie das Angebot mit einem Alarmdienst, der sich meldet, wenn ein Termin abläuft oder etwas Wichtiges passiert.

c) Hausmesse

Wenn Sie über geeignete Geschäftsräume verfügen und Fertigwaren verkaufen, können Sie Ihre Kunden zu einer Hausmesse einladen. Wichtig dabei ist allerdings, dass es für Ihre Kunden einen Vorteil hat, zu Ihnen zu kommen und gegebenenfalls auch Dinge zu kaufen, die sie aktuell nicht benötigen. Viele Handelsunternehmen veranstalten eine echte kleine Messe und laden mehrere Hersteller ein, ihre Waren zu präsentieren, sodass eine Messeatmosphäre entsteht. Da diese Hersteller üblicherweise an den Kosten beteiligt werden, kann die Messe durchaus auch mit Null-Risiko veranstaltet werden.

> Bieten Sie einen speziellen Messerabatt an, sodass für Käufer auf der Hausmesse ein wirtschaftlicher Vorteil entsteht und Reisekosten zumindest ausgeglichen werden können.
> Verzichten Sie auf aktives Verkaufen, sodass die Besucher sich umsehen können, ohne unter Kaufdruck zu stehen. Im Vordergrund sollten Informationen stehen, was auch die Verfügbarkeit von Prospekten usw. einschließt.
> Kombinieren Sie die Hausmesse am besten mit weiteren Attraktionen. Dies können Veranstaltungen in der näheren Umgebung sein oder auch eine Werksbesichtigung. Auch Fachvorträge (zum Beispiel von eigenen Entwicklern) können Ihre Kompetenz unterstreichen.

d) Produktvorführung

Ein Produkt im Einsatz sehen zu können, ist für viele potenzielle Kunden interessant. Manchmal kann das spektakulär sein, etwa bei Baumaschinen, manchmal braucht man aber auch kreative Eingebungen, um die Leistung sichtbar zu machen, etwa bei Software. Verkaufsgespräche lassen sich dabei aber leichter führen, denn man kann auf die Funktionsfähigkeit verweisen.

Die Logistik kann dabei zur Herausforderung werden, denn nicht immer kann man das Produkt in den Koffer stecken und mitnehmen. Umso interessanter wird es, wenn man eine Roadshow daraus macht und trotzdem in die Nähe des Kunden fährt. Mitunter reicht es aus, einen Konferenzraum in einem Hotel zu mieten und dann die Kunden der Umgebung zu der Vorführung einzuladen. Es kann aber auch ein Truck sein, mit dem man in die Innenstadt oder ein Gewerbegebiet fährt. Ein solcher Aufwand mag zunächst abschrecken, lässt sich aber gut in der Öffentlichkeitsarbeit verwerten.

> - Suchen Sie einen attraktiven Ort für die Vorführung, der positiv ausstrahlt.
> - Binden Sie die Produktvorführung in eine lebensnahe Anwendung ein, die leicht zu verstehen ist.
> - Machen Sie die Vorführung möglichst auch für Kinder attraktiv. Vorteilhaft ist es, wenn der Kunde auch seine Kinder mitbringen kann, um ihnen etwas Interessantes zu zeigen.

e) Suchmaschinenwerbung

Um ein bislang nicht oder wenig bekanntes Angebot zu kommunizieren, bietet sich auch die **Suchwortwerbung** (bei Google: Adwords) an. Suchwörter dienen dazu, Interessenten für bestimmte Themen und Leistungen auf die eigene Website zu leiten (diese Seite, auf die die Suchenden direkt geleitet werden, wird als **Landing Page** bezeichnet). Der Werbetreibende bucht dafür bei einem Suchmaschinenbetreiber die Einblendung seiner Anzeige, wenn nach vorgegebenen Worten gesucht wird.

Bei Google werden die Anzeigenplätze auf der Ergebnisseite versteigert. Werbetreibende bieten einen bestimmten Betrag, den sie für einen Klick auf ihre Anzeige zu zahlen bereit sind. In Verbindung mit einer Bewertung der Qualität der Anzeige (u. a. geht es darum, wie oft die Anzeige in der Vergangenheit angeklickt wurde) wird dann eine Rangfolge der Anzeigen festgelegt. Diese Rangfolge bestimmt dann, wie viele Anzeigen überhaupt gezeigt werden und welche an erster, zweiter usw. Stelle steht.

Abgerechnet wird jeder Klick auf die Anzeige. Der Preis dafür ist absolut gesehen hoch, je nach Produktkategorie und -wert können es einige Cent, aber auch ein zweistelliger Eurobetrag sein. Ist die Anzeige erfolglos, sind die Kosten schlimmstenfalls gleich null. Google würde sie dann qualitativ schlechter bewerten und es fiele dem Werbetreibenden dann immer schwerer, wieder eine Anzeige zu platzieren – es sei denn, er bietet einen deutlich höheren Preis.

> ➤ Überwachen Sie genau die Abrechnungen. Nicht zu verhindern ist der sogenannte Klick-Betrug, bei dem über entsprechende Programme immer wieder einzelne Werbelinks angeklickt werden, um die Rechnung in die Höhe zu treiben.
> ➤ Registrieren Sie sich für die relevanten Suchbegriffe, und zwar aus Sicht der Kunden. Relevant ist also: Nach welchen Begriffen sucht ein Kunde, der für mein Produkt XY infrage kommt? Wenn Sie beispielsweise Rundreisen ins Baltikum anbieten, dann sind die Suchbegriffe Estland, Lettland, Litauen, Baltikum in Verbindung mit Rundreise, Reise, Urlaub, Studienreise, Gruppenreise relevant.
> ➤ Stellen Sie sicher, dass die Links auf die richtige Seite führen. Landen die Interessenten erst einmal auf Ihrer Homepage und müssen sich den Weg zum Ziel erst suchen, dann gehen sie schnell zum nächsten Anbieter.

f) Huckepackwerbung

Huckepackwerbung können Sie nicht alleine betreiben. Vielmehr benötigen Sie ein anderes Unternehmen, das Ihre Botschaft mit transportiert. Wenn ein enger Kaufzusammenhang zwischen beiden Angeboten besteht, dann kann diese Art der Werbung sehr effizient sein. Sie finden Sie oft bei nachgelagertem Bedarf, das heißt bei Werbung für Zubehör und Service mit dem Hauptprodukt. Beliebt ist Werbung für Internetzugänge oder Anti-Viren-Software in Verbindung mit PC. Auch die Tourismusbranche betreibt diese Werbeart intensiv, zum Beispiel bei der Kombination von Zielgebiet und Hotel. Denkbar sind aber auch andere Unternehmen, zu denen man keine Beziehung hat, vor allem auch keine Konkurrenzbeziehung.

Eine sehr praktische Art der Huckepackwerbung ist durch den Onlinehandel entstanden. Dabei wird mit einem Händler vereinbart, in die Pakete Werbung für eigene Produkte einzulegen. Da die Händler meist stark spezialisiert sind, kann recht gut bestimmt werden, welche Warengruppen zu den eigenen Angeboten passen, ohne dass eine Wettbewerbsbeziehung zu dem Onlinehändler aufgebaut wird. Vorteilhaft ist dabei zu wissen, dass der Umworbene prinzipiell kaufbereit ist.

g) Empfehlungsaktionen

Empfehlungen stellen eine Art Goldene Brücke zwischen Anbieter und Kunden dar. Kann sich der Verkäufer auf eine Empfehlung berufen, hat er die erste Hürde schon genommen und einiges an Akquisitionskosten gespart. Umso beliebter sind Empfehlungen auch. Allerdings wissen auch viele Kunden um die Problematik der Empfehlung. Ist nämlich der empfohlene Kunde später unzufrieden, dann fällt dies auf den Empfehlungsgeber zurück. Empfehlungen werden daher meist nur dann gegeben, wenn ein hohes Maß an Sicherheit besteht.

Wird allzu leichtfertig auf die Empfehlungskarte gesetzt, ist sie nichts mehr als eine Adressbeschaffungsmaschine. So bieten viele Unternehmen aus dem Bereich Finanzen/Versicherungen schon Neukunden oder gar Interessenten kleine Prämien für die Vermittlung neuer Kunden. Der Wert solcher Empfehlungen ist allerdings recht zweifelhaft, denn der Empfehlungsgeber kann noch nicht über positive Erfahrungen berichten.

> ▶ Sprechen Sie mit den potenziellen Empfehlern persönlich. Sagen Sie Ihnen, was Sie vorhaben und sichern Sie die gleiche gute Leistung dem neu gewonnenen Kunden zu.

> Seien Sie vorsichtig mit Präsenten und Prämien. Wenn der Empfehlungsgeber überzeugt von Ihnen ist, dann wird er auch ohne einen Anreiz tätig. Sein Lohn ist die Zufriedenheit dessen, dem er Sie empfohlen hat.

h) Affiliate Marketing

Das Affiliate Marketing kann als eine moderne Form des Empfehlungsmarketings angesehen werden. Dabei werden die Käufe jedoch anderen Internetpräsenzen vermittelt, das heißt einem Website-Besucher wird nicht empfohlen, beim Unternehmen XY etwas zu kaufen, sondern er erhält die Möglichkeit, dieses empfohlene Produkt (oder die Dienstleistung) direkt per Klick zu kaufen. Die Umsatzchancen können deutlich ausgeweitet werden, wenn Affiliates mit einer hohen Glaubwürdigkeit und hohen Besucherzahlen gefunden werden. Dies ist zum Beispiel bei Preisvergleichs- oder Testseiten der Fall. Sie bieten Zugriff auf Angebote nach bestimmten Kriterien und leiten direkt an die Anbieter weiter. Beispielsweise können auch Blogseiten oder private Homepages als Partner gewonnen werden. Für die Vermittlungsleistung erhalten die Affiliates eine Provision vom Verkaufserlös, sodass die entstehenden Kosten überwiegend variabel sind.

i) Klassische Briefwerbung

Das gute alte Papier verliert in der Direktwerbung an Bedeutung, zum einen weil die Kosten im Vergleich zur elektronischen Werbung deutlich höher, zum anderen weil Gestaltung und Interaktionsmöglichkeiten elektronisch weitaus vielfältiger sind. Ein Argument pro Brief kann aber das Datenschutzrecht sein. Möglicherweise ist er die einzige Möglichkeit, neue Kunden zu akquirieren, weil etwa Adressbestände von Dritten bezogen werden können.

Eine wichtige gestalterische Anforderung an den Werbebrief besteht darin, am **Gatekeeper** vorbeizukommen. Er muss also so aussehen, als dürfe man ihn nicht missachten. Es gibt immer wieder Unternehmen, die ihre Werbebriefe an Privatleute aussehen lassen wie eine vermeintliche Gewinnmitteilung, von solchen Albernheiten ist jedoch dringend abzuraten. Werbung darf ruhig wie Werbung aussehen, allerdings wie eine, die ein wirklich gutes Angebot vorstellt und die weiß, für wen sie gedacht ist.

> Daher muss der Name des Adressaten stimmen. Ist das nicht der Fall, weiß dieser, dass es sich um einen Massenwerbebrief handelt.
> Ein hochwertiger und durchaus (seriös) auffälliger Umschlag (Farbe, Folie) verbessert die Wahrnehmung im Wust der täglichen Post. Das Format sollte allerdings ein gängiges sein, weil der Brief sonst als Spielerei angesehen wird.
> Auf dem Umschlag kann durchaus ein Hinweis auf den Inhalt angebracht sein. Das bietet sich bei konkreten Einsparmöglichkeiten oder sehr aktuellen Angeboten an. Auch ein einschlägiges Qualitätssymbol, etwa der Hinweis auf eine gerade erhaltene Auszeichnung, erhöht die Wahrnehmung.
> Beilagen, die sich der Angeschriebene oder Gatekeeper nicht entgehen lassen will, helfen nur noch selten. Inzwischen ist bekannt, dass der Werber nur will, dass der Brief zum Zwecke des kleinen „Diebstahls" geöffnet wird.

Natürlich muss auch der Inhalt stimmen, und zwar rhetorisch. Versetzen Sie sich vor der Konzeption in die Lage des Angesprochenen. Gehen Sie davon aus, dass er keine Zeit und kein Interesse hat, vielleicht nur etwas neugierig ist. Und wenn er schon Ihren Brief liest, dann will er möglichst gleich alles Wichtige wissen. Das will er natürlich auch verstehen, der Brief muss also leicht verständlich geschrieben sein. Illustrationen helfen, schließlich ist schon die Geschäftspost mangels optischer Reize eher schwer verdaulich. Stellen Sie sich daher die folgenden Fragen:

Checkliste 7: Briefgestaltung

> Wer liest den Brief? Ein Fachmann, eine Abteilungsleiterin, ein Praktikant oder eine Geschäftsführerin? Ist der Text für diese Personengruppe verständlich oder zu abstrakt, zu langweilig oder zu reißerisch?

> Was interessiert die Angesprochenen? Sind es kaufmännische Details, Rechtsfragen, technische Innovationen oder ästhetische Aspekte?
> Ist den Angesprochenen klar, dass sie gemeint sind? Gibt es konkrete Bezüge zum Unternehmen, seiner Situation, seiner Tätigkeit?
> Gibt es einen Grund, sich jetzt mit dem Angebot zu beschäftigen? Welcher Anreiz kann in Aussicht gestellt werden, um kurzfristig zu reagieren?
> Können sich die Angesprochenen mit geringem Aufwand an den Absender wenden, um sich beraten zu lassen oder zu bestellen?

Diese Fragen helfen Ihnen, den Brief so zu gestalten, dass er die Fragen der Leser beantwortet und damit seine Wirkung entfalten kann. Fehlt eine der benötigten Informationen oder ist sie für die Zielgruppe unverständlich, wird der Brief meist sofort weggeworfen.

Aber nicht nur der Inhalt spielt eine Rolle, auch die Gestaltung. Briefe, die den Charme des politischen Teils einer Tageszeitung entfalten, werden nie ganz gelesen. Einem normalen Geschäftsbrief geht es meist auch nicht besser, der Schreiber wundert sich auch oft, warum eine Reaktion ausbleibt.

Denken Sie daher an eine lesefreundliche Gestaltung, die nicht gleich in einen Comic ausarten muss, aber ein leichtes Erfassen Ihrer Botschaft ermöglicht.

Beispiele für die Briefgestaltung:

Bei folgendem Beispiel sehen Sie, dass der Brief gegenüber einem einfachen geschäftlichen Schreiben etwas aufgepeppt wurde. Der Textteil ist relativ klein gehalten (das nutzt der Wirksamkeit mehr, als dass es schadet), zusätzlich wurde ein Notizzettel aufgeklebt. Diese Zettel kennen Sie aus dem Büroalltag, sie enthalten meist kleine, aber wichtige Nachrichten. Darauf reagiert man stark, denkt oft auch, der Brief sei vorher schon von einem Kollegen gelesen worden. Sie müssen aber nicht unbedingt tricksen (funktioniert nur einmal), sondern können auch Ihre Telefonnummer als Merkzettel aufdrucken.

Kommunikationsmittel effektiv einsetzen

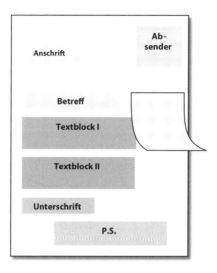

Abbildung 2.4.5: Erstes Gestaltungsbeispiel eines Werbebriefs

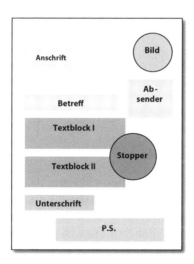

Abbildung 2.4.6: Zweites Gestaltungsbeispiel eines Werbebriefs

Dies ist eine weitere Möglichkeit der Gestaltung. Sie erscheinen als Bild oben rechts, was immer ein Hingucker ist. Jeder Leser möchte wissen, wie der Absender aussieht. Weiterhin ist ein sogenannter Stopper eingebaut worden. Das ist ein auffälliger, kurzer Hinweis auf die Dringlichkeit des Themas, beispielsweise ein Termin, der einzuhalten ist.

Es gibt noch eine ganze Reihe weiterer Finessen, die manchmal hilfreich sein können. Sie sollten allerdings immer auch die Verhältnismäßigkeit wahren. Briefe an die Geschäftsführung sollten weniger bunt und auffällig sein als solche an die privaten Kunden eines Autohauses. Außerdem ist es ein Unterschied, ob Sie Robotertechnik anbieten oder ein Fitnessstudio besitzen.

Im Übrigen müssen Sie das alles nicht selbst machen. Adressverlage, auf die Sie möglicherweise wegen der Adressen zurückgreifen werden, bieten unter dem Stichwort Lettershop auch Druck und Versand der Werbebriefe an. Sofern Sie nicht nur Ihre besten 50 Kunden anschreiben wollen und auch noch etwas anderes zu tun haben, als Briefe zu falten und zu frankieren, sollten Sie dies einem Profi überlassen. Die Kosten halten sich in Grenzen und selbst mit eigens engagierten Aushilfen bekommen Sie die Versandaktion nicht günstiger hin.

Auch wenn Sie über Direktwerbung die Möglichkeit haben, ein paar Sekunden länger als mit einer Anzeige Ihr Produkt vorzustellen, bleibt das übliche Misstrauen gegenüber der Werbung. Bei Büroartikeln fällt das nicht weiter ins Gewicht, in der Produktionstechnik oder bei langfristigen Verträgen sieht die Sache aber anders aus. Dann möchte der Adressat gerne wissen, ob der Verkäufer seine Versprechen auch wirklich einhalten kann. Schließlich wäre ein Kauf mit hohem Risiko verbunden.

Kommunikationsbeispiel 4: Im Gespräch bleiben

Am besten fänden Sie es sicherlich, wenn die Kunden von alleine auf Sie zukämen, am besten gleich mit einem Auftrag in der Hand. Das wird sicher selten der Fall sein, aber Sie sollten solche Situationen nicht ganz ausschließen. Dabei hilft es, eine grundlegende Bekanntheit zu haben, unabhängig von konkreten Angeboten, Sonderpreisen oder Neueinführungen. Man muss wissen, dass es Sie gibt, was Sie können und wie man Sie finden kann. Für Sie ist es wichtig, dauerhaft präsent zu sein, wo man Sie sucht, wo es Ihrem Image entspricht und wo die richtigen Leute nach Ihnen suchen. So sollte man Sie auch finden können, wenn man eine Information zu einem Fachthema sucht.

Im Folgenden werden einige Möglichkeiten für die Präsenz vorgestellt:

a) Visitenkartenpartys

Vor allem im Bereich der ehemaligen New Economy, wo der Aufbau neuer Kontakte ein strategisch wichtiger Faktor war, spielte der Austausch von Visitenkarten eine große Rolle. Für groß angelegte Werbekampagnen blieb wenig Zeit, sodass Events geschaffen wurden, bei denen die Drehgeschwindigkeit der Visitenkarten der Erfolgsfaktor war. Es gibt sie immer noch, wenn auch weniger und auch stärker von Beratern und Trainern durchdrungen. Aber sie sind eine gute Gelegenheit für die eine oder andere Zufallsbekanntschaft und kosten nicht viel.

b) Netzwerke

In den beratenden Berufen sind sie ein etabliertes Forum für den Gedankenaustausch und die Vermittlung von Aufträgen. Wer einen Auftrag hat, den er nicht ausführen kann, der gibt ihn innerhalb des Netzes weiter. Und mancher Auftraggeber nimmt lieber Kontakt mit einem Netzwerk auf, weil er so schneller zu einem fähigen Anbieter kommt. Gerade in fragmentierten Märkten und für kleine Anbieter wie Trainer und Webdesigner sind Netzwerke wichtig. Sie können sich sowohl „real" bilden – das heißt man trifft sich turnusmäßig zu einem Kamingespräch, einem Business Lunch oder Ähnlichem – als auch „virtuell" – das heißt über entsprechende Berufs- oder regionale Gruppen im Rahmen von Netzwerkplattformen wie Xing oder LinkedIn.

c) Internetpräsenz

Kleinere Unternehmen scheuen immer noch zu oft den Aufwand für eine Website mit den nötigen Funktionen für die Formulierung von Anfragen, den Download von Produktinformationen, die Geschäftsabwicklung mit Bestellung, Paketverfolgung usw. Wenn aber Unterlagen über das Produktprogramm nur über ein Formular bestellt werden können, dann wird das Medium Internet infrage gestellt. Der Wunsch, nicht alle Informationen gleich der Konkurrenz zur Verfügung zu stellen, ist verständlich. Aber sie schafft es auch, wenn Sie nur Prospekte verschicken. Denken Sie bei den Inhalten an:

> ➤ Firmenvorstellung – Wer sind wir, wie haben wir uns entwickelt, was können wir?
> ➤ Kontaktmöglichkeiten – Wie kann ein Interessent mit den relevanten Personen (Verkauf, Einkauf, Öffentlichkeitsarbeit) Kontakt aufnehmen?
> ➤ Angebotsprogramm – Was bieten wir an, was leisten unsere Produkte, wer ist unsere Zielgruppe?
> ➤ Referenzen – Wer kann für uns werben, wo kann man sehen, was wir machen?
> ➤ Wissen – Was will ein Interessent möglicherweise noch wissen? Welche Fachinformationen können wir weitergeben?
> ➤ Geschäftsabwicklung – Wie kann die Verwaltung der Geschäftsbeziehung vereinfacht werden? Wie kann ein Kunde über Warenverfügbarkeit und Versandstatus informiert werden? Wie kann ein Kunde uns eine Rückmeldung geben?

d) Branchenverzeichnisse

Früher war das Telefonbuch heiß begehrt und die Post musste dafür sorgen, dass es für jedes Telefon nur ein Verzeichnis gab. Heute ist es anders. Die Telekom bemüht sich nun, ihre Bücher unters Volk zu bringen, und so tun es auch viele andere Verlage. Durch die vielen Online-Recherchemöglichkeiten sinkt die Bedeutung gedruckter Verzeichnisse.

Prüfen Sie, welche Verzeichnisse wie (online/offline) in Ihrem Bereich genutzt werden. Ältere Privatkunden verlassen sich oft auf das klassische Telefon- und Branchenbuch, jüngere suchen eher in Internetverzeichnissen oder über Stichworte in der Suchmaschine. Facheinkäufer haben meist ein Standardverzeichnis zur Hand, das sich in ihrer Branche etabliert hat. Branchenfremde suchen meist erst einmal in weitläufig bekannten Verzeichnissen wie „Wer liefert was?" oder im „Hoppenstedt". Es kann sinnvoll sein, auch in gedruckten Verzeichnissen zumindest mit einem Adresseintrag vertreten zu sein.

e) Verbände

In Sachen Verbände spielen sowohl die Mitgliedschaft als auch das Engagement eine Rolle. Viele, wenn auch nicht alle Verbände kommunizieren, wer bei Ihnen Mitglied ist. Wenn die Mitgliedschaft an Bedingungen geknüpft ist, dann kann sie als ein Qualitätssymbol verstanden werden. Potenzielle Kunden werden dann möglicherweise eine Vorauswahl von Lieferanten unter den Mitgliedern des Verbands durchführen. Deutlich interessanter ist jedoch die Mitarbeit in Fachausschüssen oder Abteilungen. Dies hat kommunikative Wirkung nach außen und verleiht gleichzeitig ein gewisses Renommee. Der Zusatzaufwand, für den mitunter ein Mitarbeiter abgestellt werden muss, kann sich durchaus lohnen.

f) Tagungen/Kongresse

Fachtagungen und Branchenkongresse sind Ereignisse, die eine sehr weitgehende Publizität erfahren. Sofern das Thema für die Öffentlichkeit oder zumindest die Fachwelt interessant ist, wird darüber in den Medien berichtet. Interviews mit Referenten oder Firmenvertretern werden gerne wiedergegeben. Aber auch die Werbemaßnahmen des Veranstalters (Mailing an relevante Teilnehmergruppen) sorgen für hohe Kontaktzahlen. Die Referenten oder Diskussionsteilnehmer gelten zudem als besonders kompetent, denn sonst wären sie nicht ausgewählt worden. So werden Bekanntheit und Image gefördert. Allerdings muss auch ein hochwertiger Beitrag geleistet werden.

g) Fachartikel/Bücher

Um längerfristig präsent zu sein, sei es im Internet, im Bücherregal oder in Datenbanken, sind Publikationen äußerst hilfreich. Je nach Thema und möglichem Arbeitsaufwand können es kleinere Artikel für Fach- und Branchenzeitschriften sein, ebenso für geeignete Branchenportale im Internet, oder auch ein ganzes Buch. Für Letzteres benötigen Sie natürlich ein tragfähiges Thema und eine ganze Menge Zeit. Dafür eignet es sich allerdings auch als Ausweis der eigenen Kompetenzen und kann gut im Rahmen der Akquisition eingesetzt werden.

h) Social Media/Web 2.0

Unter dem Schlagwort Web 2.0 sind zahlreiche Initiativen entstanden, die für die Kommunikation von Unternehmen von Bedeutung sind, sich aber nicht dem Thema Werbung zuordnen lassen. In der Regel wird von Mitmachmedien gesprochen, das heißt die Inhalte werden nicht von einem Unternehmen für den passiven Konsum bereitgestellt, sondern mehr oder weniger gegenseitig von den Nutzern erstellt. Diese Interaktivität führt dazu, dass die Inhalte nicht zu kontrollieren sind wie bei Werbung, sondern sich teils zufällig ergeben. So kann es passieren, dass ein unternehmerisches Handeln in einem Blog aufgegriffen und kommentiert wird und damit eine weitergehende Diskussion auf einer Vielzahl weiterer Kanäle in Gang setzt.

Es dürfte zumindest für kleine und mittlere Unternehmen nicht möglich sein, sämtliche Web 2.0-Kanäle zu verfolgen und mitzugestalten. Man sollte aber diejenigen kennen, die meinungsbildend wirken und auch von aktuellen und potenziellen Kunden genutzt werden. Hier kann durch regelmäßige Beiträge die eigene Sichtweise in die Diskussion eingebracht werden. Entstehende Fragen und Missverständnisse können beantwortet bzw. beseitigt werden. Fachdiskussionen können mit dem eigenen Fachwissen bereichert werden.

> - Finden Sie heraus, welche Foren Ihre Kunden nutzen, wenn sie fachliche Themen diskutieren oder sich über Anbieter auslassen wollen. Nehmen Sie an solchen Foren teil, nehmen Sie zu Kritik Stellung, gehen Sie auch fachliche Probleme ein, auch ohne direkte werbliche Absicht.
> - Richten Sie eine Firmenseite bei Facebook, Xing, Twitter usw. ein und pflegen Sie diese Seiten.
> - Beobachten Sie Blogs, die sich mit Ihren Produkten und Fachgebieten befassen.

Einige **Kennzahlen zur Kontrolle des Erfolgs in Social Media** (vgl. Grabs/Bannour 2011, S. 98):

Share of Voice – misst die Präsenzstärke in sozialen Medien.

$$\frac{\text{Erwähnungen der eigenen Marke bzw. des eigenen Unternehmens}}{\text{Erwähnungen aller Marken bzw. Unternehmen der Branche}}$$

Zielgruppenengagement – erfasst die Intensität, mit der sich die Nutzer mit dem Unternehmen beschäftigen.

$$\frac{\text{Anzahl der Kommentare, geteilten Inhalte, Links}}{\text{Anzahl der Views}}$$

Lösungsrate – misst den Erfolg bei der Beantwortung von Kundenanfragen

$$\frac{\text{Anzahl der erfolgreich beantworteten Kundenanfragen}}{\text{Anzahl aller Kundenanfragen}}$$

Bearbeitungsdauer – durchschnittliche Bearbeitungszeit für eine Kundenanfragen.

Stimmungsindikator – erfasst, ob die Erwähnungen der eigenen Marke/des Unternehmens positiv oder negativ sind.

$$\frac{\text{positive bzw. negative Erwähnungen der eigenen Marke bzw. des eigenen Unternehmens}}{\text{Anzahl der Erwähnungen der eigenen Marke bzw. des eigenen Unternehmens}}$$

2.5 Akquisitionsprozess erfolgreich gestalten

Akquisition ist sicher die schwierigste Aufgabe im Vertrieb, gleichzeitig aber auch die wichtigste. Selbst erfahrene Vertriebsleute haben auch nach Jahrzehnten immer noch eine recht deutliche Abneigung gegen sie, nicht zuletzt, weil sie immer auch mit Misserfolgserlebnissen verbunden ist. Das ist aber auch ganz natürlich: Wenn man bedenkt, dass vielfach drei Angebote eingeholt werden müssen, bevor ein Auftrag erteilt wird, dann klappt es rein statistisch gesehen nur bei jedem dritten Mal. Wer erfolgreicher ist, ist entweder wirklich gut oder zu billig.

Vielfach ist die Akquisitionsaufgabe ein Grund, nicht im Vertrieb zu arbeiten. Selbst wenn fachlich gut qualifizierte Nachwuchskräfte durchaus gerne mit Kunden arbeiten würden, scheuen sie das „Klinkenputzen" und den Erfolgsdruck durch die Vertriebsleitung. Oft sind es auch die nicht selten mit viel Liebe gepflegten Mythen des Vertriebs, die ein wenig abschrecken. So hat nicht jeder Lust, seine Abende mit Kunden auf Kneipentour zu verbringen, persönliche Geschenke zu verteilen oder auch am Wochenende ansprechbar zu sein. Aber glücklicherweise basieren viele dieser Erkenntnisse auf Erzählungen „alter Hasen", in der Realität setzt sich mehr und mehr eine gewisse Nüchternheit durch, die stärker auf sachlichen Argumenten beruht. Zudem werden gerade die persönlichen Kontakte mit wachsender Skepsis gesehen. Schon die Einladung zum Essen ist bei vielen Abnehmern inzwischen tabu.

Eine zentrale Unterscheidung betrifft die Frage, wer der potenzielle Kunde ist. Gewerbliche Kunden, bei denen wie bereits oben dargestellt das Buying Center zum Einsatz kommt, verhalten sich anders als private. Entsprechend muss der Vertrieb anders auf die Zielgruppen eingehen. Im Unternehmensvertrieb müssen in der Regel mehrere Akquisitionsphasen unterschieden werden, die allgemein etwa wie in Abbildung 2.5.1 gezeigt dargestellt werden können. Unternehmen, die Projekte verkaufen, etwa individuelle Software, Produktionsanlagen, Gebäude, Infrastruktur usw. unterscheiden meist noch viel detaillierter. Dort dauern die einzelnen Phasen oft Monate bis Jahre, und es sind höchst unterschiedliche Aktivitäten erforderlich.

Für diese Darstellung der Vertriebsphasen ist auch der Begriff **Verkaufstrichter** üblich. Er geht darauf ein, dass am Beginn des Verkaufsprozesses eine hohe Zahl potenzieller Kunden steht. Über die einzelnen Phasen scheiden immer mehr aus, weil der konkrete Bedarf nicht erfüllt werden kann, keine Einigung über den Preis zustande kommt oder einfach einem anderen Anbieter der Auftrag erteilt wird. Es ist eine zentrale Aufgabe der Vertriebssteuerung, diese Verluste möglichst gering zu halten. In der Grafik sind pauschal Prozentzahlen angegeben, die für den Einzelfall zu hinterfragen wären. So lässt sich aus Vergangenheitswerten ermitteln, wie viele Kontakte von einer Phase in die andere gebracht wurden. Schließlich ergibt sich statistisch, wie viele neue Kontakte erforderlich sind, um einen neuen Auftrag zu generieren. Wenn es eine schockierende Zahl im Vertrieb gibt, dann ist es meist diese!

Dieses Schema muss keineswegs vollständig durchlaufen werden, es kann allerdings auch sein, dass noch der eine oder andere Schritt mehr erforderlich ist. Hier geht es um das Verständnis der erforderlichen Aktivitäten.

Der Vertriebsprozess

allgemeine Vertriebs-phasen	Lead Generation	Lead Management	Opportunity Management	Negotiation	After Sales Service
	Marktanalyse, Kontaktaufbau	Qualifizierung	Angebots-verhandlung	Abschluss	Betreuung
Tätigkeit im Vertrieb	Marktbewertung, Identifikation möglicher Kunden, Direktwerbe-aktionen, Führen von Erstgesprächen, Bedarfsermittlung	Nachfassaktionen, Lieferung von Informationen, Identifikation des Buying Centers Referenzen, Budgetklärung, Kundenbewertung, Bewertung der Realisations-wahrscheinlichkeit	Erhebung genauer Spezifikationen, Klärung von Vertragselementen, Lieferung von Proben, Kundenbesuche	Nachverhand-lungen, Konditions-gespräch, Chefbesuch, Unterschrift unter Vertrag oder Ablehnung	Nachkaufservice, Erhebung Zufriedenheit, Kundendienst, Cross Selling
Tätigkeiten beim Kunden	allgemeine Sondierung des Lieferantenmarkts, erste informelle Gespräche	Kennenlernen des Lieferanten, Prüfung des Leistungspoten-zials, evtl. eigene Bedarfsklärung	Lieferanten-bewertung, Beschreibung von Projekten, Erstellung Lastenheft, Vergleich verschiedener Angebote	Preisverhand-lungen, Entscheidung durch Budget-verantwortlichen	

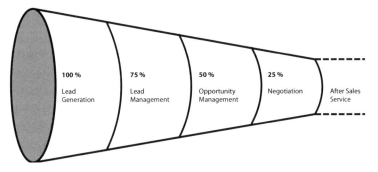

Abbildung 2.5.1: Phasen des Akquisitionsprozesses

Zunächst ist die Identifikation potenzieller Kunden erforderlich, die angesprochen werden sollen (Leads). Dieser Schritt ist insofern wichtig, als eine gute Selektionsentscheidung einen ganz erheblichen und gleichzeitig überflüssigen Akquisitionsaufwand bei Kunden verhindert, die ohnehin nicht infrage kommen. Leider wird diese Schreibtischarbeit oft als lästig angesehen, obwohl sie höchst rentabel ist. Wir haben uns damit bereits in Kapitel 2.2 beschäftigt.

Die ausgewählten (Wunsch-)Kunden werden in der zweiten Phase kontaktiert (siehe auch Kapitel 2.3). Dies kann durch Werbemedien, per

Brief, Mail oder persönlich erfolgen. Je nach Geschäftsart kann natürlich auch schon hier eine Kaufentscheidung stattfinden, etwa wenn es um ein spezielles Angebot von Fertigware geht. In der Regel geht es aber um eine weitere Qualifizierung (Lead Management) des Kunden (Kommt er für unsere Produkte als Kunde infrage? Können wir die Anforderungen des Kunden erfüllen?) oder um die Vorbereitung eines Verkaufsgesprächs (Wer ist Ansprechpartner? Wann kann ein Gesprächstermin gefunden werden?).

In der dritten Phase kommt es zu konkreten Verhandlungen mit dem Kunden. Neben der telefonischen Terminvereinbarung ist dies die schwierigste Aufgabe. Verkäufer befinden sich in einer Situation genauester Beobachtung, stehen unter dem Druck, innerhalb kurzester Zeit ihr ganzes Können und auch das des Unternehmens zu präsentieren.

Schließlich kommt es zur Kaufentscheidung bzw. der Ablehnung. Dies ist keineswegs der Schlusspunkt, denn auch eine Ablehnung sollte zu einer gewissen Aktivität führen: Nämlich der Nachfrage, warum kein Auftrag erteilt wurde und wie das Angebot verbessert werden könnte.

Phase 1 – Marktanalyse und Kundenselektion – Lead Generation

Da dies bereits oben näher erläutert wurde, hier nur in Kurzform die wichtigsten Aufgaben:

- ▸ Analyse von Märkten (Regionen, Branchen) im Hinblick auf Absatzpotenziale
- ▸ Beschaffung von Adressen aus Firmenverzeichnissen, Datenbanken, Internet
- ▸ Erfassung der Daten von Anfragen (Telefon, Responseanzeigen, Website)
- ▸ Bewertung potenzieller Kunden anhand von Marktdaten, Unternehmenskennzahlen, Informationen zum Produktionsprogramm

Phase 2 – Erstkontakt und Qualifizierung – Lead Management

Der erste Kontakt findet zwar meist „nur" am Telefon statt, muss aber genauso gut vorbereitet werden wie der erste Besuch.

> Ein häufig gemachter Fehler besteht darin, solche Kontakte zwischendurch abzuarbeiten, zum Beispiel per Handy aus dem Auto, wenn gerade eine Wartezeit zu füllen ist. Zeitlich ist das zwar sehr wirtschaftlich, aber auf fachliche Fragen des Angerufenen hat man meist keine Antwort parat, weil Unterlagen oder die Konzentration fehlen. Überlegen Sie einfach, wie Sie es finden, wenn Sie von einem Verkäufer zwischen zwei Kundenbesuchen aus dem Auto angerufen werden, mit Verkehrslärm im Hintergrund. Sicher fühlen Sie sich besser wertgeschätzt, wenn man Sie vom Büro aus anruft, es drum herum ruhig ist und man ausreichend Zeit hat.

Bereiten Sie sich also auf alles vor. Wichtiger als vieles andere ist es, unvoreingenommen in ein erstes Gespräch zu gehen. Sie wissen oft nicht, ob Ihr Ansprechpartner männlich oder weiblich ist. Es darf daher nicht passieren, dass Sie eine Frau nach ihrem Chef fragen, weil Sie mit einer Sekretärin als erstem Kontakt rechnen. Überhaupt gibt es immer weniger Sekretärinnen oder sonst wie klare Funktionszuweisungen.

Vergessen Sie nicht, sich deutlich vorzustellen. Ihr Gegenüber muss die Chance haben, Ihren Namen und Ihre Firma zu verstehen. Wenn Sie sich mit „Zschiederich, Firma Grolubtec, Onstmettingen, guten Tag, ich hätte gerne ..." vorstellen, dann haben Sie beste Chancen, anonym zu bleiben, denn niemand versteht das oder kann es irgendwie behalten. Deswegen sollten Sie Namen nie am Anfang nennen, denn man braucht meist eine oder zwei Sekunden, bis man am Telefon wirklich aufnahmefähig ist. Fangen Sie besser mit „Guten Tag ..." an, das überbrückt die Schrecksekunde. Dann kommt die eigene Vorstellung, hier zum Beispiel: „... mein Name ist Zschiederich, ich bin Gebietsleiter des Elektronikunternehmens Grolubtec."

Ein komplizierter Name bietet sich zwar an, die Schreibweise näher zu erläutern, was aber nie auf Gegenliebe stößt. Kokettieren Sie nie mit einem originellen oder schwierigen Namen! Auch der Name des Gesprächspartners sollte kein Thema für irgendwelche Bemerkungen sein. Wenn er zum Beispiel „Martin Gewaltig" heißt, dann hat er alle Bemerkungen und Witze schon hunderttausendfach gehört und freut sich über jeden Anrufer, der sich nicht für originell hält.

Eine heiß geliebte Praxis unter Vertriebsleuten ist es, zum Beginn des Gesprächs alle möglichen Informationen abzufragen. Auch das nervt meist, denn niemand möchte erst einmal ins Blaue hinein Daten preisgeben, sondern wissen, worum es geht. Weniger lustig ist es also, wenn Sie beginnen wie:

„Eisenbrenner". „Guten Tag, hier ist Zschiederich. Spreche ich mit Herrn Eisenbrenner?" „Ja." „Karl-Heinz Eisenbrenner?" Spätestens jetzt testen Sie den Gemütszustand des Herrn Eisenbrenner und können froh sein, wenn er ruhig und ausgeglichen ist uns nicht gleich auflegt. „Ja, was gibt es denn?" „Sie sind doch zuständig für den Einkauf von Labortechnik, wenn ich recht informiert bin?" Wenn Herr Eisenbrenner jetzt noch dabei ist, konzipiert er wohl gerade ein neues Rhetoriktraining, denn sonst dürfte ihn das Spiel kaum noch interessieren.

Der gute Mann hat sicher mehr zu tun, als auf Anrufe zu warten. Daher sollte er erst einmal wissen, was Sie ihm zu bieten haben. Wenn er neugierig wird, ist alles andere zweitrangig, dann dürfen Sie sich auch mal versprechen oder ein Detail zu viel nennen. Sagen Sie lieber gleich, worum es geht. Dann kann sich herausstellen, dass Herr Eisenbrenner nicht zuständig ist, wenn er Sie aber für seriös hält, wird er Ihnen sagen, an wen Sie sich wenden können.

„Guten Tag, Herr Eisenbrenner. Ich bin Markus Zschiederich und verkaufe elektronische Bauelemente bei der Firma Grolubtec."

Das ist nicht die übliche Gesprächseröffnung, aber sie ist frei von allen rhetorischen Floskeln, mit denen Ihre Wettbewerber arbeiten. Natürlich stößt das Wort „verkaufen" häufig erst einmal auf Ablehnung und die meisten Verkäufer versuchen es zu vermeiden. So heißt ein Möbelverkäufer heute auch Einrichtungs- oder Wohnberater, eine Matratzenverkäuferin Medizinprodukteberaterin und ein Telefonverkäufer ist ein Call Center Agent. Aber wenn im Möbelhaus ein Kunde einsam durch die Sitzgarnituren wandelt, dann fragt er wahrscheinlich ziemlich direkt „Verkaufen Sie uns etwas?" Es hat mittlerweile einen gewissen Charme, offen zu sein.

Und wenn Sie es gar nicht mögen, besteht noch die Möglichkeit auszuweichen auf „Ich bin verantwortlich für den Vertrieb in Süddeutschland" oder „Ich bin Großkundenbetreuer".

Oft genug passiert es allerdings, dass der Angerufene sich gelangweilt gibt und sagt „Wir kaufen nichts" oder „Wir brauchen nichts" oder „Wir haben schon einen Lieferanten." Das dürfen Sie ihm nicht übel nehmen, denn er kennt Sie und Ihr Angebot ja noch nicht. Er wird laufend von Verkäufern angerufen und angeschrieben, die ihm etwas ganz Besonderes anbieten wollen, die angeblich bessere Produkte billiger und schneller liefern können. Damit hat er wahrscheinlich auch schon genügend schlechte Erfahrungen gemacht. Verständlich, dass er die 08/15-Angebote pauschal abweist und nur auf solche reagiert, die durch die ersten Filter hindurchkommen.

Im Grunde genommen gibt es zwei Möglichkeiten, an dieser Stelle nicht zu scheitern. Entweder Sie haben ein Konzept, um ganz schnell doch noch Interesse zu wecken oder Sie vermeiden solche Situationen von vornherein. Letzteres wird immer wieder versucht, stellt sich jedoch in einer professionellen Situation als immer schwerer heraus: Der Angerufene weiß inzwischen, wie solche Situationen umgangen werden und wird gegen rhetorische Strategien immun. Wenn Sie also eine gewisse Erfahrung mit Verkaufsanrufen voraussetzen müssen, dann sollten Sie hier sehr vorsichtig sein.

Ja und Nein im Verkaufsgespräch

Die problematischste Situation im Verkaufsgespräch entsteht, wenn der (potenzielle) Kunde „Nein" sagt. Dabei ist es eigentlich egal, warum das geschieht, rhetorisch kommt man aber oft nicht weiter, mitunter traut man sich auch einfach nicht. Genauso ist es, wenn Sie jemanden in einem Lokal fragen, ob er oder sie mit Ihnen etwas trinken oder tanzen möchte. Wer sich nicht als zu leicht zu erobern zeigen will, sagt erst mal Nein, zumal es interessant zu sehen ist, was der andere sich noch alles einfallen lässt. Jeder Mensch, ob Mann oder Frau, fühlt sich geschmeichelt, wenn sich der andere noch etwas bemüht, schließlich muss man es ja selbst auch immer wieder tun. Aber es kostet Überwindung, sich von einem „Nein" nicht entmutigen zu lassen.

Also umgehen Sie es. Stellen Sie keine Fragen, die man mit Nein beantworten kann. Dann fahren Sie sozusagen auf der **Ja-Straße**, von der Sie ein professioneller Einkäufer geradewegs in die Sackgasse umleiten wird. Bei Privatkunden mag die Strategie funktionieren, ob sie den Vorstellungen vom fairen Verkaufsgespräch entspricht, mag dahingestellt sein. Fair ist es sicherlich, dem Gesprächspartner den leichten Ausstieg aus dem Gespräch zu ermöglichen, wenn er wirklich keinen Bedarf hat und Ihr Angebot einschätzen kann. Niemand soll überredet werden (dieser würde Sie auch nicht weiterempfehlen). Fair ist es aber auch, Situationen zu vermeiden, in denen „Nein" gesagt wird, ohne eine definitive Ablehnung zu sein.

Stellen Sie sich eine klassische Einkaufssituation vor: Eine Frau sieht sich in einem Textilgeschäft einige Kleidungsstücke an. Sie möchte sich erst einmal nur umsehen. Sie wird von einer Verkäuferin angesprochen „Kann ich Ihnen helfen?" Was sagt die Kundin? Natürlich „Nein", denn sie will sich erst einmal nur selbst umsehen. Das Gespräch ist vorerst beendet, die Verkäuferin muss sich zurückziehen, obwohl die Kundin kurz darauf Hilfe gebrauchen könnte, wenn sie zum Beispiel eine bestimmte Größe sucht. Beiden fällt es nun aber schwerer, wieder ins Gespräch zu kommen. Obwohl diese schlechte Gesprächseröffnung in jedem Verkaufsratgeber steht (natürlich als Negativbeispiel), findet man sie immer noch mit schöner Regelmäßigkeit.

Ziel muss es daher sein, die Verkaufssituation offenzuhalten. Im Einzelhandel ist es wesentlich geschickter, Hilfe anzubieten, ohne den Kunden zu einer Antwort zu zwingen. Dabei muss der Verkäufer entscheiden, ob er auf seine schiere Existenz hinweist („Falls Ich Ihnen helfen kann – geben Sie mir nur ein Zeichen, ich bin dort bei den Umkleidekabinen") oder konkrete Hilfestellung gibt („Wir haben in diesem Stil auch ein interessantes Sonderangebot" oder „Zu Ihrem schwarzen Blazer könnten Sie auch ein kräftigeres Rot tragen.") So entsteht viel schneller ein Gespräch, bei dem der Kunde nicht gleich daran denkt, man wolle nur das schnelle Geld mit ihm machen. Vielmehr erkennt er, dass der Verkäufer mitdenkt.

Beim Erstkontakt am Telefon sind einfache Fragen wie „Brauchen Sie?", „Kaufen Sie?", „Kennen Sie?" zu vermeiden. Solche Fragen lassen sich spontan ohnehin kaum beantworten, also wird pauschal abgelehnt.

Ebenso wenig sinnvoll sind Fragen, die ganz sicher mit „Ja" beantwortet werden sollten, wenn der Gefragte nicht gerade das Gespräch zerstören will. „Sie möchten doch die Rendite Ihres Unternehmens steigern?" Ist das ein schöner Einstieg in ein Verkaufsgespräch? Sagt der Kunde „Ja", dann kann gleich die Kaufempfehlung folgen und der Kunde kann sich nicht mehr verweigern, denn dann würde er ja gegen das Renditeziel kämpfen. In diese Falle tappt jeder einmal, aber eben auch nur einmal.

Wenn Sie nicht gerade mit einem blutigen Anfänger zu tun haben, wird er „Nein" sagen, nur um Sie zu ärgern. Und dann? Dann haben Sie nur noch eine Chance – und wünschen ihm viel Spaß mit den Produkten der Konkurrenz. Schaltet er einigermaßen schnell, wird er, bevor Sie auflegen, fragen, was Sie denn zu bieten haben, denn zumindest rhetorisch sind Sie ja begabt.

Ebenso verboten gehört die Frage „Haben Sie einen Augenblick Zeit?" Keine Zeit zu haben ist heutzutage das Statussymbol schlechthin. Wer Zeit hat für ein Schwätzchen, ist der Loser der Abteilung! Ganze Firmenkulturen bestehen daraus, Überlastung zu beklagen und Arbeit mit dem Hinweis auf fehlende Zeit abzulehnen. Dabei spielt es keine Rolle, ob das der Wahrheit entspricht. Die Tugend, Zeit effektiv zu managen, zählt wenig, zumindest nicht nach außen.

Eine gute Erwiderung, wenn Ihr Gesprächspartner sich auf „keine Zeit" herausreden möchte: „Wenn Sie keine Zeit haben, dann haben wir eines gemeinsam. Dann sage ich Ihnen ganz knapp, was das Besondere an meinem Angebot ist: weniger Papierkram, geringste Wartungskosten und Sofortlieferung. Effizienter geht es nicht. Ist das interessant für Sie?" Wenn Ihr Gesprächspartner wirklich ein Effizienztyp ist, dann dürfte er die Botschaft verstanden haben, dass Sie nämlich ausgesprochen ökonomisch denken können.

Nicht wesentlich besser ist die Frage „Darf ich Sie einen Augenblick stören?" Stören darf man nie, denn sonst wäre es ja keine Störung. Man darf mit einer guten Idee unterbrechen, eine gute Nachricht überbringen. Wenn Ihnen ein Kollege ins Büro hereinruft, Ihr Lieblingsverein habe gerade ein Spiel gewonnen, dann fühlen Sie sich ja auch nicht gestört. Wenn Sie überzeugt sind, Ihrem Gesprächspartner eine gute Nachricht übermitteln zu können, dann stören Sie ihn nicht. Sind Sie davon nicht überzeugt, sollten Sie ohnehin ein anderes Produkt vermarkten.

Fragen, die Sie im professionellen Verkaufsgespräch besser nicht stellen sollten:
- Haben Sie einen Augenblick Zeit?
- Darf ich Sie einen Moment stören?
- Möchten Sie für Ihr Unternehmen Geld sparen?
- Benötigen Sie xy-Produkte?
- Darf ich Ihnen unsere xy-Produkte vorstellen?
- Was zahlen Sie für xy-Produkte?
- Suchen Sie einen neuen Lieferanten für ... ?

Einsatz der Fragetechnik

Ein alter Grundsatz der Gesprächsführung lautet „Wer fragt, der führt." Das ist im Prinzip richtig, setzt aber voraus, dass sich der Gesprächspartner führen lässt. Geschulte Einkäufer oder sonstige Führungskräfte lassen sich selten führen, hier sollten Sie alle strategischen Ansätze wieder vergessen.

Sprechen Sie mit Privatpersonen, sieht es ganz anders aus. Übernehmen Sie nicht die Führungsrolle, kommen Sie nie zum Abschluss, denn die meisten Menschen versuchen Entscheidungen aus dem Weg zu gehen. Die Angebote sind ihnen meist viel zu komplex und es ist ihnen oftmals ganz recht, wenn ihnen jemand die Entscheidung abnimmt. Vertrauenswürdig muss er allerdings sein.

Fragen können Sie auf ganz unterschiedliche Weise einsetzen. Dabei kann es um die Steuerung des Gesprächs gehen, aber auch um die Erhebung von Informationen. Wenn nicht ganz klar ist, worum es in einem Gespräch geht und der Gesprächspartner bekannt ist, sollten am Anfang Fragen stehen. Nichts ist verheerender, als direkt nach der persönlichen Vorstellung mit der Präsentation eines Produkts anzufangen. Was ist, wenn der Kunde alles schon weiß? Oder er gar nicht als Kunde infrage kommt? Oder mangels einschlägiger Fachkenntnis nicht viel versteht? Er schaltet ab und möglicherweise auf stur.

Sie sollten also zunächst Fragen stellen, wie die Bedarfslage ist, welche Anforderungen bestehen, ob bereits Erfahrungen mit dem Produkt vorliegen und wie die Entscheidungen gefällt werden. Auf diese Weise erfahren Sie vieles, was Sie für Ihre Verkaufsargumentation benötigen. Außerdem signalisieren Sie dem Kunden, dass Sie sich für seine Situation und Anforderungen interessieren. Je mehr er am Anfang aus seiner Sicht berichten kann, desto besser ist die Gesprächsatmosphäre. Wenn Sie geschickt fragen und Ihr Gegenüber ausreden lassen, bekommen Sie möglicherweise alle wichtigen Argumente vorgelegt. Vielleicht ist es auch ganz froh, einmal etwas ausführlicher erzählen zu können. Das darf auch nicht ausufern, aber kaum jemand berichtet eine Stunde lang über sein Unternehmen, seine Anforderungen und Erfahrungen, um den Verkäufer dann direkt wieder nach Hause zu schicken.

Beim Zuhören sollten Sie möglichst aktiv bleiben (**aktives Zuhören**). Schon nach wenigen Minuten ist die Aufnahmefähigkeit deutlich eingeschränkt, außerdem besteht die Gefahr, dass der Erzählende vom Thema abschweift. Um den roten Faden zu behalten und auch nichts zu vergessen, sollten Sie auch als Zuhörer „mitreden": Stellen Sie gelegentliche Verständnisfragen („Könnten Sie mir das Temperaturproblem noch kurz erläutern?", „Liegt das an den Händlern oder an den Kunden?") oder bestätigen Sie das Gesagte („Der Zeitvorteil bei der Direktlieferung ist ja wirklich deutlich", „Damit haben andere Kunden auch zu kämpfen.")

Wenn die gewünschten Informationen nicht von alleine geliefert werden, müssen Sie selbst danach fragen. Prinzipiell sollten Sie selbst offen für alle Antworten sein, also nicht nach der Bestätigung einer Meinung suchen. Aus Sicht des Kunden kann sich eine Situation ganz anders darstellen. Fragen Sie daher offen (meist mit einer sogenannten W-Frage). Beispiele: Welche Kriterien sind für Sie bei der Lieferantenauswahl wichtig? Wann werden Sie das Geld frühestens brauchen? Wie viele Maschinen müssen auf das neue Verfahren umgestellt werden? Welche Verfahren setzen Sie in der Fertigung ein? Was gefällt Ihnen an dem Produkt? usw.

Setzen Sie Fragen aber nicht nur ein, um sachliche Informationen zu bekommen. Sie dienen auch dazu, das Verständnis Ihrer Ausführungen zu testen, den Gesprächspartner zum Nachdenken anzuregen oder auf besondere Themen hinzuweisen. Dies sind Ziele, die sich mit einer klaren Anweisung nicht erzielen lassen. Sie könne ja nicht sagen „Haben Sie das verstanden?" oder „Denken Sie doch auch über ... nach." Das klingt nach Bevormundung, die selten erfolgreich ist.

Wenn Sie Ihr Angebot erläutert haben und eine Rückmeldung erzielen wollen, dann könnten Sie fragen: „Entsprechen unsere Leistungen soweit Ihren Anforderungen?" oder „Was halten Sie von dem Angebot?" Kommt eine negative Rückmeldung, sollten Sie gleich nachhaken, zum Beispiel: „Was müsste geändert werden, damit es Ihren Anforderungen entspricht?" Selbst wenn Sie so etwas wie „kein Interesse" heraushören, dann sollten Sie nicht sagen „Schade, dann vielleicht ein anderes Mal", denn dieses andere Mal gibt es nie. Ein Einkäufer wird Ihnen aber auch nie von sich aus sagen, wie er es haben möchte, er will ja die besten Konditionen erzielen. Deswegen wird er immer auf ein Angebot von Ihnen warten, denn es könnte ja besser sein als unbedingt nötig. Sie müssen ihn jetzt aus der Reserve locken.

Schwirig sind auch Situationen, in denen der Gesprächspartner uninformiert ist. Angenommen, Sie haben vorher Produktinformationen verschickt und möchten diese nun als bekannt voraussetzen. Das klappt selten. Fragen Sie also nach, was Sie voraussetzen dürfen. Und zwar nicht „Hatten Sie schon Gelegenheit, unsere Broschüre zu lesen?" Das ist wie „Haben Sie Ihre Hausaufgaben gemacht?" Die meisten Antworten gehen dann in die Richtung „Die habe ich gar nicht bekommen" oder „Ja, aber das war schon letzte Woche." Dann sind Sie wieder in der Pflicht.

Besser ist es aber, nach Inhalten zu fragen: „Haben Sie von der neuen Rechtsvorschrift gelesen, wonach ..." oder „Wussten Sie, dass wir den xy-Preis für besondere Qualität gewonnen haben?" Gerade dann, wenn es sich nicht um reine Produktinformationen handelt, werden Ihre Unterlagen ein stärkeres Gewicht erhalten, denn da hätte das ja alles auch dringestanden.

Mit den richtigen Fragen können Sie auch **Angriffe abwehren**. So passiert es oft, dass gegen Ihr Angebot mehr oder weniger unsachliche Argumente vorgebracht werden. Manchmal gibt es vernünftige Gründe gegen Ihr Unternehmen, manchmal will man Ihnen einfach keinen Auftrag erteilen, vielleicht auch aus persönlichen Gründen. Dann werden Sie mit Argumenten wie „Sie haben schlechte Zahlungsbedingungen" oder „Bei Ihnen weiß man nie, wann die Ware kommt, wenn überhaupt."

Dies abzustreiten bringt nichts, denn wenn es stimmt, macht es Sie unglaubwürdig und wenn es nicht stimmt, weiß Ihr Gegenüber das auch. Hier können Sie nur noch fragen, ob es konkrete Probleme oder Ereignisse gibt. Damit setzen Sie den Einkäufer unter Druck, bei den Tatsachen zu bleiben und erklären gleichzeitig Ihre Bereitschaft, an Problemen zu arbeiten. Beispiel: „Gab es in der Vergangenheit einen solchen Fall, von dem ich nichts weiß?" oder „Können Sie mir sagen, was konkret das Problem verursacht?" oder „Wenn Sie mir sagen, welchen Auftrag das betrifft, kümmere ich mich sofort um eine Neulieferung" oder „Lassen Sie uns doch zusammen an einer Lösung arbeiten, die für beide Seiten optimal ist. Wir kennen uns doch schon recht gut und da sollte es doch klappen."

Inhalt des Erstkontakts

Inhaltlich geht es beim Erstkontakt darum, die Bedarfssituation zu klären und festzustellen, ob ein persönlicher Gesprächstermin sinnvoll ist. Natürlich kann es auch zu einer Bestellung kommen, wir kümmern uns hier aber um die komplizierteren Varianten.

Zum einen müssen Sie wissen, ob es ein Absatzpotenzial für Sie gibt, zum anderen muss der Kunde ein Interesse an Ihren Leistungen entwickeln. Sie müssen also den Spagat schaffen zwischen der recht rationalen Bedarfsklärung und der durchaus auch emotionalen Interessensweckung. Es hilft Ihnen schließlich nichts, wenn der Kunde Feuer und Flamme für Ihre Produkte ist, sich am Ende aber herausstellt, dass er aus welchen Gründen auch immer nie bei Ihnen kaufen wird. Diese Zeit können Sie besser einsetzen.

Eine konkrete Bedarfsfrage trägt wieder das Risiko in sich, mit einem „Nein" oder „Brauchen wir nicht" abgebügelt zu werden. In der Regel weigert man sich, irgendetwas Konkretes zu sagen, was verständlich ist. Die Gesprächsbereitschaft hängt auch stark davon ab, wie gut der Anrufer vorbereitet ist. Niemand hat Lust dazu, erst einmal einen Vortrag über das eigene Unternehmen zu halten. Der Anrufer muss in Grundzügen wissen, was das Unternehmen macht. Alles, was sich auf der Homepage herausfinden lässt, hat in einem Erstgespräch nichts zu suchen. Es wird vorausgesetzt.

Interessant wird ein Anrufer, wenn er sich durch einige Kenntnisse auszeichnet. „Ich habe auf Ihrer Homepage gesehen, dass Sie gerade eine neue Produktionsstätte im Harz errichten. Wir haben in 20 km Entfernung ein Lager und könnten Sie dadurch sehr schnell mit Verbrauchsmaterialien beliefern. Das wäre doch für Ihre Einkaufsplanung ein interessanter Aspekt. Sollten wir uns über eine mögliche Zusammenarbeit einmal Gedanken machen?" Dieser Verkäufer scheint mitzudenken. Ein Gespräch mit ihm ist sicher interessanter als mit diesem Anrufer: „Wir sind ein Großhandel für Hygieneartikel und beliefern Unternehmen mit Seife, Einweghandtüchern, Reinigungsmitteln usw. Wenn Sie mir sagen, welche Mengen Sie jährlich bestellen, kann ich Ihnen bestimmt ein gutes Angebot machen." Das kann man auch selbst anfordern, wenn man es braucht.

Typische Bedarfsfragen:

> Wir helfen Unternehmen, ihre Gebäude effizienter zu bewirtschaften. Ist das auch ein Thema für Ihr Unternehmen?
> Wir haben ein neues Programm an Kinderspielzeug entwickelt. Es kommt in der Zielgruppe 5–9 Jahre sehr gut an. Ist diese Zielgruppe auch für Ihr Sortiment interessant?
> Die von uns betriebenen Kantinen können ab 400 Gästen täglich ohne Zuschüsse betrieben werden. Glauben Sie, dass diese Größenordnung bei Ihnen erreicht wird?
> Sie betreiben ja aktive Verkaufsförderung im Einzelhandel. Unsere Agentur hat bereits für mehrere Unternehmen Ihrer Branche gearbeitet. Mit unseren Techniken erzielen wir hervorragende Erstkäuferraten. Darf ich Ihnen unseren Ansatz für eines Ihrer nächsten Neueinführungsprojekte vorstellen?
> Bedenken Sie wieder, dass Ihr Gegenüber nicht in Ihren Produkt-, sondern in seinen Nutzenkategorien denkt. Er hat bestimmte Ziele vor Augen. Sie müssen in dieser „Ziel-"Sprache argumentieren, nicht in Ihrer Produktsprache.

Phase 3 – Verhandlung – Opportunity Management

Der erste Kundenbesuch ist möglicherweise die „aufregendste" Situation im Vertrieb. Trotz aller modernen Kommunikationstechniken spielt der persönliche Kontakt eine entscheidende Rolle. Bei einer Hundert-Euro-Bestellung von Büromaterial ist dies weniger der Fall, dauerhafte Kundenbeziehungen können einen richtigen „Startschuss" aber gut vertragen. Nicht weniger wichtig ist der persönliche Kontakt mit Privatkunden, wenn es etwa um finanzielle Dinge geht. Die Kunden möchten genau wissen, wem sie ihre finanziellen Verhältnisse offenbaren. Die Sympathie spielt da eine wichtige Rolle.

Vorbereitung des Kundenbesuchs

Ist Ihnen der Anfahrtsweg bekannt? – Falls Sie den Weg zum Kunden nicht kennen und sich nicht auf das Navigationssystem verlassen wollen, sollten Sie eine Anfahrtsbeschreibung bei einem Anbieter im Internet ausdrucken. Vor allem in Großstädten kann auch der gute alte Stadtplan hilfreich sein.

Haben Sie eine Zeitreserve eingeplant? – Planen Sie eine Reserve für Staus, Verfahren oder verspätete Bahnanschlüsse ein. Falls Sie zu früh sind, gehen Sie kurz vor dem Termin noch einen Kaffee oder Tee trinken. Sie sollten auch nicht zu früh erscheinen, weil sich der Gesprächspartner möglicherweise selbst noch vorbereiten muss. Richten Sie sich immer auf eine Wartezeit ein, weil es bei manchen Unternehmen zum Spiel dazugehört, einen Verkäufer ein wenig schmoren zu lassen. Eine Stunde Wartezeit müssen Sie sich allerdings nicht gefallen lassen. Nach einer Viertelstunde ist es angemessen, noch einmal nachzufragen und nach einer halben Stunde sollten Sie besser gehen. Schließlich gibt es ja noch andere Kunden.

Stimmt die Kleidung? – Die Frage der richtigen Kleidung ist nicht das Maß aller Dinge, auch wenn Sie in Ratgebern immer wieder besonders herausgestellt wird. Es gibt Männer, die absolut kein Anzugtyp sind und sich in Freizeitkleidung immer wohler fühlen. Diese können sich einen noch so teuren Anzug kaufen, man wird immer sehen, dass etwas nicht stimmt: Wenn die Krawatte nicht richtig sitzt, dann wäre es besser gewesen, ohne zu gehen. Trotzdem (oder gerade deswegen) können sie gute Verkäufer sein. Bei Frauen ist es keineswegs einfacher.

Mit Kleidung kommuniziert man, oft unbewusst. Das Gegenüber interpretiert die Kleidung auch oft unbewusst. Diese Interpretationen können sich deutlich unterscheiden, sodass es den sicheren Kleidungsstil ohnehin nicht gibt. Ein Aspekt spielt aber allgemein eine Rolle, nämlich die Glaubwürdigkeit. Der Kleidungsstil muss zur Situation passen. Wenn ein Vertrag mit größerem Volumen unterschrieben werden soll, dann signalisiert formelle Kleidung, dass man sich der Bedeutung der Sache gewiss ist und sein Bestes zur Vertragserfüllung tun wird.

Sind die Informationen für das Gespräch vollständig? – Beim ersten Besuch müssen Sie auf alle möglichen und unmöglichen kaufmännischen und fachlichen Fragen gefasst sein. Manche werden Ihnen nur gestellt, um Sie auf die Probe zu stellen. Der Kunde darf aber erwarten, dass Sie Ihre Produkte kennen und auch im Vergleich zum Wettbewerb realistisch einschätzen können. Übliches Informationsmaterial wie Firmenbroschüre, Produktprospekte, Preislisten oder Muster müssen Sie parat haben. Bei sehr anspruchsvollen Produkten kann es sinnvoll sein, ein Notebook mitzunehmen, auf dem Informationen im Detail gespeichert sind. Dann können Sie bei Fachfragen kurzfristig nachsehen. Niemand erwartet, dass Sie alles im Kopf haben. Vielmehr müssen Sie in der Lage sein, Informationen kurzfristig zu beschaffen. Und sie müssen natürlich zuverlässig sein.

Checkliste 8: Kundengespräch

Vorzubereitende Informationen für das Kundengespräch:

- ➤ Produktdaten, technische Spezifikationen, relevante Normen
- ➤ Kundenakte/-informationen (Informationen aus den Vorab-Gesprächen, Daten von Info-Dienstleistern)
- ➤ Muster/Modelle der vorzustellenden Produkte, gegebenenfalls Bilder
- ➤ Referenzen (möglichst vorher abgestimmte Referenzen von Kunden)
- ➤ Presseberichte über die vorzustellenden Produkte bzw. das Unternehmen insgesamt
- ➤ Testergebnisse/-protokolle (Stiftung Warentest, Vergleichstest von Zeitschriften)
- ➤ Werbematerial, Verkaufshilfen, Dekomaterial bei Besuch von Weiterverkäufern (gegebenenfalls Muster)
- ➤ Finanzierungskonzepte/-angebote (Konditionen von Banken, Bedingungen von Leasingverträgen, eigene Zahlungsbedingungen)
- ➤ vorbereitete Angebote/Preisliste

Was sollten Sie über das Unternehmen wissen? – Das Gespräch sollte nicht dazu missbraucht werden müssen, sich Vorträge über das Unternehmen anzuhören. Wenn Sie das Unternehmen nicht näher kennen, passiert es leicht, dass Ihr Gesprächspartner Ihnen erst einmal erzählt, warum dies und das nicht geht und die Verhältnisse ganz andere sind, dass man zurzeit in einer Umstrukturierung stecke, er ja gar nicht zuständig sei, diese und jene Produkte ohnehin bald auslaufen usw. Mancher verliert sich so in einem Vortrag über seine Arbeit und vor allem in Gründe, warum er nichts kaufen könne.

Checkliste 9: Kundeninformationen

Über folgende Fragen sollten Sie Bescheid wissen:

- Wie ist die Wettbewerbssituation? Sind andere Unternehmen besser/ schlechter?
- Wie groß ist das Unternehmen, womit macht es seine Umsätze, wo ist sein Hauptsitz?
- Welche Produkte/Dienstleistungen werden angeboten?
- Wie ist die Organisationsstruktur? Gibt es eine Muttergesellschaft, die alles entscheidet?
- Mit welchen Problemen hat das Unternehmen zu kämpfen? Gibt es eine wirtschaftliche Notsituation? Steht ein Verkauf an?
- Worüber gab es in der Vergangenheit Telefonate und Schriftverkehr? Welche Unterlagen liegen bereits vor?
- Welche Stellung hat der Gesprächspartner im Unternehmen?
- Welche Kompetenzen hat er? Wer muss Entscheidungen genehmigen?
- Welche weiteren Kontaktpersonen gibt es?
- Existiert ein Sekretariat? Wer führt es?

Welche Ziele hat das Gespräch? – Die Inhalte des Gesprächs sollten schon vorab am Telefon, gegebenenfalls auch per Mail oder Fax bestätigt, geklärt sein. In der Praxis wird dies aber leicht vergessen oder es ändert sich noch etwas zwischendurch. Vielfach stellt die Verkaufssituation eine Hürde für den Gesprächspartner dar. Er möchte sich zwar gerne informieren, will sich aber nicht dem Druck aussetzen, eine Kaufentscheidung fällen zu müssen. Andererseits will er, wenn eine Entscheidung ansteht, auch konkret verhandeln können, ohne dass etwas aufgeschoben werden muss.

Sie sollten vor dem Gespräch noch einmal die Ziele durchgehen und prüfen, ob Sie alle relevanten Informationen zur Verfügung haben. Vor allem sollten Sie sich entsprechend seelisch einrichten, das heißt „zum Abschluss gehen", wenn der Kunde deutliches Interesse signalisiert, oder Entscheidungsgrundlagen liefern, wenn ihm die Vorteile Ihres Angebots noch nicht klar sind.

Am Beginn des Gesprächs sollten die Ziele noch einmal kurz angesprochen werden, um gegebenenfalls Missverständnisse auszuräumen. Hat der Verkäufer schon den Vertrag vorbereitet, während der Einkäufer noch Daten für den Investitionsantrag braucht, wird das Gespräch für beide enttäuschend verlaufen. Zur Eröffnung bietet es sich an, die Ziele zu erwähnen, etwa: „Wir hatten ja am Telefon darüber gesprochen, dass Sie für Ihre Qualitätsabteilung noch Informationen über die eingesetzten Materialien und unsere Prüfprozesse benötigen. Diese Angaben habe ich für Sie zusammengetragen und kann sie Ihnen gleich erläutern" oder „Wir mussten ja beim letzten Gespräch feststellen, dass der Kontakt durch den Weggang von Frau Ferber ziemlich eingeschlafen ist und Sie gar keine Informationen über unsere neuen Produktlinien und Serviceangebote haben. Heute möchte ich Ihnen erst einmal unser aktuelles Programm vorstellen und dann wollten wir über Ihre aktuellen Anforderungen sprechen."

Gesprächsführung

Vielleicht erinnern Sie sich noch an Ihr letztes Bewerbungsgespräch oder sogar an mehrere. Sie hatten dabei möglicherweise einen gewissen Stress empfunden, und das eine Gespräch ist besser gelaufen als das andere. Vielleicht haben Sie auch erlebt, dass ein Gespräch von vornherein nicht lief. Das hängt oft mit der schlechten oder nicht vorhandenen Einleitung zusammen. Wenn man den Gesprächspartner gleich mit harten Fakten konfrontiert, kommt es schnell zu Abwehrhaltungen, man fühlt sich überrumpelt. Und: Der Gesprächspartner wird zu einer Art Bedrohung, weil er seine Taktik aufzwingen will.

Viel besser ist es, zunächst ein paar mehr oder weniger belanglose Bemerkungen über das Wetter, den Verkehr oder Ähnliches zu machen, zu denen man auf jeden Fall eine Zustimmung erhält. Es geht einfach nur darum, sich gegenseitig etwas mehr Zeit zu geben, um sich aneinander zu gewöhnen und festzustellen, dass man auf jeden Fall miteinander reden kann. Weniger gut geeignet sind Themen wie Sport oder Politik. Das kann zwar gut gehen, wenn man den gleichen Verein mag, aber die Wahrscheinlichkeit ist nicht allzu groß. Also lassen Sie besser die Finger davon.

Wie aktiv soll der Verkäufer das Gespräch führen? Dominante Verkäufer sind genauso wenig gefragt wie zurückhaltende, denen man die Argumente nur mit Tricks entlocken kann. Es wird immer ein hohes Maß an Einfühlungsvermögen verlangt, jedoch keine Selbstaufgabe. Der Verkäufer muss keineswegs als Bittsteller auftreten und sich rein adaptiv verhalten, er darf aber auch nicht dominant sein und sein Programm abspulen, in der festen Überzeugung, er habe an alles gedacht und es gebe keine Zwischenfragen. Inwieweit persönliche und sachliche Faktoren eine Rolle spielen, ergibt sich während des Gesprächs bzw. schon vorab im ersten Telefonat.

Es ist Ihre Aufgabe herauszufinden, ob Ihr Gegenüber „einen Plan hat" oder nicht. Dementsprechend müssen Sie Ihren Gesprächsstil anpassen. Viele professionelle Einkäufer gehen nach einem sachlichen Schema vor und fragen Daten ihrer Lieferanten ab, lassen sich Qualitätssysteme erläutern und diskutieren wichtige Vertragselemente. Üblicherweise ist es völlig zwecklos, sich gegen ein solches Vorgehen zu stellen. Allerdings sollten Sie daran denken, auf Vorteile hinzuweisen, die nicht abgefragt werden. Ihr Gesprächspartner kann nicht an alles denken und ist auch nicht verpflichtet, nach Ihren besonderen Kompetenzen zu suchen.

Wenn Sie kein klares Konzept erkennen können, müssen Sie selbst die Initiative ergreifen und das Gespräch strategisch führen. Dies ist auch bei den meisten Privatkunden der Fall. Wichtig ist vor allem, die Entscheidungskriterien herauszuarbeiten. Die Frage „Was ist Ihnen wichtig?" hilft allerdings nicht unbedingt weiter, denn nicht jeder weiß das. Hier müssen Sie durch Nachfragen die Entscheidungssituation erkennen und feststellen, wie Ihr Kunde auf einzelne Sachverhalte reagiert. Dabei ergibt sich beispielsweise, ob ein Ersatz für ein ausgefallenes Gerät gesucht wird (mitunter besteht ein hoher Kaufdruck!), ob nach bestimmten Leistungsmerkmalen gesucht wird, wer letztendlich die Kaufentscheidung fällt, ob noch andere Anbieter in der Prüfung sind, wann eine Lieferung notwendig oder erwünscht ist usw. Aus solchen Informationen müssen dann die Argumente hergeleitet werden.

Die Beziehungs- und Sachebene der Verkaufssituation

Die Gesprächsatmosphäre ist ein wesentlicher Erfolgs- bzw. Misserfolgsfaktor beim Verkaufen. Wie schon oben erläutert, gibt es Kunden mit unterschiedlichen Verhaltensweisen und natürlich auch Verkäufer mit unterschiedlichen Strategien. Verkäufer müssen ihre Vorgehensweise auf die Verhaltensweise des Kunden abstimmen. Dazu müssen sie sie erst einmal erkennen und natürlich auch sich selbst einschätzen können.

Ein klassischer Ansatz dazu aus den Siebzigerjahren, der nicht zuletzt durch seine einfache Strukturierung überzeugt, ist das Verkaufs- und Kundengitter von Blake und Mouton (1983), auch als Grid-Ansatz bekannt. Sie unterscheiden die

▸ **Sachebene** der Verkaufsverhandlung (Wie groß ist das Interesse am Kauf/Verkauf? Inwieweit wird dem Ergebnis Vorrang eingeräumt vor der menschlichen Beziehung zum Verhandlungspartner?) und die
▸ **Beziehungsebene** der Verkaufsverhandlung (Wie stark gehen die Verhandlungspartner aufeinander ein? Wie stark interessieren sie sich für die Interessen des Partners?)

Für beide Seiten (Verkäufer und Kunde) lässt sich anhand der beiden Dimensionen ein Gitter erstellen, in dem die unterschiedlichen Kauf- oder Verkaufsstrategien verortet werden. Prinzipiell ließen sich anhand der 9er-Skalen 81 verschiedene Typen ermitteln, doch wurden von den Autoren nur fünf näher spezifiziert. Diese fünf Typen reichen aber auch aus, um grundlegende Verhaltensmuster zu identifizieren und eine erste Zuordnung zu Personen durchzuführen.

Der Grid-Ansatz kann allerdings nicht den Anspruch erheben, eine detaillierte Analyse konkreter Verhandlungssituationen vorzunehmen, er kann nur erste Anhaltspunkte dafür geben, welche Verkäufer- und Käufertypen es gibt und inwieweit sich aus der Kombination Problemsituationen ergeben. Verkäufern kann sie einen Ansatz dafür bieten, sich selbst einzuschätzen (oder einschätzen zu lassen) und Strategien für eine Veränderung des Verhaltens zu entwickeln. Vor allem aber kann er ein Bewusstsein dafür schaffen, sich auf das Verhalten des Kunden einzustellen.

Der Vertriebsprozess

Das Verkäufergitter:

		niedrig			Interesse am Verkauf			hoch	
		1	2	3	4 5 6	7	8	9	
hoch	9	**1,9: der menschlich orientierte Verkäufer:** möchte positive menschliche Beziehung zum Kunden aufbauen, harmonieorientiert				**9,9: der problemorientierte Verkäufer:** setzt sich für Kunden und Unternehmen gleichermaßen ein, will Problem des Kunden zuverlässig lösen			
	8								
	7								
Interesse am Verkäufer	6				**5,5: der professionelle Verkäufer:** sucht die optimale Mischung aus Verkaufsdruck und Kundenorientierung, geht systematisch vor, setzt Verkaufstechniken ein				
	5								
	4								
	3	**1,1: der gleichgültige Verkäufer:** geht davon aus, dass sich die Produkte von selbst verkaufen, macht Kunden Angebot und wartet dann ab				**9,1: der umsatzorientierte Verkäufer:** Verkauf soll auf jeden Fall erzielt werden, berücksichtigt Kundeninteressen nicht, übt Druck auf Kunden aus			
	2								
niedrig	1								

Abbildung 2.5.2: Verkäufergitter (nach Blake und Mouton)

Das Kundengitter:

	niedrig			Interesse am Kauf			hoch		
	1	2	3	4	5	6	7	8	9

hoch — 9

1,9: der willenlose Kunde: orientiert sich bedingungslos an Empfehlung des Verkäufers, vertraut ihm, kauft tendenziell zu viel

9,9: der entschlossene Kunde: weiß genau, was er will und sieht sich gezielt nach den gewünschten Produkten um

Interesse am Verkäufer

5,5: der Reputationskäufer: orientiert sich an Erfahrungen anderer, achtet auf deren Status und den Ruf des Produkts

1,1: der gleichgültige Kunde: möchte der Kaufentscheidung am liebsten aus dem Weg gehen, kein Risiko eingehen. Möglichst lässt er Vorgesetzte entscheiden

9,1: der abwartende Kunde: sieht sich als überlegen in der Situation an, möchte die bestmögliche Leistung für sein Geld bekommen

niedrig

Abbildung 2.5.3: Kundengitter (nach Blake und Mouton)

Spannend kann es sein, wenn man die Typen in einer Modellsituation miteinander kombiniert: Was passiert zum Beispiel, wenn der umsatzorientierte Verkäufer auf einen abwartenden Kunden trifft? Der abwartende Kunde könnte sich anschauen, wie sich der Verkäufer abstrampelt, um seine gefühlte Machtsituation auszukosten. Und kauft am Ende woanders. Der Verkäufer sollte von vornherein erkennen, dass seine verkäuferischen Methoden kaum zum Erfolg führen und sein Verkaufsinteresse zurückfahren. Der menschlich orientierte Verkäufer oder eine Strategie im Bereich von 1,5 dürfte hier erfolgreicher sein.

Und wenn der gleichgültige Kunde auf einen gleichgültigen Verkäufer trifft? Dann wird wahrscheinlich gar nichts passieren, denn beide werden nur einen Kontakt haben und sich dann zurückziehen. Der Verkäufer muss aber Druck ausüben, um eine Kaufentscheidung herbeizuführen. Ein 9,x-Typ wäre sicher erfolgreicher.

Checkliste 10: Kaufsituation

Was Sie über die Kaufsituation des Kunden wissen sollten:

- ➤ Was ist der Auslöser des Kaufs?
- ➤ Wie werden die Produkte eingesetzt (verarbeitet, verbraucht, verkauft)?
- ➤ Gibt es Probleme mit einem anderen Lieferanten?
- ➤ Wurden Vergleichsangebote eingeholt?
- ➤ Bestehen Erfahrungen in diesem Produktbereich?
- ➤ Gibt es eine Anweisung „von oben"?
- ➤ Wer entscheidet letztendlich über den Kauf?
- ➤ Wie hoch ist das Budget?
- ➤ Bis wann wird die Kaufentscheidung gefällt?
- ➤ Gibt es einen festen Anforderungskatalog an Produkte und Lieferanten?

Die Chemie

Im Idealfall werden Kaufentscheidungen rein rational gefällt. Der Käufer orientiert sich nur an objektiven Kriterien und findet das optimale Produkt aufgrund technischer und kaufmännischer Überlegungen. Auch wenn die letzten Jahre und Jahrzehnte eine deutliche Verlagerung in diese Richtung gesehen haben, ist es jedoch eine Illusion zu glauben, ein Kunde würde sich nicht auch von persönlichen Faktoren leiten lassen. Wenn ihm der zuständige Verkaufsmitarbeiter nicht gefällt, dann ist es deutlich schwerer, einen Auftrag zu erteilen. Man hätte dann ja öfter mit einem Menschen zu tun, mit dem die Chemie nicht stimmt. Konflikte sind dann vorprogrammiert. Besser fühlt man sich doch mit einem Ansprechpartner, mit dem man sich gerne auch einmal über ein paar private Themen unterhält. Nicht ganz ausgestorben sind natürlich auch die Fälle, in denen die persönliche Beziehung eine zentrale Rolle spielt, in denen die Kundenbeziehung praktisch die Grundlage einer freundschaftlichen Beziehung ist, die oft auch nach Dienstschluss noch stattfindet.

Die persönliche Sympathie lässt sich nicht in jedem Fall herstellen. Man muss ihr allerdings eine Chance geben. Das geschieht am besten dadurch, eigene Meinungen und private Interessen nicht ganz auszuklammern, sondern wohldosiert in das Gespräch mit einfließen zu lassen. So ergeben sich mitunter schnell Anknüpfungspunkte für einen privaten Exkurs, der auch die geschäftlichen Fragen leichter abwickeln lässt.

> Ein paar private Informationen preiszugeben, wird meist als Vertrauensbeweis gewertet. Dies bezieht sich etwa auf das Alter, die Zahl der Kinder und den Wohnort. Allerdings sollte der Austausch nicht in eine Bewerbungssituation ausarten, geschickter ist es, in der richtigen Situation eine (wahrheitsgetreue) Bemerkung einzuflechten: „Mein Sohn spielt auch Basketball" oder „Wir fahren meist im Frühjahr in Urlaub, weil wir gerne in den Alpen kraxeln". Wenn sich der Gesprächspartner nicht dafür interessiert, übergeht er die Bemerkung einfach und es entsteht keine peinliche Gesprächspause.

Analyse des Gesprächs

Nach dem Gespräch sollte eine Analyse erfolgen, das heißt eine Bewertung, was gut und was schlecht gelaufen ist. Gerade wenn es einen Konflikt gab oder der erhoffte Auftrag nicht zustande gekommen ist, dann neigt man dazu, das Gespräch zu verdrängen. Dann besteht allerdings keine Chance mehr, daraus für den nächsten Termin zu lernen. Da man meist die gleichen Fehler macht, liegt ein großes Potenzial in einer solchen kritischen Betrachtung.

Checkliste 11: Gesprächsanalyse

Stellen Sie sich folgende Fragen:

- Wurde das Gesprächsziel erreicht?
- Welche Aktivitäten stehen noch aus?
- Wurde das Angebot abgelehnt, die Entscheidung vertagt? Wurden dafür Gründe genannt?
- Hat sich die Gesprächsatmosphäre zwischendurch gewandelt? Gibt es einen Auslöser dafür?
- Hat der Gesprächspartner Vorbehalte geäußert?
- Hat das Gespräch länger gedauert als geplant/war es schneller beendet?
- Wurde an bestimmten Faktoren Kritik geübt?
- Wie ist die persönliche Atmosphäre gewesen?
- Wurde ein weiterer Kontakt vereinbart?
- Wurden private Informationen ausgetauscht?

Während diese Informationen eher der persönlichen Rückschau dienen, sollte in einem **Besuchsbericht** das festgehalten werden, was auch später als Grundlage für die weitere Bearbeitung des Kunden benötigt wird. Dazu gehören alle Informationen über das Unternehmen, die Entscheidungsstrukturen, die Bedarfssituation, konkrete Anforderungen usw.

Gespräch mit	Zweck des Besuchs
Gesprächspartner	Gesprächsklima
Name	Bedarf
Funktion	benötigte Produkte und Warengruppen
Vorgesetzte/ Mitarbeiter	Bedarfsmenge
Entscheidungskriterien	andere Lieferanten
geschäftliche Aktivitaten	Anforderungen
Strategie des Unternehmens	Ansätze für Cross Selling
Entscheidungswege	Preisverhalten
Themen	zukünftige Aktivitäten
Reklamationen	angeforderte Angebote
Bestellungen	Änderungen laufender Projekte
Status laufender Projekte	Veränderungen bei Administration
Wünsche/ Anforderungen	Produktentwicklungen
Unternehmensinterna	nächster Termin mit / in
Wettbewerberaktivitäten	Themen nächstes Gespräch

Abbildung 2.5.4: Besuchsbericht

Einwandbehandlung

Wahrscheinlich das zentrale Thema jeder rhetorischen Verkäuferausbildung ist die Einwandbehandlung. Was tut man, wenn der Kunde einen mehr oder weniger begründeten Grund nennt, sich nicht entscheiden zu können bzw. sich gegen das Angebot entscheidet? Das tut er oft genug aus einer gewissen Unsicherheit heraus, aber auch, weil es vielleicht ein besseres Angebot gibt oder ein solches herausgeholt werden soll.

Vom Einwand ist der **Vorwand** zu unterscheiden, der ist nur zur Verschleierung wahrer Gründe da. Wenn beispielsweise eine persönliche Abneigung ausschlaggebend ist für den Nichtkauf, wird diese nie ausgesprochen, vielmehr wird ein Vorwand gesucht, der für den Gesprächspartner nachvollziehbar erscheint. Die nicht erfolgte Zustimmung des Vorstands, der in Urlaub befindliche Vorgesetzte, die vom Vorstand gewollte Zusammenarbeit mit einem langjährigen Lieferanten, all das hört sich so an, als könne man ohnehin nichts machen und als läge es nicht an einem selbst. Vielfach werden diese Vorwände auch verwendet, um zu kommunizieren: „Bemühen Sie sich nicht weiter. Sie bekommen den Auftrag nicht und ich werde Ihnen auch nicht sagen, warum."

Verkäufer müssen wissen, wie sie auf wirkliche Einwände reagieren können. Die wichtigsten **Einwandbehandlungstechniken** (vgl. Winkelmann 2012, S. 478) sind:

Vorwegnahmetechnik – Der Verkäufer weiß aus Erfahrung, mit welchen Einwänden er zu rechnen hat. Tatsächlich gibt es bei jedem Angebot Aspekte, die Widersprüche und Zweifel auslösen, weil es nicht nur Stärken hat. Auf diese Einwände kann er zum Beispiel eingehen, indem er typische Kundenäußerungen zitiert, unabhängig davon, ob dies wirklich schon geschehen ist: „Viele Kunden, meinen…", „Ich werde an dieser Stelle immer wieder gefragt …", „Wahrscheinlich denken Sie jetzt …" Dem Gesprächspartner wird dadurch quasi der Wind aus den Segeln genommen, er erkennt aber auch, dass der Verkäufer mitdenkt.

Zurückstelltechnik – Manche Einwände lassen sich ohne eine nähere Klärung mit Dritten nicht ausräumen bzw. bedürfen einfach des genaueren Nachdenkens. Dann ist es sinnvoll, die Beschäftigung damit hinauszuzögern: „Ich notiere mir Ihre Frage und rufe Sie deswegen in den nächsten Tagen an." Oder: „Ist es in Ordnung für Sie, wenn wir das Thema beim nächsten Termin besprechen? Ich möchte das gerne vorher mit der Zentrale klären."

Bumerangtechnik – Gerade dann, wenn der Einwand aus dem Umfeld kommt, könnte es sich anbieten, den Einwand umzukehren. Will der Kunde etwa wegen der zu erwartenden Rezession nicht kaufen: „Gerade jetzt sollten Sie kaufen, die Preise sind zurzeit im Keller." Oder: „Wenn Sie jetzt investieren, haben Sie den Wettbewerbsvorsprung, wenn der Markt wieder anzieht." Der Grund für die Ablehnung des Angebots wird somit zum Grund für die Annahme uminterpretiert.

Gegenfragetechnik – Hiermit soll der Gesprächspartner motiviert werden, seine Beweggründe für den Einwand näher zu erläutern. Es lässt sich feststellen, ob der Einwand begründet ist oder nur ein pauschales Argument, um beispielsweise Preisnachlässe auszuhandeln: „Sagen Sie mir bitte, wie sich das konkret in Ihrem Unternehmen auswirkt", „Wie kommen Sie zu der Einschätzung, dass…?"

Referenztechnik – Wenn es einen anderen, namhaften Kunden gibt, kann dieser als Argumentationshilfe dienen. Oft glauben Entscheidungsträger, einem anderen Unternehmen folgen zu müssen, um nicht den Anschluss an den Markt zu verpassen. Oder sie halten dieses Unternehmen für sachverständig. „Firma XY hat die Maschine im Einsatz. Sie haben die Produktionskosten um 15 Prozent gesenkt." Oder: „Firma ABC hat gute Erfahrungen mit dem Programm gemacht. Wenn Sie Interesse haben, könnten Sie sich mit dem IT-Leiter über unsere Software unterhalten."

Entlastungstechnik – Der Einwand wird zurückgewiesen, der Verkäufer gibt zu, den gleichen Gedanken gehabt zu haben, dann aber eines Besseren belehrt worden zu sein. Im Prinzip handelt es sich um eine deutliche

Kritik am Einwand, die jedoch durch die Behauptung, selbst den Fehler gemacht zu haben, entschärft wird: „Das hatte ich auch so gedacht. Aber ich hatte nicht berücksichtigt, dass..."

Kompensationstechnik – Der Einwand wird hierbei bestätigt, es wird jedoch ein anderer Grund für den Kauf des Produkts als Kompensation angeführt. Idealerweise ist dieser positive Grund mit dem Einwand verbunden, sodass der Kunde erkennt „Ich bekomme diesen bedeutenden Vorteil nur, wenn ich den Nachteil in Kauf nehme." Der Verkäufer argumentiert zum Beispiel: „Die XY/8-15 verbraucht in der Tat etwas mehr Strom. Aber die Maschine ist anders konstruiert, sehr belastbar und läuft auch im Dreischichtbetrieb ohne Probleme. Der Motor kann dadurch nicht so sparsam sein."

Umformulierungstechnik – Der Einwand wird hierbei rein rhetorisch umformuliert. Der Kunde sagt „Das Angebot ist sehr teuer." Der Verkäufer wiederholt (paraphrasiert) „Sie sehen bei unserem Anteil einen Kostennachteil."

Höhere-Ziele-Technik – Wenn ein Einwand als kleinlich identifiziert wird, mag es auch dem, der ihn vorbringt, unangenehm erscheinen. Dies geschieht schnell, wenn der Einwand gegen ein übergeordnetes Ziel gestellt wird, das allgemein akzeptiert ist. Der Verkäufer erinnert den Einwendenden daran, dass es Wichtigeres gibt. „Natürlich kann man in der heutigen Zeit auch auf Kostensenkung setzen und Investitionen hinausschieben. Aber die chinesischen Anbieter werden immer stärker und nur Innovation hilft, den Vorsprung zu halten."

Phase 4 – Abschlussverhandlung

Selten gehen Verkaufsgespräche so glatt, dass kurz darauf der Auftrag von alleine kommt. Manchmal liegt es an den Genehmigungsriten im Unternehmen, dass erst nach Wochen oder Monaten ein Auftrag erteilt wird, manchmal ist es die Vermeidungsstrategie der Entscheidungsträger, die möglichst allen Risiken aus dem Weg gehen wollen und erst dann etwas bestellen, wenn es ganz dringend ist. Und nicht zuletzt ist es auch das Machtspiel, den Verkäufer noch etwas zappeln zu lassen und zu testen, ob es nicht noch ein Zugeständnis gibt.

Sie werden also nicht umhin kommen, nach Ihrem Besuch nachzufassen, um eine mögliche Auftragserteilung zu klären. Auch dieser Schritt gehört nicht gerade zu den beliebtesten, denn im Grunde gibt es nur eine Frage „Wann entscheiden Sie denn endlich?", und genau die stellt man aus Höflichkeit nicht.

Wenn denn der Verkäufer eine Woche nach dem Besuch noch einmal anruft, weiß der Kunde genau, worum es geht. Er weiß genau, welche Frage ihm gestellt wird, denn die sind immer und überall die gleichen („Hatten Sie schon die Gelegenheit, unser Angebot zu prüfen?" „Fehlen Ihnen noch Informationen …?" „Ich hatte noch vergessen, Sie auf die besondere …. hinzuweisen" usw.).

Und so gibt er auch die immer gleiche Antwort („Das liegt dem … Ausschuss zur Entscheidung vor." „Ich brauche noch grünes Licht von oben." „Ich musste kurzfristig ein anderes, dringendes Projekt einschieben, melde mich aber sobald wie möglich bei Ihnen.") Und eigentlich meint er etwas anderes, zum Beispiel: „Ich bin von Ihrem Angebot nicht überzeugt." „Wir brauchen zurzeit eigentlich nichts." „Wir bleiben bei unserem alten Lieferanten, der hat inzwischen seinen Preis gesenkt." „Ich mag Sie irgendwie nicht."

Problem an der Sache: Wenn wahrheitsgemäß geantwortet wird, ergeben sich Angriffspunkte für den Verkäufer, das heißt er kann argumentieren und sein Angebot möglicherweise noch attraktiver erscheinen lassen. Das will man nicht unbedingt, schließlich geht es auch um die Kontrolle über den Prozess. Als Verkäufer haben Sie dann nur noch eine Chance, wenn Sie etwas hinter die Kulissen schauen können. Dazu müssen Sie den **Nachfass** nutzen. Dies gilt gleichermaßen für den Verkauf an Privatpersonen. Diese neigen noch viel stärker dazu, Entscheidungen aufzuschieben, sodass ohne Nachfass kaum etwas zu holen ist.

Die erste Frage ist, nach wie vielen Tagen Sie den Nachfass starten können. Dabei kommt es auf die Situation an. Wenn eine gewisse Eile geboten ist und dies auch so besprochen wurde, dann kann er nach zwei oder drei Tagen sinnvoll sein. Ansonsten ist eine Woche Frist mindestens sinnvoll, allein schon, um die Möglichkeit zu geben, anlässlich wöchentlicher Sitzungen das Angebot besprechen zu können. Bei Privatkunden spielt oft das nächste Wochenende eine entscheidende Rolle.

Am besten ist es, den Anruf schon vorher zu vereinbaren. Dass der Kunde sich meldet, falls er Interesse hat, ist selbst dann ein seltenes Ereignis, wenn er dies in Aussicht gestellt hatte. Nur dann, wenn er einen Nachfass ausdrücklich ausschließt, sollten Sie warten bzw. den Kunden abschreiben.

Der Nachfassanruf (gelegentlich kann auch ein Brief infrage kommen) braucht einen **Aufhänger**. Wenn Sie nur fragen, ob die Entscheidung denn nun gefallen sei, fühlt sich der Angerufene unter Druck gesetzt und verweigert sich ganz. Also müssen Sie eine positive Situation erzeugen.

> Einige Beispiele für einen guten **Einstieg beim Nachfass:**
> - „Sie erwähnten doch bei unserem Gespräch das xy-Problem in Ihrem Unternehmen. Mir ist da eine Lösung eingefallen."
> - „Letzte Woche war ich mir nicht sicher, ob die Information xy richtig war. Ich habe mir das jetzt noch einmal bestätigen lassen. Sind die technischen Fragen jetzt alle geklärt oder benötigen Sie noch weitere Informationen?"
> - „Bei einem anderen Kunden bestand noch eine Unsicherheit bezüglich xy. Ich könnte mir vorstellen, dass dies bei Ihnen auch der Fall ist. Ich möchte Ihnen daher noch gerne erläutern, wie das funktioniert."
> - „Sie erwähnten letzte Woche, dass Sie die Entscheidung in Abstimmung mit der Abteilung xy vornehmen. Benötigen Sie für Ihre Kollegen noch Informationen?"

Und wenn es ein endgültiges Nein gibt? Dann sollten Sie nachfragen, woran es gelegen hat. Wenn es sachliche Gründe gibt, dann wird man sie Ihnen mit großer Wahrscheinlichkeit auch nennen, etwa Preis, Leistungsmerkmale, Verfügbarkeit. Dann haben Sie die Möglichkeit, Ihr Angebot beim nächsten Mal oder nächsten Kunden daraufhin zu überarbeiten. Solche Informationen sind wichtige Rückmeldungen auch für das Marketing und mehr als kostenlose Marktforschung. Erörtern Sie in diesem Zusammenhang auch die Möglichkeit, ein überarbeitetes Angebot vorzulegen bzw. bei nächster Gelegenheit noch einmal ein Angebot unterbreiten zu dürfen. Sie wissen nun schon mehr über die Anforderungen und Präferenzen des Kunden und verfügen damit über einen Wissensvorsprung gegenüber manchem Wettbewerber.

Problematisch sind allerdings Fälle, in denen es an der Chemie lag, das heißt der Kunde aus persönlichen Gründen nicht mit Ihnen zusammenarbeiten wollte. In solchen Situationen sollte man sich nicht verbiegen, um es dem Kunden doch noch irgendwie recht zu machen. Beim Nachfass wird sich aber auch keine wahrheitsgemäße Antwort ergeben, woran es denn lag. Hier müssen Sie versuchen, zwischen den Zeilen zu hören und dürfen nicht an der Qualität Ihres Angebots zweifeln.

Phase 5 – Auftrag

Der schönste Moment: Der Kunde bestellt. Aus Vertriebssicht hört die Arbeit damit nicht auf, sondern Sie sollten die Auftragsabwicklung genau verfolgen und den Kontakt halten. Jeder Kunde hat es gern, wenn sich jemand verantwortlich fühlt und nicht untertaucht, sobald der Umsatz gemacht ist. Wichtig wird dies, wenn es Verzögerungen gibt. So etwas ist immer ärgerlich und kann erhebliche Folgekosten verursachen. Wenn Sie aber frühzeitig über mögliche Verspätungen informieren, etwa wegen eines Streiks, wegen verzögerter Rohstofflieferungen, dann haben Sie auf beiden Seiten noch die Möglichkeit, etwas dagegen zu tun.

2.6 Kunden begeistern und entwickeln

a) Der Kunde lebt

Alle Vertriebs- und Verkaufsaktivitäten sind auf den Kunden ausgerichtet. Das ist heutzutage ein ziemlicher Allgemeinplatz, aber tief im Hintergrund schlummert oft noch die Vorstellung, dass die Aktivitäten auf das Produkt ausgerichtet sind. Das ist meist auch dankbarer, denn Produkte sind meist nicht so zickig wie Kunden. Im Vertrieb sollte man allerdings besonders den Kunden ins Herz schließen und versuchen, ihn zu verstehen.

Prinzipiell hat natürlich jeder Kunde andere Wünsche und Eigenarten, sodass es kein allgemeines Rezept geben kann, wie man seine Kunden glücklich macht. Es gibt aber immerhin ein paar Gemeinsamkeiten mehr oder weniger aller Kunden. So zeigt sich nämlich immer wieder, dass es einen „Lebenszyklus" der Kundenbeziehung gibt. Der Umsatz verläuft in der Regel nicht linear, sondern erreicht Hochs und Tiefs. Dementsprechend muss die Bearbeitung der Kunden angepasst werden. Das heißt: Was am Beginn ausgesprochen erfolgreich ist, versagt möglicherweise ein paar Jahre später.

Abbildung 2.6.1 zeigt ein Modell des Kundenlebenszyklus. Wichtig ist zunächst einmal, dass im großen Durchschnitt in der Anfangsphase keine nennenswerten Umsätze zu erwarten sind. Diese Zeit ist geprägt durch den Aufbau von Bekanntheit, Analyse des Marktes, Suche nach und Selektion von Kunden und weitere Aktivitäten. Leider verursacht all das schon Kosten, sodass die Deckungsbeitragskurve nach unten geht (Deckungsbeitrag = Preis − variable Kosten).

Die Umsätze kommen dann mit den ersten Kunden. Für den Vertrieb besteht die Aufgabe darin, neben der Akquisition auch an die Erhaltung der Kundenbeziehungen zu denken. Und das ist für viele ein nicht so einfach zu lösendes Problem. Während der eine Kunde noch zögert, ob er überhaupt einen Auftrag erteilen soll, will der andere schon den Kundendienst in Anspruch nehmen.

Kunden begeistern und entwickeln

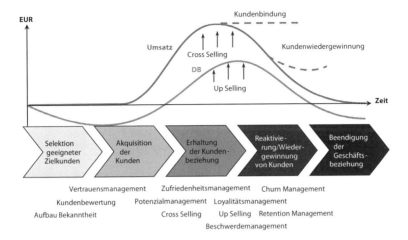

Abbildung 2.6.1: Kundenlebenszyklus

> In dieser Situation ist es dann mitunter wichtiger, im Büro ansprechbar zu sein und zuverlässig zu koordinieren, als durchs Land zu reisen und zu präsentieren. Verkäufer müssen sich dann regelrecht aufteilen und zwei Rollen ausfüllen. In der Akquisitionsphase ist dies genauso schwer wie bei Vertrieben, wenn sie nach langer Zeit mal wieder systematisch auf Akquisetour gehen.

Das Umsatzwachstum geht im Laufe der Zeit zurück, sodass die Erhaltung der Umsätze in den Vordergrund rückt. Kunden sind dann meist sehr profitabel, Möglichkeiten zum **Up Selling**, das heißt zum Verkauf höherwertiger Produkte, sollten genutzt werden. Schließlich führt der irgendwann immer zu beobachtende Rückgang der Umsätze zu einem weiteren Umdenken. Hier sind Maßnahmen zur Reaktivierung der Kunden zu entwickeln, Unzufriedenheit ist abzubauen, gegebenenfalls ist auch das Ende der Geschäftsbeziehung die richtige Lösung. Die verschiedenen Konzepte zu den Phasen der Kundenbeziehung werden im Folgenden noch erläutert, hier geht es nur um einen ersten Überblick.

b) Im Mittelpunkt: der Kundennutzen

Warum kaufen Kunden eigentlich? Und warum entscheiden sie sich gerade für ein bestimmtes Angebot? Natürlich ist es nicht möglich, eine Antwort für alle Fälle zu geben, aber es gibt immerhin etwas Gemeinsames: Kunden kaufen, wenn für sie der Nutzen eines Produkts oder einer Dienstleistung höher ist als der Preis und entsprechend entscheiden sie sich konkret für das Angebot, das dabei vorne liegt.

> Definieren Sie also frühzeitig, welchen Nutzen Sie bieten wollen, und zwar aus Kundensicht. Entscheiden Sie sich auch dafür, welche Nutzen wichtiger sind als andere. Ihre Kunden müssen das erkennen können, Ihr Konzept darf nicht zu komplex sein. Sinnvoll ist es natürlich, bevor Sie mit einem Angebot an den Markt gehen, potenzielle Kunden nach ihren Vorstellungen zu fragen. Das sollte bei allen neuen Produkten der Fall sein, aber das Produkt alleine ist es nicht, was Sie anbieten. Sie bieten auch Ihren persönlichen Service, Know-how, Zuverlässigkeit, Schnelligkeit usw. Versuchen Sie herauszufinden, was wichtig ist und was nicht, wofür Ihre Kunden zahlen würden und wofür nicht.

Als Anhaltspunkt für die Nutzendefinition können Sie sich an den folgenden allgemeinen Kriterien orientieren.

1. An erster Stelle der nutzenstiftenden Maßnahmen stehen **Leistungsvorteile**. So kann der Kundennutzen in besserer Qualität, höherer Kapazität, größerer Genauigkeit oder allgemein höherem Leistungsumfang liegen.
2. Auf der **Kostenseite** spielen eine längere Lebensdauer, geringere Unterhaltskosten, geringere Reparaturkosten oder eine einfachere Konstruktion eine Rolle.
3. Im **Servicebereich** bestehen Nutzenvorteile durch umfangreichere Leistungen, höhere Qualität und größere Flexibilität des Service.
4. Die **Bequemlichkeit** der Nutzung/des Einsatzes (Convenience) spielt vor allem bei Konsumprodukten eine starke Rolle. Kaufargu-

ment ist die Vereinfachung der Bedienung, der Verzicht auf Arbeitsvorgänge, bessere Ergonomie.
5. Der Faktor **Zeit** als Nutzendimension wird noch nicht immer als bedeutsam angesehen. Hier spielen schnellere Warenverfügbarkeit, höhere Lieferzuverlässigkeit und größere Reaktionsflexibilität eine Rolle.
6. Schließlich kann die **Kommunikation** als Nutzendimension erkannt werden. Profilierungsmöglichkeiten bestehen durch einen intensiveren Informationsaustausch, eine stärkere Integration in Entscheidungsprozesse sowie eine höhere Kommunikationsqualität.

Für jedes Produkt und jede Dienstleistung, aber letztlich auch jeden Kunden, kann auf der Basis dieser Dimensionen ein Nutzenprofil erstellt werden (Abbildung 2.6.2), bei dem Soll und Ist miteinander verglichen werden. Hieraus lässt sich dann erkennen, in welchen Bereichen die Schwerpunkte gesetzt werden sollen, wo Defizite gegenüber den Kundenanforderungen bestehen, die durch operative Maßnahmen ausgeglichen werden können. Die Profildarstellung kann auch für einen Wettbewerbsvergleich verwendet werden.

Anforderungs-Leistungs-Profil

	sehr hoch				sehr gering		
	1	2	3	4	5		
Leistung						——— = Anforderung	
Service						········ = Leistung	
Zeit							
Bequemlichkeit							
Kosten							
Kommunikation							

Abbildung 2.6.2: Anforderungs- und Leistungsprofil

In diesem Beispiel zeigt sich eine nicht unerhebliche Abweichung des Leistungsprofils vom Anforderungsprofil. Während die Produktleistung auf Seiten der Kunden die größte Rolle spielt, setzt das Unternehmen offensichtlich eher auf Zeitvorteile. Auch bei der Bequemlichkeit sind die Anforderungen höher. Für die Maßnahmenauswahl ergeben sich daraus drei Anhaltspunkte:

> Steigerung der Gesamtleistung (zum Beispiel durch ergänzende Dienstleistungen, Paketangebote mit Leistungen Dritter),
> Steigerung der Bequemlichkeit durch Übernahmen von Zusatzleistungen (zum Beispiel Finanzierung, Recycling, Installation),
> Prüfung auf Kostensenkungspotenziale durch Reduzierung der Schnelligkeit (zum Beispiel günstigere Transporte, kostenoptimale Produktionsplanung).

Checkliste 12: Worin kann der Nutzen des Angebots liegen?

> Können wir schneller liefern als Wettbewerber?
> Bieten wir bessere fachliche Beratung als Wettbewerber?
> Bieten wir alle sinnvollen Finanzierungsmöglichkeiten an?
> Sind wir erreichbar, immer wann es erforderlich ist?
> Informieren wir vorab über alle relevanten Fragen?
> Leistet unser Produkt mehr als andere?
> Bieten wir kundenindividuelle Produkte/Produktbausteine an?
> Liegt das Preis/Leistungsverhältnis unter dem des Wettbewerbs?
> Ist unser Produkt einfacher zu benutzen als andere?
> Sind die Prozesse beim Kauf bei uns einfacher als anderswo?
> Übernehmen wir formale Prozesse (Genehmigungs-, Prüf-, Anmeldeverfahren)?
> Sind die Folgekosten/Lebenszykluskosten bei uns geringer als beim Wettbewerb?
> Ist unsere Belieferung pannenfrei?
> Bieten wir kostenfreie Rücknahme von Altprodukten?
> Übernehmen wir die Einweisung in Produkte?
> Sind wir schneller als die Wettbewerber beim Kunden, wenn er sich meldet?

c) Kundenbindung

Die nächste Frage betrifft die, was Kunden eigentlich an ihren Lieferanten bindet, warum Ihr Kunde also zu Ihnen wiederkommt. Auch hier gibt es wieder mehrere Dimensionen, aus denen ein Mix eingesetzt werden kann, der die Bindung fördert.

Wechselkosten – Ein Wechsel des Lieferanten bringt Zusatzkosten mit sich, zum Beispiel für die Angebotseinholung, die Abstimmung von Prozessen, Tests mit den neuen Produkten. Oft bestehen auch vertragliche Abnahmeverpflichtungen, sodass eine Kündigung nur zu bestimmten Zeitpunkten erfolgen kann oder Konventionalstrafen fällig werden. Auch können Boni verloren gehen, die an einen Mindestbezug oder eine bestimmte Geschäftsbeziehungsdauer gebunden sind. Nicht zuletzt ist zu berücksichtigen, dass Investitionen in die alte Beziehung verloren sind (Abstimmung von Prozessen aufeinander, Austausch von Produktdaten und technischem Know-how).

Wechselrisiken – Mit einem Lieferantenwechsel sind auch Geschäftsrisiken verbunden. So entstehen neue mögliche Fehlerquellen, weil Prozesse aufeinander abgestimmt und Daten übertragen werden müssen. Materialien und Produktteile müssen auf ihre Kompatibilität hin geprüft und gegebenenfalls angepasst werden. Damit verbunden ist das Risiko von Ausfallzeiten, notwendigen Nachbesserungen oder auch von Produkthaftungsfällen.

Zufriedenheit – Die Kundenzufriedenheit steht aus Marketingsicht im Mittelpunkt der Bemühungen, ist aber nicht das alleinige Kriterium im Rahmen einer Entscheidung über den Wechsel der Lieferbeziehung. Geringe Zufriedenheit erhöht die Wechselbereitschaft, kann aber beispielsweise durch Wechselkosten überkompensiert werden.

Vertrauen – Dieser Komponente wird meist noch zu wenig Bedeutung beigemessen. Sie steht letztlich für die Qualität der persönlichen Beziehung, ist somit eine vergleichsweise subjektive Komponente. Eine Vertrauensbasis zwischen Käufer und Verkäufer ist in der Lage, Nachteile im Leistungsbereich zu kompensieren. Sie entsteht durch persönliches Einfühlungsvermögen, glaubwürdiges Verhalten und Fachkompetenz. Je länger eine Geschäftsbeziehung ist, desto größer sind die Chancen einer guten Vertrauensbasis. Diese Komponente hat vor allem auf den Bereich der Online-Aktivitäten Auswirkungen.

Spezifität – Individuelle Leistungen des Lieferanten erhöhen die Kundenbindung, weil sie von Wettbewerbern meist nicht schnell nachgeahmt werden können und ein Symbol für das Interesse des Lieferanten an der Geschäftsbeziehung darstellen. Spezifität kann sich in kundenindividuellen Varianten äußern, in der Fertigung von Eigenmarken für einen Kunden, aber auch in speziellen Vertragsbedingungen, die auf die Situation des Kunden zugeschnitten sind.

Sehen wir uns den wichtigen Faktor der Spezifität näher an. Aus Anbietersicht geht es dabei im Wesentlichen um Investitionen in die folgenden Positionen:

> kundenspezifische Produktionsanlagen und -verfahren (Maschinen mit besonderen Fähigkeiten, Umrüsten vorhandener Anlagen usw.), zum Beispiel zur Erzielung kundenspezifischer Qualitätsniveaus, Fertigung kundenindividueller Größen-, Form-, Farbvarianten.
> Mitarbeiter mit kundenspezifischem Know-how (spezielle Ausbildung für das Kundengeschäft, individuelle Ansprechpartner usw.), zum Beispiel um die Kommunikation zu verbessern oder speziellen Anforderungen zu entsprechen.
> kundenspezifische Kapazitäten (Sonderlager mit Ware nur für einen Kunden, Freihalten von Kapazitäten für eventuelle Nachfragemengensteigerung), zum Beispiel zur Erhöhung der Lieferbereitschaft.
> kundenspezifische Entwicklung (Übernahme von Entwicklungstätigkeiten für den Kunden), zum Beispiel zur Individualisierung der Fertigung.
> kundenspezifische Kommunikationswege (Aufbau individueller EDI-Verbindungen [elektronischer Datenaustausch], Übernahme

kundenbezogener Datenformate usw.), zum Beispiel um Fehlerquellen auszuschließen und die Kommunikation zu intensivieren.
> kooperative Marketingmaßnahmen (gemeinsamer Marktauftritt, Übertragung von Nutzungsrechten an Marken – auch als **Ingredient Branding** – usw.), um die Wahrnehmung der Zusammenarbeit zu stärken und Nachfrage zu schaffen.
> kundenspezifische Standorte (Produktion bzw. Lager am Werkstor usw.), um Transaktionskosten und -risiken zu senken.

Beispiele: Ein Lieferant von einfachen Bauteilen bietet neben der Lieferung der an sich einfachen Produkte auch den Aufbau von Vorrichtungen für die Zuführung und Lagerung an der Produktionsstraße an. Der Kunde spart sich damit die Zusammenarbeit mit einem weiteren Lieferanten beziehungsweise eigene Arbeiten im Engineering. Wenn die Komplettversorgung reibungslos funktioniert, wird er bei diesem Lieferanten bleiben.

Ein Hersteller von Werkstattbedarf beliefert im Wesentlichen kleine Werkstattbetriebe, die von Meistern ohne allzu großes kaufmännisches Wissen geführt werden. Er erkennt diese Wissenslücke und die finanziellen Probleme und bietet daher betriebswirtschaftliche Beratung und Unterstützung im Marketing an. Die Ertragslage der Betriebe bessert sich dadurch, sie kaufen mehr ein und bleiben dem Lieferanten treu, um sich das Know-how zu sichern.

Ein IT-Serviceunternehmen verkauft Software, lebt aber im Wesentlichen von Beratungs- und Wartungsleistungen. Es bewertet seine Kunden systematisch und stellt für bevorzugte Kunden einen Mitarbeiter ab, der neben seiner normalen Tätigkeit in einer Art Rufbereitschaft steht. Hat der bevorzugte (A-) Kunde ein Problem, steht der Mitarbeiter sofort zur Verfügung, andere Arbeiten müssen warten. Der Kunde hat damit eine Verfügbarkeit, wie sie sonst nur mit einem eigenen Mitarbeiter zu erreichen ist. Gleichzeitig ist er aber flexibel und muss nur die in Anspruch genommenen Leistungen bezahlen.

d) Kundenzufriedenheit

Der „richtige" Kundennutzen ist die Voraussetzung für den Aufbau einer Kundenbeziehung. Mit der Erfahrung entsteht dann Kundenzufriedenheit oder auch -unzufriedenheit. Zufriedene Kunden haben dann das Potenzial, profitable Stammkunden zu werden und auch weitere Kunden zu werben, das heißt Empfehlungen zu geben. Kundenzufriedenheit kann damit als das zentrale Ziel von Marketing und Vertrieb angesehen werden.

Die Kundenzufriedenheit ist eine ausgesprochen komplexe Größe, die nicht nur von der angebotenen Leistung, sondern auch vom Nachfrager und situativen Faktoren beeinflusst wird. So ist es nicht möglich, allen Kunden die gleichen Anforderungen zuzuschreiben, auch gibt es viele Situationen, in denen unterschiedliche Anforderungen eine Rolle spielen. Immer müssen gewünschte und gebotene Leistungen im Einklang sein.

Beispiel: Ein Geschäftsreisender übernachtet in einem zentral gelegenen Hotel in einer Großstadt. Er reist mit der Bahn und besucht ein Unternehmen, das seinen Sitz in der Innenstadt hat. Sein Zimmer sieht er nur zum Schlafen, wichtig sind ihm ein gutes Bett, Internetzugang und eben die Lage. Das Hotel bietet ihm das, das Frühstück ist ganz ordentlich, Ein- und Ausschecken geht schnell. Also ist er zufrieden und würde wiederkommen. Ein paar Monate später macht er mit seiner Frau eine Städtereise dorthin. Da er das Hotel kennt, sucht er nicht nach Alternativen. Jetzt fällt den beiden auf, dass es dort recht laut, das Zimmer nicht sonderlich gemütlich und der Empfang auch eher „businessmäßig" ist. Frühstück gibt es nur bis zehn Uhr, insgesamt ist man eher unzufrieden. Für den Hotelier ist die Aufgabe schier unlösbar, alle Kunden zufriedenzustellen. Sicher kann er an den Erwartungen etwas tun und das Hotel als Geschäftshotel bezeichnen, ob es wirklich hilft, bleibt aber unklar.

Ein Umstand verschärft das Problem der Kundenzufriedenheit und ihrer Ermittlung noch: Es gibt nämlich relevante Faktoren auf unterschiedlichen Ebenen. Sicher haben Sie auch schon festgestellt, dass Sie bestimmte Leistungen als Kunde für selbstverständlich ansehen und auch nicht bereit sind, sich deswegen als besonders zufrieden zu bezeichnen. Stimmt dabei aber etwas nicht, dann werden Sie schnell unzufrieden. Ungerecht, nicht? Zumindest aus Sicht des Anbieters.

Das Gegenstück gibt es natürlich auch. So waren Sie sicher schon begeistert als Kunde, weil irgendetwas ganz Herausragendes geleistet wurde. Das machte Sie sehr zufrieden. Wenn es beim nächsten Mal fehlt, werden Sie aber nicht gleich unzufrieden, es fällt Ihnen wahrscheinlich gar nicht auf, dass da noch etwas sein könnte.

Gerade im Dienstleistungsbereich gibt es eine Vielzahl solcher Leistungen, die aus dem Rahmen fallen. Entsprechend wird auch viel über Dienstleister geredet, ob man im Urlaub zufrieden war, beim Arzt, in der Werkstatt usw. Ein Fruchtjoghurt oder ein Regal geben nicht so viel her.

Unterscheiden Sie daher in Anlehnung an das Kano-Modell (vgl. zum Beispiel Bailom/Hinterhuber/Matzler/Sauerwein 1996) die drei Leistungsebenen:

Mindestleistungen – Das sind die Leistungen, die ein Kunde stillschweigend erwartet, für selbstverständlich erachtet. Er wird keine entsprechenden Anforderungen formulieren, weil er es nicht für nötig hält. Werden die Leistungen gut erbracht, passiert nichts. Geht etwas schief, wird er Ärger machen, sich sehr enttäuscht zeigen.

Beispiele in einem Hotel: freundlicher Empfang, funktionierende sanitäre Einrichtungen, Fernseher im Zimmer, nicht quietschende und nicht durchgelegene Betten.

Normalleistungen – Hierzu gehören Leistungen, die gezielt gefördert werden (können), über die das Angebot im Kaufvertrag oder in der Werbung definiert wird. Sie werden vom Kunden kritisch betrachtet und können zu hoher Zufriedenheit wie auch zur Unzufriedenheit führen. Fehlt eine Normalleistung, liegt ein zu behebender Mangel vor. Werden alle Leistungen vollständig und fehlerfrei erbracht, kann dies Grundlage für Empfehlungen sein.

Beispiele in einem Hotel: umfangreiches Frühstücksbuffet, angemessene Zimmerausstattung, Vorhandensein versprochener Ausstattungen, Verfügbarkeit von Getränken im Haus, Personal mit Fremdsprachenkenntnissen.

Begeisterungsleistungen – Diese werden vom Kunden nicht erwartet, sondern überraschend erbracht. Sie beziehen sich meist auf eine bestimmte Situation und lassen sich üblicherweise nicht vorab definieren. Allein ihre Existenz führt zu hoher Zufriedenheit und entsprechender Bereitschaft zum Wiederkauf und zu Empfehlungen.

Beispiele in einem Hotel: Bereitstellung spezieller Mahlzeiten, die nicht bestellt oder versprochen waren, spezielle Auskünfte durch das Hotelpersonal, technische Ausstattung, die nicht in Rechnung gestellt wird, Kaffeeautomat zur freien Benutzung.

Bedenken Sie auch, dass viele Leistungen als Begeisterungsleistungen anfangen und dann im Laufe der Zeit zu Normalleistungen werden. So wird in Stadthotels in wachsendem Maße ein WLAN-Zugang im Zimmer erwartet, Begeisterung weckt dies kaum noch.

Abbildung 2.6.3 zeigt, wie die Erfüllung der Mindest-, Standard-, Begeisterungsanforderungen durch Mindest-, Normal- und Begeisterungsleistungen zur Zufriedenheit beiträgt. Begeisterungsanforderungen nicht zu erfüllen, schadet kaum. Werden sie erfüllt, dann steigt die Zufriedenheit stark. Mindestanforderungen nicht zu erfüllen, schadet stark. Sie zu erfüllen, führt aber nicht zu einer besonders hohen Zufriedenheit.

Kunden begeistern und entwickeln

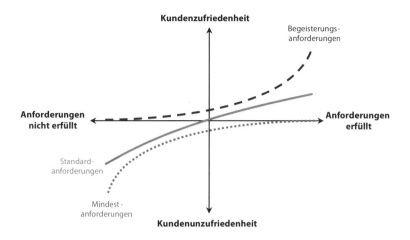

Abbildung 2.6.3: Kano-Modell

Wenn Sie nun einem Kunden ein bestimmtes Leistungspaket anbieten, dann verhandeln Sie nur über die Normalleistungen. Sie müssen selbst sicherstellen, dass es bei den Mindestleistungen keine Risiken gibt und sollten auch eine Idee haben, wie Sie Ihren Kunden begeistern können. Letzteres lässt sich nie exakt planen, mitunter ergibt sich eine Gelegenheit ganz zufällig. Dafür muss eine grundlegende Flexibilität und Einsatzbereitschaft in der Organisation vorhanden sein. Eine Begeisterungsleistung kann auch kleine Mängel bei den Normalleistungen ausgleichen. Je ambitionierter die Normalleistungen definiert werden (aus Sicht der Akquisition hilfreich), desto schwieriger ist es, eine Begeisterungsleistung zu erbringen.

Beispiele für Begeisterungsleistungen:

Eine Autowerkstatt hat bei einer größeren Reparatur vergessen, neue Reifen aufzuziehen, wie vereinbart war. Der Kunde hat zusätzlichen Aufwand für eine weitere Anfahrt und Zeit. Als Ausgleich schenkt ihm die Werkstatt zwei Gutscheine für Eintrittskarten in eine Konzerthalle. Der Abend wird sich dann als „von der Werkstatt xy gesponsert" im Gedächtnis verankern, der Ärger mit der mangelhaften Normalleistung verfliegt.

Ein Hotelgast befindet sich auf einer Rundreise und fragt an der Rezeption eines Hotel, das zu einer nationalen Kette gehört, nach einem Hotel an seinem nächsten Zielort. Die Rezeptionistin versucht, in einem anderen Hotel der Kette ein freies Zimmer zu finden, jedoch vergebens. Da der Gast die Landessprache nicht spricht, recherchiert sie im Internet nach anderen Möglichkeiten und reserviert ihm ein Zimmer bei einer anderen Hotelkette.

Ein Außendienstmitarbeiter ist für die Betreuung selbstständiger Elektrofacheinzelhändler in zwei Landkreisen zuständig. Er kennt seine Kunden, besucht sie zuverlässig und kümmert sich um Reklamationsfälle und kleinere Verkaufsförderungsmaßnahmen. Insgesamt sind seine Produkte recht unproblematisch. Seine Handelskunden haben stark mit großen Ketten zu kämpfen, ihnen fehlen aber Ideen und Konzepte, um sich dagegen zu wehren. Da der Außendienstler alle Geschäfte genau kennt, weiß er, was wo läuft und was nicht. Also gibt er seinen Kunden Tipps, wo sie Preise verändern oder das Sortiment ergänzen sollten. In ganz schweren Fällen besorgt er Prospekte von anderen Lieferanten, sofern sie nicht direkt konkurrieren, und ruft schon mal den dortigen Kollegen an.

Sie können sich sicher vorstellen, dass die beschriebenen Kunden höchst zufrieden waren und gerne wieder Kunde werden. Allerdings ergibt sich nicht immer die Möglichkeit zu solchen Leistungen, vor allem im ganz alltäglichen Produktgeschäft.

> Erstellen Sie für Ihr Angebot einen Leistungsplan, der die drei Ebenen Minimal-, Normal- und Begeisterungsleistung enthält. Er wird sich vor allem auch für die interne Kommunikation eignen, wenn Sie Ihren Mitarbeitern kommunizieren möchten, welche Leistungen sie erbringen müssen und ihnen Beispiele geben, wie sie Kunden begeistern können.

e) Ermittlung der Kundenzufriedenheit

Wie kann nun die Zufriedenheit gemessen werden, und zwar so, dass sich daraus Hinweise auf gegebenenfalls erforderliche Maßnahmen ableiten lassen? Wir werden uns hier mit einigen Möglichkeiten beschäftigen. Beachten Sie, dass eine „richtige" Zufriedenheitsermittlung die Basis eines ganzen Marketing- und Vertriebskonzepts sein kann! So können Sie erfahren, was Ihren Kunden wichtig ist, was sie vermissen und wie Sie im Vergleich zu Wettbewerbern dastehen.

Grundsätzlich lassen sich im Zusammenhang mit der Kundenzufriedenheit **Global-** und **Detailurteile** unterscheiden. Erstere beziehen sich nur auf die Kundenzufriedenheit allgemein, Letztere auf einzelne Bausteine dafür. Wenn Sie also fragen „Waren Sie mit unseren Leistungen zufrieden?", dann ist das ein Globalurteil, leicht zu fällen, aber wenig aussagefähig, wenn es um Anregungen für eine Steigerung der Zufriedenheit geht.

Um etwas darüber zu erfahren, warum ein Kunde zufrieden oder unzufrieden ist, müssen Detailurteile abgefragt werden. Dabei wird die Zufriedenheit in einzelne Bestandteile zerlegt, etwa die Qualität, die Umstände der Lieferung und den Service. Für den Kunden wird es dadurch schwerer, ein Urteil zu geben, aber Sie erhalten verwertbare Anregungen.

Eine Alternative zur direkten Frage nach der Kundenzufriedenheit ist die nach der **Empfehlungsabsicht**. In diesem Fall soll damit eine Umkehr in der Steuerung des Unternehmens weg vom reinen Umsatz hin zur Kundenzufriedenheit erfolgen. Wobei sich die Zufriedenheit in Empfehlungen niederschlagen und damit den Umsatz steigern soll.

Die Kunden werden dafür gefragt, ob sie das Unternehmen weiter empfehlen würden. Diese eine Antwort verursacht keinen hohen Aufwand und wird von den meisten Kunden bereitwillig gegeben.

Solche Kundenzufriedenheitsurteile werden in einer wachsenden Zahl von Unternehmen auch als Basis für die Entlohnung verwendet. Vor allem dann, wenn es einen direkten Kontakt zwischen Mitarbeitern und Kunden gibt, lässt sich das Ergebnis als Grundlage einer variablen Entlohnung verwenden. Auch Führungsebenen, die ansonsten in der Regel nur Umsatz und Gewinn als Bezugsbasis kennen, werden über die Zufriedenheit gesteuert. In Autohäusern steigt oft auch der Händlerrabatt mit der Kundenzufriedenheit.

> Verlassen Sie sich nicht darauf, die Kriterien der Kundenzufriedenheit zu kennen. Oft denken Kunden ganz anders als die Hersteller. So wird oft der Preis als wesentlich weniger wichtig erachtet als die Anbieter denken. Autowerkstätten hatten lange Zeit die Bedeutung der Ausfallzeit des Wagens unterschätzt. So kamen sie nicht bzw. zu spät auf die Idee, die Reparaturzeiten zu verkürzen, Leihwagen anzubieten oder einen Hol- und Bringservice einzurichten. Um solchen Irrtümern vorzubeugen, bietet es sich an, unstrukturierte Befragungen vorzunehmen, zum Beispiel im Rahmen einer Gruppendiskussion. Dabei werden Kunden eingeladen, in ungezwungener Atmosphäre über ihre Erlebnisse zu berichten und Vorschläge zu erarbeiten. Solche Runden entfalten eine erfrischende Kreativität und führen viele auch unbewusste Gedanken zu Tage.

Ein bekanntes Konzept zur Ermittlung der Kundenzufriedenheit stellt das **SERVQUAL-Modell** von Zeithaml/Parasuramam/Berry (1992, S. 34-37) dar. Es wurde entwickelt, um die Qualität von Dienstleistungen zu ermitteln und berücksichtigt umfangreich Zufriedenheitsfaktoren (Abbildung 2.6.4).

Die zehn Zufriedenheitsfaktoren wurden empirisch ermittelt. Die Autoren betonen jedoch, dass sie nicht unabhängig voneinander sind. Das stellt sich als problematisch heraus, wenn man sie direkt in ein Schema zur Ermittlung der Kundenzufriedenheit umsetzen wollte. Dann würde mitunter der eine oder andere Faktor unbeabsichtigt übergewichtet. Diese Faktoren beeinflussen die erwarteten und erlebten Serviceleistungen. Was der Kunde erwartet, wird durch vier Schlüsselerwartungen bestimmt. In der konkreten Situation vergleicht der Kunde die erlebte mit der erwarteten Leistung. Stimmt beides überein, dann wird eine hohe Qualität wahrgenommen, der Kunde ist zufrieden. Liegen die Erwartungen über den Erlebnissen, stellt sich eine Unzufriedenheit ein, die Qualität wird als nicht ausreichend empfunden.

Kunden begeistern und entwickeln

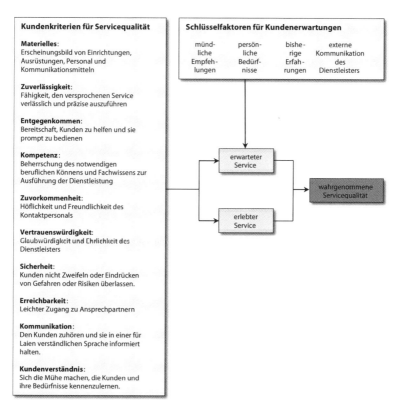

Abbildung 2.6.4: SERVQUAL-Modell
(Zeithaml/Parasuramam/Berry 1992, S. 37)

Dieses Konzept ist auf Dienstleistungen ausgerichtet, stellt deswegen die Bewertung menschlicher Faktoren in den Vordergrund. Der Dienstleistungsanbieter kann auf der Basis die einzelnen Leistungsparameter besser auf die Kundenanforderungen ausrichten, vor allem das Verhalten der Mitarbeiter.

In anderen Branchen müssen andere Konzepte zum Einsatz kommen, die zum Beispiel die Leistung der hergestellten Produkte mit einbeziehen. Ein für das industrielle Geschäft geeigneter Ansatz stammt von Homburg. Er unterscheidet die Kundenzufriedenheitsdimensionen Leistungs-

177

angebot und Interaktionsverhalten mit dem Kunden. Diese Dimensionen werden aufgeschlüsselt in Faktoren und Indikatoren, die eine empirische Erhebung ermöglichen (Abbildung 2.6.5).

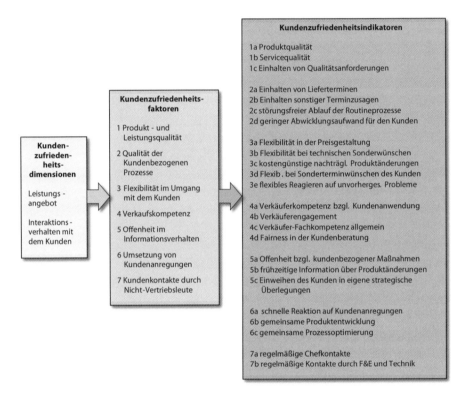

Abbildung 2.6.5: Kundenzufriedenheitsmodell von Homburg

Grundsätzlich muss jedes Unternehmen selbst herausfinden, welche Faktoren jeweils relevant sind. Da letztlich der Kunde entscheidet, muss aus der Sicht des Kunden entschieden werden.

Beispiel: Angenommen, Sie sind Finanzberater und möchten die Zufriedenheit Ihrer Kunden ermitteln. Dabei sollten Sie unter anderem an folgende Faktoren denken, die für Ihre Kunden wichtig sein können:

Ambiente	Ist die Atmosphäre der Räumlichkeiten angenehm?
	Können die Beratungsgespräche in Ruhe durchgeführt werden?
	Ist das Umfeld der Büroräume angemessen (Straßen, Gebäude)?
Empfang	Wurden Sie freundlich empfangen?
	Mussten Sie auf Ihr Gespräch warten?
	Haben sich die Mitarbeiter bei Ihnen vorgestellt?
Beratung	Wurde Ihnen der Ablauf der Beratung vorab erläutert?
	Waren die Inhalte der Beratung verständlich?
	Wurde auf Ihre Situation/Ihre Wünsche eingegangen?
	Glauben Sie, dass Ihre Interessen im Mittelpunkt stehen?
	Wurden Ihre finanzielle Situation und Ihre Ziele analysiert?
	Wurden Ihnen Risiken erläutert?
	Fühlten Sie sich irgendwann einmal überrumpelt?
	Haben Sie einen roten Faden in der Beratung erkannt?
	Wurden Zwischenfragen erläutert?
	Sind Ihnen die Gebühren erläutert worden?
	Glauben Sie, dass alles zu schnell ging?
	Wurde Ihnen das Gesprächsprotokoll ausgehändigt?
	Wurden Ihnen zu den einzelnen Anlageprodukten schriftliche Produktinformationen ausgehändigt?
	Wurde die weitere Vorgehensweise mit Ihnen besprochen?
Berater	Halten Sie Ihren Berater für fachlich kompetent?
	Fanden Sie die Gesprächsatmosphäre angenehm?
	Glauben Sie, dass der Berater auf Ihrer Seite steht?
	Ist Ihnen der Berater sympathisch?

Tabelle 2.6.1: Fragen zur Kundenzufriedenheit in der Anlageberatung

Sie können an den Fragen erkennen, dass auch mögliche Kritikpunkte, die in der Branche häufiger auftreten, direkt angesprochen werden. Viele Unternehmen verzichten auf solche Themen, um dem Kunden nicht das Gefühl zu vermitteln, dass es da und dort irgendwelche Probleme gibt. Das ist verständlich – aber wie soll man Schwachpunkte finden, wenn man sie prinzipiell ignoriert? Im Bereich der Anlageberatung besteht oft das Problem der Überforderung, weil Berater mit Fachbegriffen um sich werfen und es zu wenig Zeit zum Überlegen gibt. Ein Vertrauensverhältnis stellt sich oft nicht ein und der Kunde kommt nicht mehr wieder. Darüber muss der Berater schnell informiert werden, um sein Verhalten zu ändern. Eine direkte Befragung nach dem Gespräch kann dabei helfen.

Der Einsatz eines Kennzahlensystems zur Ermittlung der Kundenzufriedenheit

Die größte Herausforderung besteht nach wie vor in der Operationalisierung der Zufriedenheit. Während einzelne Merkmale der technischen Produktqualität wie Lebensdauer oder Reißfestigkeit zuverlässig gemessen werden können, ist dies bei der Kundenzufriedenheit nicht der Fall. Die oben dargestellten Modelle zeigten schon, wie komplex die Erfassung werden kann.

Ein unzufriedener Kunde ist am zuverlässigsten daran zu erkennen, dass er nicht mehr Kunde ist, aber dann hilft auch das Messen nicht mehr. Viel sinnvoller ist es daher, mit Vorlaufindikatoren zu arbeiten, die frühzeitig auf eine mögliche Unzufriedenheit hinweisen. Dazu gehören beispielsweise

> ➤ das **Zahlungsverhalten** – Je später der Kunde zahlt, je öfter er auch das Zahlungsziel überzieht, desto unzufriedener dürfte er sein: Viele Kunden nutzen nämlich die verspätete Zahlung als stillen Protest, um sich für eine schlechte Leistung zu rächen, unter dem Motto: Wenn ich mich auf Euch nicht verlassen kann, dann Ihr Euch auch nicht auf mich!

- das **Reklamationsverhalten** – Noch die hilfreichste Möglichkeit, um einer Unzufriedenheit zu begegnen. Während einzelne Reklamationen sich nicht vermeiden lassen, deuten Häufungen bei einzelnen Merkmalen bzw. einzelnen Kunden auf Unzufriedenheit hin.
- die **Auftragsgrößen** – Wenn Kunden in immer kleineren Größen bestellen, drücken sie damit ihre Vorsicht aus, sie wollen keine Vorräte anlegen, weil sie eher auf dem Sprung zu anderen Lieferanten sind. Oft wollen sie auch eine Nachfrage des Vertriebs provozieren, um dann über ihre Unzufriedenheit berichten zu können.
- der **eigene Lieferanteil** – Wenn Kunden unzufrieden sind, verlagern sie ihre Käufe kontinuierlich auf andere Lieferanten, Privatkunden reagieren meist drastischer. Ist erkennbar, dass andere Lieferanten stärker zum Zuge kommen, besteht immer noch die Möglichkeit, nach den Gründen zu fragen.
- das **Empfehlungsverhalten** – Empfehlungen sind Ausdruck der Zufriedenheit. Erfolgen sie nicht mehr, könnte dies auf Unzufriedenheit zurückzuführen sein.

Diese Indikatoren lassen sich über die Berechnung von Kennzahlen laufend verfolgen. Aber auch sie sind nur einzelne Indikatoren und lassen keine eingehendere Ursachenanalyse zu. Sie wollen ja auch wissen, warum es zu Reklamationen kommt, warum die Aufträge immer kleiner werden.

Um den Ursachen auf den Pelz zu rücken, sind all die Faktoren zu ermitteln, die auf die Kundenzufriedenheit Einfluss nehmen, und zwar aus Kundensicht. In einem weiteren Schritt sind die Zusammenhänge zu analysieren, weil es meist umfangreiche Wechselwirkungen gibt. Daraus ergibt sich ein vernetztes System von Einflussfaktoren, das Grundlage für die Entwicklung eines Kennzahlensystems für die Kundenzufriedenheit ist.

Da die jeweiligen Größen bei den Kunden abgefragt werden müssen, müssen Sie auf Operationalität achten. Beispielsweise nutzt die Frage nach der „Qualität" wenig, wenn nicht klar ist, was die Kunden mit Qualität verbinden: Lebensdauer? Sicherheit? Stabilität? Serviceleistungen?

Abbildung 2.6.6 zeigt ein Beispiel für ein vernetztes System von Einflussgrößen auf die Kundenzufriedenheit in einem Industrieunternehmen. Zu berücksichtigen ist, dass die Kunden jeweils Unternehmen bzw. ihre Einkäufer sind, sodass die Entscheidungen sehr rational ablaufen. Daher spielen viele, vor allem sachliche Faktoren eine Rolle.

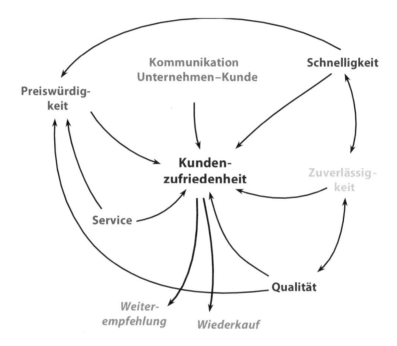

Abbildung 2.6.6: Grundstruktur eines Kundenzufriedenheitskennzahlensystems

Im Rahmen mehrerer Diskussionen innerhalb des Unternehmens und in Gesprächen mit Kundenvertretern konnten die Preiswürdigkeit, die Kommunikation (insbesondere des Vertriebs mit dem Einkauf), die Schnelligkeit (der Lieferung sowie der Reaktion auf Anfragen und Reklamationen), die Zuverlässigkeit, die Produktqualität und der Service als Faktoren identifiziert werden. Weiterempfehlung und Wiederkauf sind die Resultate der Zufriedenheit. Das Diagramm zeigt zudem noch an, in welchen Richtungen Einflüsse zwischen den Faktoren bestehen.

Damit ist der erste Schritt erledigt. Allerdings stellt sich schnell heraus, dass die gefundenen Faktoren nicht sonderlich operational sind. So kann man niemanden fragen, ob er mit der Kommunikation zufrieden ist, weil einer an Werbemaßnahmen denkt, ein anderer an den persönlichen Kontakt. Zudem kann es um die Freundlichkeit, die Schnelligkeit oder den Umfang gehen. Die Einflussfaktoren müssen daher weiter präzisiert werden, sodass sie zweifelsfrei erhoben werden können. Was dabei herauskommt, zeigt Abbildung 2.6.7.

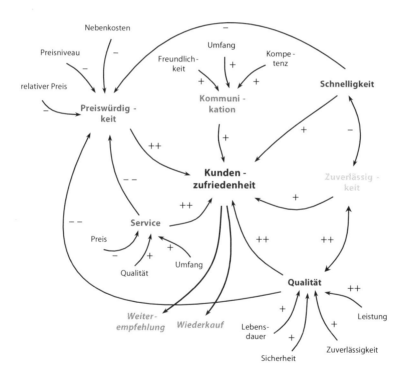

Abbildung 2.6.7: Detailstruktur eines Kundenzufriedenheitskennzahlensystems

Das System sieht nun viel komplizierter aus. Die Zeichen an den Pfeilen geben jeweils an, ob der Einfluss positiv oder negativ ist, ein besonders starker Einfluss ist durch zwei Zeichen gekennzeichnet. Nun haben Sie den Fragebogen für die Kundenzufriedenheit schon fast fertig. Es muss zwar noch alles in eine lineare Form gebracht werden, aber die Inhalte stehen schon einmal fest. Darüber hinaus haben Sie ein Instrument in der Hand, um systematisch an der Kundenzufriedenheit zu arbeiten, was auch die Kommunikation mit den Mitarbeitern bei diesem Thema erleichtert.

Die folgende Tabelle 2.6.2 zeigt ein Auswertungsbeispiel. Hier wurde mit einer 5er-Skala gearbeitet, bei der 1 für „schlecht" bzw. „unzufrieden" steht und 5 für „sehr gut" bzw. „sehr zufrieden". Die Freundlichkeit wurde beispielsweise mit „mittel" bewertet, entsprechend gab es im Schnitt 3 Punkte. Kompetenz und Umfang der Kommunikation wurden eine Stufe besser bewertet. Mit den angegebenen Prozentzahlen gewichtet ergeben sich dann 3,80 Punkte. Da die Kommunikation insgesamt mit 10 % gewichtet ist, trägt sie 0,38 Punkte zur Kundenzufriedenheit bei.

Kriterium	Gewicht	Punktbewertung	Punktzahl (Gewicht x Punkte)
Kommunikation	10 %	3,80	0,38
Freundlichkeit	20 %	3	
Kompetenz	50 %	4	
Umfang	30 %	4	
Preiswürdigkeit	24 %	2,00	0,48
relativer Preis	60 %	2	
Preisniveau	20 %	3	
Nebenkosten	20 %	1	
Schnelligkeit	8 %	5,00	0,40
Qualität	35 %	3,35	1,18

Lebensdauer	20 %	4	
Sicherheit	15 %	3	
Zuverlässigkeit	25 %	2	
Leistung	40 %	4	
Zuverlässigkeit	6 %	5,00	0,30
Service	17 %	3,10	0,53
Servicepreis	25 %	4	
Servicequalität	20 %	5	
Serviceumfang	55 %	2	
Gesamt	100 %		3,27

Tabelle 2.6.2: Auswertungstabelle eines Kundenzufriedenheitskennzahlensystems

Ein solches Verfahren ist natürlich sehr aufwendig. Vor allem eignet es sich kaum für eine regelmäßige Durchführung von Zufriedenheitsmessungen, allein schon wegen der Kosten für die Befragungen. Häufig werden daher einfacher konstruierte Indizes berechnet.

Ermittlung von Kundenzufriedenheitsindizes

Ein Kundenzufriedenheitsindex enthält meist zwei Komponenten: die Wichtigkeit der Zufriedenheitskriterien und das Maß der Zufriedenheit bei diesen Kriterien. Die Berücksichtigung der Wichtigkeit ist von Bedeutung, um die Zufriedenheitssteigerung bei unwichtigen Kriterien verhindern zu können.

Zu Beginn ist festzustellen, welche Kriterien für die Kunden relevant sind. Im Allgemeinen kommen Faktoren wie Preis, Qualität, Schnelligkeit, Zuverlässigkeit, Freundlichkeit usw. infrage. Gegebenenfalls müssen hierzu vorab Befragungen bei Kunden vorgenommen werden (wichtig: Offene Fragen sind erforderlich!). Dann folgen methodische Entscheidungen.

Dies betrifft vor allem die Art der Frageformulierung und die Auswahl von Skalen.

Tabelle 2.6.3 zeigt ein einfaches Beispiel zur Berechnung eines Kundenzufriedenheitsindexes. Fünf Faktoren werden als relevant erachtet. Die Wichtigkeit der Kriterien muss so verteilt werden, dass sich insgesamt 100 Prozent ergeben. Das Ausmaß der Zufriedenheit bei den einzelnen Kriterien wird über den Erfüllungsgrad erfasst.

Die Kunden werden aufgefordert, bei höchster Zufriedenheit 100 Prozent zu vergeben, bei mittlerer Zufriedenheit 50 Prozent usw. Diese Werte werden dann mit den Gewichten multipliziert. Die Summe ist dann der Zufriedenheitsindex, der zwischen 0 und 100 Prozent liegen kann. Hier liegt er bei 80 Prozent.

Kriterium	Wichtigkeit	Erfüllungsgrad	Indexwerte
Preis	20 %	60 %	12 %
Qualität	40 %	95 %	38 %
Service	10 %	80 %	8 %
Freundlichkeit	10 %	40 %	4 %
Lieferschnelligkeit	20 %	90 %	18 %
Summe	100 %		80 %

Tabelle 2.6.3: Beispiel zur Ermittlung eines Kundenzufriedenheitsindexes

f) Neue Formen der Zusammenarbeit mit Kunden

Stellen Sie sich vor, Sie benötigen für ein batteriebetriebenes Gerät drei Batterien. Wenn Sie in einen Laden gehen, werden Ihnen meist 4er-Packs angeboten. Meistens passen die ganz gut, aber nicht immer. So bleibt eine Batterie übrig. Erst bei drei Paketen geht es wieder auf, dann haben Sie vier Batteriesätze. Ärgerlich, nicht? Man hätte ja mal fragen können, wie viele benötigt werden ...

Über IKEA haben Sie gerade im Zusammenhang mit Marketing und Vertrieb sicher schon viel gehört. Der Grundtenor ist immer wieder: Der Kunde muss seine Möbel selbst zusammenbauen, dafür spart IKEA erhebliche Montage-, Liefer- und Lagerkosten. Das Verhältnis von Kunde und Anbieter hat sich dadurch zumindest in der Möbelbranche deutlich verändert. Wurden früher Möbel grundsätzlich ins Haus geliefert und dort aufgebaut, sieht es nun ganz anders aus. Und der Kunde macht mit und findet oft genug auch noch Gefallen daran, das Ladevolumen seines Privatwagens auszureizen und sich als Konstrukteur zu versuchen. Das Prinzip, einen Teil der eigenen Leistungen des Herstellers und Händlers auf den Kunden zu übertragen, hat die ganze Branche revolutioniert. Heute kommt kaum ein Händler darum herum, nicht wenigstens eine Abteilung mit Abholmöbeln einzurichten.

Ob der Begriff der Zusammenarbeit hier gerechtfertigt ist, mag vor allem auch mit der Erfolgsquote beim Aufbau von Schränken und Regalen zusammenhängen. Auf jeden Fall wurde darüber nachgedacht, wie man die Schnittstelle zum Kunden gestalten und wer was besser beziehungsweise billiger tun kann. Oft genug steckt in solchen Überlegungen ein ganz erhebliches Potenzial für den Vertriebserfolg, wobei es nicht immer gleich eine solchermaßen revolutionäre Veränderung sein muss.

Die Handelskette dm drogeriemarkt führte für bestimmte Lieferanten die Möglichkeit ein, die Liefermengen an das Zentrallager selbst zu disponieren. Dies ist eine wesentliche Erleichterung, weil dadurch die Liefermengen an die Transportkapazitäten angepasst werden konnten. So kann der Lieferant entscheiden, ob ein ganzer Lastwagen auf den Weg gebracht wird oder nur eine Beiladung. Dass die Warenverfügbarkeit sichergestellt werden muss, versteht sich dabei von selbst. Besonders unwirtschaftliche Lieferungen lassen sich aber vermeiden, ebenso Engpässe, weil der Kunde nicht rechtzeitig bestellte.

Ein solches System setzt ein hohes Maß an Vertrauen und Verantwortungsbereitschaft voraus. Es klappt nur, wenn der Lieferant die Situation nicht für sich ausnutzt, aber auch nichts verschläft. Der Kunde spart dabei noch ein wenig Arbeit. Vor allem hat die Zusammenarbeit eine symbolische Wirkung.

Hierbei handelt es sich nur um zwei recht umfangreiche Beispiele, einmal vom Kunden, einmal vom Lieferanten ausgehend. In der Vertriebspraxis sind Sie jedoch meist auf wesentlich einfachere und nicht annähernd so weitreichende Konzepte angewiesen. Schließlich besteht auch nicht immer die Möglichkeit, sich auf die Unterstützung durch das Top-Management bei innovativen Maßnahmen zu verlassen – vorsichtig ausgedrückt.

Individuelle Produkte

„Von der Stange" kann jeder – individuelle Produkte und Projekte kommen bei Kunden immer an, kosten aber auch viel Geld. Aber gerade weil es so aufwendig ist, macht es nicht jeder – und es ergibt sich eine Möglichkeit zu enger Kundenbindung. Je nach Produktart können es auch nur einzelne Elemente sein, die in Gemeinschaft entwickelt werden. Diese können aber entscheidend sein, wenn dadurch die Anforderungen an Leistung, Verbrauch, Größe und Ähnliches genau erfüllt werden können. Voraussetzung ist natürlich eine Zusage des Kunden über bestimmte Mindestabnahmemengen, sodass das Risiko von beiden Seiten getragen wird.

Austausch von Wissen

Manchmal gibt es keine Möglichkeit, die Zusammenarbeit konkret zu intensivieren. Aber es gibt oft Wissen, das der eine hat und der andere braucht, wenn auch in anderen Bereichen. Der Erwerb von Wissen bei Kunden oder Lieferanten ist oft Tabuzone, weil man sich keine Blöße geben will. Das ist aber Quatsch, insbesondere, wenn man Wissen austauscht. Wenn Ihr Unternehmen besser im Vertrieb ist als Ihr Kunde, dieser aber ein gutes Controlling hat, dann lassen sich schon einmal Trainings austauschen. Wenn Sie glauben, dass beide Unternehmen in der IT-Organisation voneinander profitieren können, dann bringen Sie die

Abteilungen zusammen. In Benchmarking-Zirkeln könnte das auch passieren, hier können Sie aber direkt von solchen Kontakten profitieren.

Kooperationswerbung

ist nichts Neues, aber in vielen Beziehungen mit Handelskunden eine wirksame Hilfe für dauerhaften Absatz. Wenn Ihr Unternehmen als Lieferant bekannter und finanzkräftiger ist als ihre Kunden es sind, dann bieten sich gemeinschaftliche Werbemaßnahmen an, die ordentliche Synergieeffekte erzielen können.

Interne Anforderungserhebung

Bei Trainingsdienstleistungen (Verkaufstrainings, Coachings, Managementseminaren) besteht oft das Problem, dass die meist externen Trainer nicht genau wissen, welche Themen und Methoden der potenzielle Kunde benötigt. In der Regel ist die Situation recht paradox: Einerseits sucht man einen externen Anbieter, andererseits beklagt man die fehlende individuelle Ausrichtung der Veranstaltungen. Dieses Schnittstellenproblem kann gelöst werden, indem der Externe vor der Angebotserstellung eine Bestandsaufnahme im Unternehmen durchführen kann. Geheimhaltungsüberlegungen mögen dem zunächst entgegenstehen, aber die Erfolgswahrscheinlichkeit der Maßnahmen steigt.

Kunden frühzeitig fragen

Hersteller komplexer Produkte (Technologie, Anlagenbau, Projektentwicklung) benötigen immer auch ein Gespür dafür, was ihre Kunden auch in der weiteren Zukunft gebrauchen können. Regelfall ist es, intern an Konzepten zu arbeiten, sie zumindest bis zur Marktreife zu durchdenken und dann damit auf Akquisetour zu gehen. Ob damit die Kundenanforderungen optimal erfüllt werden, mag mitunter eher Zufall sein, auf jeden Fall gibt es keinen Vertriebserfolg. Anders sieht es aus, wenn potenzielle Kunden frühzeitig nach Ihren Anforderungen und Meinungen gefragt werden. Aus Geheimhaltungsgründen ist es vielfach tabu,

Dritten eine noch nicht geschützte Entwicklung zu zeigen. Es kommt aber darauf an, wie man es macht. So können Kunden zu einem Innovationstag eingeladen werden, auf dem sich der Lieferant vorstellt und mit Kundenvertretern über Lösungen für die nächste Produktgeneration diskutiert. Einige Firmen laden auch Kundenmitarbeiter zu Focus Groups (Gruppendiskussionen) ein, die von Marktforschungsinstituten organisiert werden und sich auf die Angebote beziehen.

Checkliste 13: Zusammenarbeit mit Kunden

Um zu einer Idee für die Zusammenarbeit zu kommen, sollten Sie sich folgende Fragen stellen:

> Wo und wie lassen sich Synergieeffekte für Lieferanten und Kunden erzielen?
> Wer kann welche Leistung an der Kunden/Lieferanten-Schnittstelle besser erbringen?
> Wie können Anregungen und Ideen für die Zusammenarbeit ausgetauscht werden?
> Wie lässt sich Doppelarbeit vermeiden?
> Wie lassen sich für beide Seiten relevante Aktivitäten frühzeitig koordinieren?
> Wie kann die Auslastung verbessert werden?
> Wie lässt sich die angebotene Leistung kundenspezifisch individualisieren?

2.7 Kunden halten und wiedergewinnen

a) Reklamationen bearbeiten und nutzen

Das Thema Reklamationen ist eines der Top-Themen der letzten Jahre im Vertrieb. So wurde in den Neunzigerjahren erkannt, dass Reklamationen eine Menge Informationen über die Kunden und ihre Zufriedenheit hergeben und dass sie eine ganz einfache Chance zur Kundenbegeisterung eröffnen. Verwunderlich daran ist nur eines: Dass es so lange dauerte und vor allem, dass man es noch publik machen musste.

Jeder Kunde, und damit auch jeder Verkaufsleiter, ist schon einmal in eine Reklamationssituation gekommen, weil ein Produkt nicht so richtig funktionierte. Oft genug blieb die Enttäuschung erhalten, aber man konnte zumindest daraus lernen, was man selber besser machen kann. Hat man das? Tendenziell nein, auch wenn es inzwischen Unternehmen gibt, die sich ganz besonders um die Wiederherstellung der Kundenzufriedenheit kümmern.

Häufig wird nach folgenden Prinzipien verfahren:

1. Abstreiten, dass überhaupt ein Fehler vorliegt. Auf Hinweise in Bedienungsanleitung, Website und auf kostenpflichtige Hotline verweisen.
2. Notfalls den Kunden für den Fehler verantwortlich machen.
3. Auf die Weiterbelastung sämtlicher Kosten hinweisen, falls der Fehler nicht doch völlig unerwartet auf den Hersteller zurückzuführen ist.
4. Wenn der Kunde doch recht hatte, für die Unannehmlichkeiten entschuldigen und versichern, dass die umfassende Zufriedenheit des Kunden oberstes Gebot des Unternehmens ist und, wenn auch geringe, Hoffnung auf Fortführung der Kundenbeziehung äußern.

Reklamationen bzw. allgemein Äußerungen der Unzufriedenheit finden heute oft im Internet statt. Das hat zunächst den Vorteil, dass mehr Kunden sich äußern können und vor allem kann man auch erfahren, wie es beim Wettbewerb aussieht, aber es entsteht auch das Problem der Glaubwürdigkeit der Äußerungen. So werden Kommentare von Menschen verfasst, die keine Kunden sind, aber auch von Kunden, die sich für irgendeine Situation rächen wollen. Typische Quellen sind:

- **Preisvergleichsseiten/Produktsuchmaschinen** – Beispiele: www.idealo.de, www.geizhals.at, www.holidaycheck.de, www.jameda.de
- **Verbraucherportale** – Beispiele: www.ciao.de, www.kelkoo.de, www.tripadvisor.de, www.dooyoo.de

> **Test- und Verbraucherberatungseinrichtungen** – Beispiele: www.test.de, www.finanztest.de, www.oekotest.de, www.vzhh.de
> **Produkt-/Markenforen** – Beispiele: www.nikon-fotografie.de, www.macuser.de, www.spritmonitor.de, www.usp-forum.de

Ein anderes Problem stellen die gefälschten Bewertungen dar. Lange Zeit waren sie so hölzern formuliert, dass man sie sehr schnell entdecken könnte, aber auch die Anbieter von Fake-Bewertungen professionalisieren sich. Insofern muss hinterfragt werden, ob die Darstellung realistisch ist.

Vielleicht haben Sie selbst schon einmal festgestellt, dass Sie wegen eines Defekts zunächst ärgerlich waren, aufgrund einer äußerst schnellen und kompetenten Behebung aber überaus zufrieden wurden. Schließlich zeigt sich dann, dass der Lieferant auch in Notsituationen schnell zur Stelle ist und sein Handwerk versteht. Wer Reklamationen nicht als lästige Pflichtübung ansieht, sondern als zweite Chance, der kann viel für den Vertriebserfolg tun. Hier soll noch einmal an das Thema Begeisterungsleistung erinnert werden.

Bei der Beschäftigung mit dem Thema sind drei Aspekte wichtig:

1. Wie kann ich den Kunden motivieren, zu reklamieren bzw. sich zu beschweren?
2. Wie kann die Reklamation/Beschwerde abgegeben werden?
3. Wie wird die Reklamation/Beschwerde bearbeitet?

1. Motivation zur Beschwerde

Die erste Frage mag zunächst etwas merkwürdig klingen, aber man muss daran denken, dass ein Reklamationsgrund nicht erst dadurch entsteht, dass man reklamieren kann. Vielmehr passiert immer mal wieder etwas Enttäuschendes, nur rührt sich der Kunde selten. Die meisten schlucken ihren Ärger herunter und kaufen beim nächsten Mal woanders. Diese Kunden sind dann verloren. Nur wenn sie sich beschweren, können sie gehalten werden.

Also müssen Sie es Ihren Kunden einfach machen. Der Aufwand für die Beschwerdebearbeitung ist deutlich geringer als der für die Akquisition eines neuen Kunden. Darüber hinaus ergeben sich meist wichtige Anregungen für die Verbesserung der Produkte und Prozesse, sei es im Vertrieb, in der Produktion oder der Entwicklung.

Die Motivation zur Reklamation hängt stark mit dem Kaufwert und der Produktart zusammen. Geht es um preiswerte Konsumprodukte, die den Kunden nicht besonders wichtig sind, ist eine wesentlich stärkere Aktivierung erforderlich als bei industriellen Dienstleistungen, die für einen längeren Zeitraum erbracht werden. Hier lässt sich schnell der Nutzen einer frühzeitigen Beschwerde erkennen. Einige Beispiele:

Ein Hersteller von Telefonen legt seinen Geräten werksseitig einen kleinen Fragebogen bei, auf dem die Kunden Funktions- und Bedienprobleme ankreuzen bzw. beschreiben können. Diesen können sie im Freiumschlag oder per Fax an die Vertriebsniederlassung schicken.

Ein Hotel legt in den Zimmern Beschwerdekarten aus, auf denen die Gäste Mängel notieren können. Diese geben sie an der Rezeption ab, die sich um die sofortige Beseitigung kümmert. Da viele mögliche Mangelpunkte (Wasserhahn, Fernseher usw.) grafisch dargestellt sind, lassen sich auch Verständigungsschwierigkeiten umgehen.

Ein Softwareunternehmen, das vornehmlich Werkstattbetriebe zu seinen Kunden zählt, lässt seinen Kundendienst im Quartalsrhythmus die Kunden anrufen, um nach Schwierigkeiten mit der Anwendung der Programme zu fragen. Vielfach gibt es kleine, aber recht komplexe Problembereiche, die nur geschulten Mitarbeitern verständlich sind. Diese können so aber systematisch erfasst und gelöst werden.

Grundsätzlich gibt es folgende Möglichkeiten, Beschwerden zu stimulieren:

> ➤ Loben Sie kleine (!) Prämien für schriftliche Beschwerden aus. Es darf sich aber nicht lohnen, irgendetwas zu reklamieren, vielmehr soll der Aufwand erstattet werden.

> Legen Sie Ihren Produkten/Lieferungen Fragebögen/Beschwerdekarten bei, die kostenfrei an Sie zurückgeschickt werden können.
> Lassen Sie größere Kunden regelmäßig anrufen, um nach Erfahrungen und Problemen zu fragen. Dies sollten nicht Sie als Vertriebler tun, weil dann gleich ein Verkaufsgespräch erwartet wird.
> Schalten Sie eine kostenfreie Beschwerdetelefonleitung, die mit kompetenten Mitarbeitern besetzt ist.
> Bieten Sie Kunden, die sich mit Beschwerden oder Lob melden, nützliche Informationen aus dem Produktbereich an. Dies kann ein E-Mail-Newsletter sein, aber auch die Firmenzeitschrift oder Fachinformationen.

2. Durchführung der Beschwerde

Im nächsten Schritt ist festzulegen, wie sich der Kunde beschweren kann. Möglicherweise wurde schon durch die „Motivationsmaßnahme" ein Weg eröffnet; es geht aber auch um die Frage, wie die Informationen weiter im Unternehmen verarbeitet werden. Unternehmen, die täglich mehrere Tausend Aufträge abwickeln, müssen sich in erster Linie auf die systematische Erfassung konzentrieren, um Schwachstellen ausfindig machen zu können. Nicht selten wird zum Beispiel über die Nutzung des Internets und standardisierter Fragebögen versucht, die Informationen in einer Form zu gewinnen, die leicht statistisch auszuwerten ist. Dabei gehen jedoch alle Informationen verloren, die nicht in das vorgegebenen Schema passen.

Es ist also nach einem Kompromiss zu suchen zwischen Verarbeitbarkeit der Informationen und Vollständigkeit der Erfassung. So kann zum Beispiel in großen Kundenstämmen eine stichprobenartige Erhebung bezüglich Beschwerden durchgeführt werden. Dabei wird eine repräsentative Gruppe von Kunden intensiv befragt, wobei nicht Fragenkataloge abgearbeitet, sondern mögliche Problembereiche diskutiert werden.

3. Bearbeitung der Beschwerde

Für den Kunden ist wichtig zu wissen, wer Ansprechpartner für Beschwerden ist. Grundsätzlich kommen zentrale Stellen infrage, die einen

Überblick über alle Beschwerden haben, aber aufgrund fehlender Kundennähe meist nicht für eine schnelle Abhilfe sorgen können. Umgekehrt sind Vertriebsmitarbeiter nahe am Kunden und können schnell eingreifen, sie gewinnen aber keinen Überblick über Problemsituationen und so werden mitunter an vielen verschiedenen Orten die gleichen Probleme behoben, ohne eine prinzipielle Lösung anzustreben.

In der Praxis kommt es immer wieder zu unterschiedlichen Einschätzungen, welcher Weg besser geeignet ist. Im Folgenden eine Entscheidungshilfe:

kundennahe Bearbeitung	zentrale Bearbeitung
Beschwerde kann während des Kontakts mit Außendienstmitarbeiter geführt werden	zentrale Stelle funktioniert als quasi-neutrale Institution
sofortige Einleitung von Maßnahmen möglich	kommuniziert Bedeutung des Themas nach außen
Erfolg der eingeleiteten Maßnahmen kann schnell kontrolliert werden	schnelle Erkennung grundsätzlicher Kundenprobleme
Hemmnisse, Beschwerden vorzubringen, um Verhältnis zu Außendienstmitarbeiter nicht zu belasten	leichte statistische Auswertung
Außendienst wird nicht als kompetent angesehen	Einleitung von Maßnahmen zur Behebung des Beschwerdegrunds kann verzögert werden
hoher Aufwand, um Informationen zu sammeln und im Unternehmen weiter zu nutzen	höherer bürokratischer Aufwand

Tabelle 2.6.4: Arten der Beschwerdebearbeitung

Unabhängig davon, ob Sie zentral oder dezentral vorgehen, sollten Sie folgende Prinzipien der Beschwerdeannahme beachten:

> **Prinzipien der Beschwerdeannahme**
> - Halten Sie nicht stur am vorgeschlagenen Verfahren fest, nehmen Sie auch andere Kommunikationswege auf.
> - Bestätigen Sie den Eingang einer Beschwerde sofort, geben Sie an, was passieren wird und wie sich der Kunde über den Stand der Beschwerde informieren kann.
> - Geben Sie einen realistischen Zeitrahmen für die Behebung vor.
> - Informieren Sie den Kunden darüber, wie seine Informationen intern weiterverwendet werden.
> - Danken Sie dem Kunden dafür, dass er sich die Mühe gemacht hat, den Fehler/den Beschwerdegrund zu beschreiben.
> - Fordern Sie nach der Behebung eine Rückmeldung an, ob nun alles zur Zufriedenheit funktioniert.

Für die erfolgreiche Behebung des Reklamationsgrunds ist eine zuverlässige interne Organisation erforderlich. Sofern es um defekte Produkte geht, ist die Zuständigkeit über die Kundendienstabteilung leicht zu regeln. Anders sieht es dagegen bei all den Problemen aus, die nicht technische Defekte oder sonstige Garantiefälle sind. Hier kommt es zu einer Vielzahl unterschiedlicher Aktionen, die kaum vorhersehbar sind und eine entsprechende Flexibilität voraussetzen. Denken Sie an Bedienungsprobleme aufgrund zu komplexer Handhabung, Verspätungen bei der Auslieferung, fehlende oder fehlerhafte Informationen. Hierbei kann man selbst immer wieder unterschiedliche Erfahrungen mit Anbietern machen. Während die einen sich individuell bemühen, scheitern die anderen an internen Abläufen, die auf viele Beschwerdefälle nicht eingerichtet sind.

Dem Vertrieb kommt als häufig erstem Ansprechpartner des Kunden eine besondere Rolle zu. Macht er einen Fehler bei der Beschwerdeannahme, dann kann diese kaum noch zur Zufriedenheit behoben werden.

Aus Sicht der Vertriebsleitung sollten daher drei Prinzipien der Beschwerdebearbeitung berücksichtigt werden:

- Wer von einer Beschwerde erfährt, sei es in einem Gespräch mit dem Kunden oder durch eine Beschwerdekarte, ist für deren Behebung verantwortlich. Er muss sich dann neben seiner „normalen" Tätigkeit um Ersatzlieferung, Kundendienstleistung, Informationen oder Ähnliches kümmern. Für den Kunden ist er der Ansprechpartner und ihm gegenüber auch rechenschaftspflichtig. Der Koordinationsaufwand könnte dann zwar steigen, dafür steigt aber auch die Zuverlässigkeit der Umsetzung und das Wissen über mögliche Fehlerquellen. Je mehr Personen so in qualitätsfördernde Maßnahmen einbezogen werden, desto besser breitet sich das Wissen über die Fehlervermeidung aus.
- Die Beschwerdebearbeitung muss als Teil der Arbeit verankert werden. Der Zusammenhang mit der Kundenzufriedenheit ist bekannt, auch der mit den Akquisitionskosten. Maßnahmen zum Halten oder Zurückgewinnen eines Kunden sind letztlich wertvoller und effizienter als Maßnahmen zur Akquisition. Beschwerden aus Zeitmangel nicht bearbeiten zu können, ist daher wirtschaftlicher Unsinn und ein Managementfehler.
- Da die Informationsnutzung bei dezentraler Bearbeitung ein Problem darstellt, sollte ein regelmäßiger Informationsaustausch zwischen den Abteilungen stattfinden. Je nach Struktur und Größe des Unternehmens können dies halbjährliche nationale Treffen oder auch ein Tagesordnungspunkt der Wochenbesprechung sein. Wichtig ist, die relevanten Abteilungen wie Vertrieb, Marketing, Entwicklung, Produktion usw. einzubeziehen.

b) Empfehlungen generieren

Gerade in Zeiten, in denen es immer schwieriger wird, selbst neue Kunden zu akquirieren, weil die meisten schon an Stammlieferanten gebunden sind, steigt die Bedeutung von Empfehlungen. Heute wird oft schon das Stichwort „Empfehlungsmarketing" verwendet, jedoch ist der gezielte Einsatz von Empfehlungen zur Kundengewinnung kaum möglich.

Empfehlungen durch Kunden mit positiven Erfahrungen sind eine recht alltägliche Angelegenheit. Hat ein Kunde ein erfreuliches Erlebnis mit einem Laden oder Lieferanten, dann möchte er meist gerne auch anderen Personen dieses Erfolgserlebnis verschaffen. Gelingt dies, steigt auch seine Reputation. Empfehlungen sind also soziale Prozesse, bei denen immer ein gewisses Maß an Eigennutz vorhanden ist, wenn auch nicht immer bewusst.

Aus Sicht des Empfehlungsgebers bergen Empfehlungen erhebliche Risiken. Ist der Angeworbene nämlich nicht zufrieden, fällt das Negativerlebnis auf den Empfehlungsgeber zurück. Dieser wird also sehr vorsichtig sein und ist entsprechend nur schwer dazu zu motivieren. Der Versuch, durch den Vertrieb direkt auf Empfehlungen hinzuwirken, scheitert nur allzu oft.

Allerdings ist die finanzielle Verlockung recht groß. Ein Kunde, der auf Empfehlung gewonnen wird, verursacht keine nennenswerten Akquisitionskosten. Er wird selbst aktiv oder ist leicht anzusprechen, umfangreiche Recherchen sind selten erforderlich. Auch Einstiegsangebote kann man sich meist sparen, schließlich ist der Neukunde ja durch die Erfahrungen des Altkunden abgesichert. Empfehlungskunden „rechnen" sich daher eigentlich immer.

> **Was Sie tun können, um Empfehlungen zu erhalten:**
>
> ➤ Warten Sie auf jeden Fall solange, bis der Kunde gute Erfahrungen mit Ihrem Angebot gemacht hat. Wenn er sich seiner Sache sicher ist, wird er wesentlich leichter zur Empfehlung bereit sein.
> ➤ Bieten Sie Ihren guten Kunden die Empfehlung als besondere Auszeichnung an. „Zu Ihnen haben wir ein sehr gutes Verhältnis – Sie möchten wir einladen uns zu empfehlen." Das klingt ganz anders als „Wen kennen Sie denn noch, den wir beliefern können?"
> ➤ Fragen Sie Ihre Kunden nicht, ob sie Ihnen etwas Gutes tun möchten, indem sie Sie empfehlen. Fragen Sie sie, ob sie einem Dritten etwas Gutes tun möchten. Weisen Sie darauf hin, dass Sie sich besonders ins Zeug legen werden, weil Ihnen ja das Risiko einer Empfehlung bewusst ist. Seien Sie daher auch vorsichtig mit Prämien für die Empfehlung.

> Fragen Sie vorher immer erst nach der Zufriedenheit. Erst wenn der Kunde seine Zufriedenheit im persönlichen Gespräch bestätigt hat, sollte das Thema Empfehlung angesprochen werden. Es ist dann auch eine ganz logische Folge aus der geäußerten Zufriedenheit.

c) Kunden wiedergewinnen – Retention Management

Wie man Kunden verliert, wissen Sie sicherlich, vielleicht auch aus eigener Erfahrung. Es gibt Kunden, die ziehen einfach weg und suchen sich einen anderen Anbieter, andere ändern ihren Bedarf und können mit ihren Produkten nichts mehr anfangen. Einige wollen oder müssen ihren Geschäftspartner wechseln, einfach aus Prinzip. Dagegen können Sie fast nichts machen; am besten ist es noch, vorher zu wissen, dass der Verlust bevorsteht, um sich darauf einzustellen. Es gibt aber auch einige Kunden, die wechseln, weil sie unzufrieden sind, weil etwas „Unverzeihliches" passiert ist, oder weil sich ein anderer Anbieter etwas mehr um sie kümmert. Diese Kunden können Sie zurückgewinnen.

Grundlage für ein effektives Retention Management ist das Erkennen der Abwanderung. Das ist nicht so einfach, denn wenn ein Kunde zum Beispiel unregelmäßig und im Durchschnitt einmal jährlich bestellt, dann dauert es mitunter ein Jahr, bis man weiß, dass er nicht mehr wiederkommt. Je länger aber die Kundenbeziehung ruht, desto schwieriger wird es, sie wieder zu aktivieren.

Zunächst einmal benötigen Sie Früherkennungsdaten. Das sind ungefähr die gleichen wie die der Kundenzufriedenheit. Wenn Sie also schon systematisch auf die Kundenzufriedenheit achten (siehe Kapitel 2.6), dann erhalten Sie auch Indikatoren für ein mögliches Ende der Geschäftsbeziehung. Sofern sich diese Vermutung erhärten lässt, vielleicht auch im Hinblick auf ein bestimmtes Ereignis, dann sollten Sie tätig werden.

Beispiel: Ein Bankberater betreut zahlreiche Wertpapierdepots, die zumeist recht stabile Stände aufweisen. Bei einigen Kunden weiß er auch, dass sie Geld entnehmen bzw. zu einem bestimmten Zeitpunkt einen größeren Betrag benö-

tigen. Einige Depots weisen einen recht stetigen Abfluss aus, das heißt die Inhaber verkaufen Wertpapiere, legen das Geld aber nicht neu an. Aus den Kundengesprächen weiß er nichts über finanzielle Pläne. Diese Kunden könnten bereits abwandern. Es ist dringend erforderlich, die Depotführung auf mögliche Quellen der Unzufriedenheit zu untersuchen und ein Gespräch zu führen. Da es offensichtlich kein Katastrophenereignis gab, ist mit einem großen Interesse des Kunden an einem solchen Gespräch zurechnen. Wenn nicht, hätte er ja schon längst alles kündigen können.

Mögliche Ursachen für ein Abwandern von Kunden:

➤ Attraktivere Angebote anderer Lieferanten
➤ Wegfall des Bedarfs (bei Privatkunden: Alter, Änderung des Familienstands, Beruf; bei gewerblichen Kunden: Umstellung auf neue Technologie, Änderung des Sortiments, planmäßiger Wechsel des Lieferanten usw.)
➤ neuer Einkäufer, der sich von Geschäftsbeziehungen seines Vorgängers lösen will
➤ Unzufriedenheit mit Betreuung, fehlende Betreuungskapazitäten
➤ häufige Leistungsmängel
➤ schlechte Reklamationsbearbeitung
➤ Veraltete Produkte im Angebot
➤ Sortimentslücken

Wichtig ist es aber auch, ein Gefühl dafür zu entwickeln, wann wirklich konkrete Maßnahmen erforderlich sind und wann es sich nur um eine zufällige Schwankung handelt. Wenn die Kunden zu oft bearbeitet werden, ohne wirklich wechseln zu wollen, fühlen sie sich belästigt oder reagieren nur noch, wenn sie irgendwie bevorzugt werden. Das ist aber nicht im Sinne des Erfinders.

Erst dann, wenn der Kundenverlust sicher ist oder scheint, sollte eingegriffen werden. Wie dies konkret geschehen kann, hängt vom Wert des Kunden, den möglichen Ursachen und der bisherigen Kontaktform ab.

In den meisten Fällen kann der Kontakt des Außendienstes helfen, der den Kunden auf die Auffälligkeit im Bestellverhalten anspricht. Dies wird nie als negativ angesehen, ganz im Gegenteil. Auch eine direkte Frage, ob sich die Nachfrage verändert hat oder ein Fehler passiert ist, schadet nicht. Aber gerade dies passiert selten, weil jeder Angst hat, es könne eine Kritik an der eigenen Person geben. Die möchte natürlich keiner hören. Andererseits gibt es nichts zu verlieren; schlimmer als Kunden zu verlieren geht es nicht.

Gibt es keinen kontinuierlichen persönlichen Kontakt, dann sollte ein Anlass gestaltet werden. Ganz einfach ist es, dem Kunden einen Fragebogen zur Kundenzufriedenheit zuzusenden. Auf diesem wird er dann nach verschiedenen möglichen Ursachen für seine Zurückhaltung gefragt. Sofern er ihn überhaupt beantwortet, ist dies ein erstes Signal dafür, dass er nicht gänzlich uninteressiert ist, selbst wenn er wegen irgendetwas verstimmt ist. Auch eine deutliche Kritik sollte ein Anreiz sein, sich um diesen Kunden weiter zu kümmern.

Sind die Kunden Privatkunden mit recht kleinen Umsätzen, dann wird es deutlich schwerer, sich individuell mit ihnen zu beschäftigen. Zwar lassen sich über die Kundendatenbank statistische Kennzahlen ermitteln, die ein Abwandern vorhersagen (Preißner 2003, S. 120ff.), doch sind aus Kostengründen kaum individuelle Maßnahmen durchführbar. Hier bietet es sich an, den Kunden einen Anreiz zu schicken, der sie mobilisiert, wieder einmal zu bestellen. Das kann ein Geschenk oder ein finanzieller Vorteil sein, tendenziell wirkungsvoller sind aber besondere Leistungen. Sie zeigen nämlich, was der Anbieter kann; Geschenke schicken kann jeder.

Einige Beispiele für solche „Reizmittel":

- Zusendung einer CD mit fetziger Musik zum Wachmachen
- Angebot eines nicht frei erhältlichen Artikels als Zugabe bei der nächsten Bestellung
- Zusendung eines Buchs/einer Broschüre über den Einsatz der angebotenen Artikel und Leistungen (Börsenbuch für Brokerkunden, Gartenbuch für Gartencenterkunden, Reiseführer für Reisebürokunden usw.)
- spezielle preislich sehr attraktive Sonderangebote (Auslaufmodelle, Aktionsware)

Ein weiterer Fall liegt vor, wenn der Kunde sich formell verabschiedet, das heißt einen Vertrag kündigt oder klar sagt, dass er nicht mehr Kunde sein will. Meist passiert dies so, dass keine sofortige Reaktion möglich ist (vor allem schriftlich). Eine solche Kündigung sollte aber sofort Anlass für eine Nachfrage sein, woran es denn liege. Schnelligkeit spielt eine große Rolle, damit sich nicht eine andere Geschäftsbeziehung einspielt. Vor allem sollte der persönliche Kontakt gesucht werden, auch wenn es sich um einen „kleinen" Privatkunden handelt.

d) Cross und Up Selling

Cross und Up Selling sind Instrumente zur Gewinnsteigerung. Bestehenden Kunden werden dabei Produkte und Leistungen einer anderen Kategorie (**Cross Selling**) oder mit einem höheren Wert und Preis (**Up Selling**) angeboten. Da keine neuen Kunden akquiriert werden, entfallen die entsprechenden Kosten. Zudem sind Verhaltensdaten über den Kunden bekannt, sodass eine gute Grundlage für geeignete Angebote besteht. Insofern sollten Cross und Up Selling immer im Rahmen einer bestehenden und reifen Kundenbeziehung in Betracht gezogen werden.

Anbieter müssen sich dazu systematisch Gedanken über kundenspezifische Angebote machen. Dies machen viele Vertriebe nicht, weil sie sich sehr auf ihre eigenen Sortimente konzentrieren. Cross und Up Selling-Angebote müssen aber oft im Sortiment eines Kollegen oder einer anderen Abteilung gesucht werden, und dafür gibt es meist keine Anreize und auch keine Zeit.

Typische Beispiele finden sich im Vertrieb von Finanzdienstleistern. Mitarbeiter, die für den Verkauf von Versicherungen zuständig sind, kennen schnell die finanziellen Verhältnisse ihrer Kunden. Diese legen sie meist bereitwillig offen, weil der Versicherungsbedarf ermittelt werden muss. Oft genug ergibt sich auch ein Bedarf für Geld- und Vermögensanlagen. Wenn die Mitarbeiter nur für Versicherungen zuständig sind, dann muss der nächste Vertreter mit den Anlageprodukten von vorn anfangen. Viel leichter ist es, Cross Selling zu betreiben, das heißt die Anlageprodukte vom selben Mitarbeiter vertreiben oder diesen mit einem Kollegen zusammenarbeiten zu lassen, der dann ins Spiel gebracht werden kann.

Um die natürlichen Hürden für Cross Selling zu umgehen, muss im Vertrieb vor allem die Provisionsstruktur beachtet werden. Solange es Provisionen für den Vertrieb der „eigenen" Produkte gibt, werden solche aus anderen Verantwortungsbereichen eher widerwillig angeboten. Auch das Weiterreichen von Kunden wird oft als Risiko angesehen, schließlich könnte er sich dort wohler fühlen oder der Kollege Kaufkraft abziehen. Diese Problematik lässt sich umgehen, wenn auf Provisionen grundsätzlich verzichtet wird, Provisionen auch für vermittelte Umsätze gezahlt werden oder Vertriebsteams gebildet werden, die Cross Selling-Potenziale berücksichtigen.

Das Up Selling erfordert etwas andere Anstrengungen. Hierbei soll die Profitabilität des Kunden gesteigert werden, indem die Nachfrage auf Produkte und Leistungen mit höherer Spanne gelenkt wird. Dies ist aber nicht mit dem plumpen Versuch zu verwechseln, einfach durch Überredungskünste teurere Waren zu verkaufen. Vielmehr geht es darum, auf der Grundlage des Wissens über den Kunden auch Angebote zu unterbreiten, die er vorher aus Risikogründen abgelehnt hätte. Weitere Möglichkeiten ergeben sich im Hinblick auf individuellere Leistungen.

2.8   Erfolg im Vertrieb analysieren

a) Was leistet Kundencontrolling?

Das Kundencontrolling hilft Ihnen, gute und schlechte Kunden zu erkennen, Risiken und Chancen auszumachen und schließlich die richtigen Maßnahmen auszuwählen. Es ist eine wesentliche Entscheidungsgrundlage im Vertrieb.

Manche Verfahren und Gedanken mögen Ihnen im ersten Moment etwas fremd erscheinen. Dies liegt aber daran, dass Kundenbeziehungen lange

Zeit sehr unkritisch gesehen wurden und der Kunde ein Wert an sich war. Noch vor wenigen Jahren gab es kaum eine Bereitschaft, sich von Kunden zu trennen, selbst wenn sie problematisch erschienen. Ob sie wirklich einen Beitrag zum Gewinn erzielen, konnte man kaum feststellen.

> In den letzten Jahren war jedoch ein deutlicher Trend zur Umkehr zu erkennen, zumal sich die Erkenntnis durchsetzt, dass viele Kundenbeziehungen unwirtschaftlich sind und den Vertrieb davon abhalten, die guten Kunden optimal zu bedienen. So stellt man sich immer öfter die Frage, wo man die Vertriebsleistung am profitabelsten einsetzen, und nicht mehr, wo man noch ein paar Kunden gewinnen kann.

Beispielhafte Entscheidungen des Vertriebs auf der Basis von Kundencontrollingdaten:

> Wie oft soll der Außendienst die Kunden besuchen?
> Sollen einem Kunden Kulanzleistungen gewährt werden?
> Welche Preiszugeständnisse können einem Kunden gemacht werden?
> Welcher Kunde erhält welches Werbematerial?
> Welche Umsätze werden für die nächste Periode geplant?
> Wie hoch ist das Budget für den Vertrieb, für Werbung, für Verkaufsförderung usw.?
> Wie hoch ist das Budget für die Kundenbetreuung (Werbegeschenke, Einladungen usw.)?
> Lohnen sich zusätzliche Verkaufsanstrengungen?
> Ist eine Gehaltserhöhung für einen Außendienstmitarbeiter angemessen?
> Stehen die Kosten in einer Vertriebsregion in einem vernünftigen Verhältnis zu den Erlösen?
> Welche variablen Anreizkomponenten eignen sich im Vertrieb?

Weiterhin werden die Daten für Struktur- und Risikoanalysen verwendet. Dabei werden nicht einzelne Kunden betrachtet, sondern die Zusammensetzung des Kundenstamms anhand bestimmter Kriterien. Daraus lassen sich Risiko- und Chancenpotenziale erkennen, etwa was die Umsatzentwicklung der nächsten Jahre oder die Machtverhältnisse angeht.

Mit Hilfe von **Strukturanalysen** können zum Beispiel folgende Entscheidungen gefällt werden:

➤ In welchen Branchen/Regionen/Größenklassen sollten gezielt Kunden akquiriert werden, um Risiken zu mindern oder Chancen zu nutzen?
➤ Für welche Kunden/-gruppen sollten kundenspezifische Maßnahmen/Programme entwickelt werden?
➤ Ist der Einsatz eines Key Account Managements sinnvoll?
➤ Wie sollte allgemein der Außendienst organisiert werden?
➤ Welche kundenbezogenen variablen Vergütungskomponenten können für den Außendienst eingesetzt werden?
➤ Für welche Kundengruppe sollten Leistungen reduziert bzw. eingestellt werden?

Sie erinnern sich sicher noch an den **Lebenszyklus des Kunden**. Nicht nur einzelne Vertriebsmaßnahmen lassen sich in Abhängigkeit von der Lebenszyklusphase planen, auch das Vertriebscontrolling hat jeweils Schwerpunkte:

1. Am Anfang steht die Voraussetzung für den Einsatz der Verfahren, nämlich die Kundendatenbank. Sie enthält alle kundenbezogenen Informationen, die zur Entscheidungsfindung benötigt werden. Hier werden auch die Ergebnisse der Kontrollen gespeichert.
2. Die Kundenwertermittlung findet während der Akquisitionsphase statt. In erster Linie handelt es sich um die Berechnung des Kapitalwerts geschätzter Umsätze oder Deckungsbeiträge. Hinzu kommt eine Einschätzung des Risikopotenzials, insbesondere was Zahlungsausfälle angeht (Credit-Rating).
3. Kundenerfolgsrechnungen begleiten die Kundenbeziehung kontinuierlich. Unterschiedliche Deckungsbeiträge zeigen, wie profitabel einzelne Kunden oder Kundensegmente sind.

4. Vor allem im Anlagenbau, aber auch bei verschiedenen Dienstleistern erreichen die einzelnen Aufträge so große Volumina, dass eine Erfolgsrechnung nach Aufträgen durchgeführt wird. Auch hier können Deckungsbeiträge ermittelt werden.
5. Die Gesamtschau des aktiven Kundenstamms erfolgt durch Strukturanalysen. Sie können nach Umsätzen, Deckungsbeiträgen oder ähnlichen Kriterien vorgenommen werden.
6. Für die Erhaltung einer Kundenbeziehung ist unter anderem die Kundenzufriedenheit von Bedeutung. Sie repräsentiert die Erfahrung der Kunden mit den Angeboten.
7. Meist sind auch gezielte Maßnahmen zur Verhinderung der Abwanderung erforderlich. Dabei wird auf der Basis vorhandener Kauf- und Nutzungsdaten sowie soziodemografischer Merkmale versucht, die Abwanderungswahrscheinlichkeit zu prognostizieren. Daraufhin werden dann gezielte Erhaltungsmaßnahmen gestartet.
8. Schließlich kann im Rahmen eines Kundenaudits die Zusammenarbeit aus Verfahrenssicht geprüft werden.

b) Kundenerfolgsrechnung

Mit Hilfe einer Kundenerfolgsrechnung können Sie die Profitabilität einzelner Kunden, Kundengruppen und Regionen ermitteln. Voraussetzung dafür ist allerdings, dass die Kosteninformationen nach der Kundenstruktur eines Unternehmens gegliedert sind. Das ist theoretisch kein Problem, zumindest dann nicht, wenn beim Aufbau der Kosten- und Erfolgsrechnung daran gedacht wurde, auch den Erfolg von Kunden zu ermitteln. Praktisch ist es nicht immer so einfach, ältere Systeme können schon einmal den Dienst verweigern. Allerdings haben gerade kleinere Unternehmen, die schon aus Kostengründen viel mit Standardsoftware arbeiten, wenig Probleme, denn sie sind sehr flexibel.

Auf jeden Fall benötigen Sie eine **Teilkosten- oder Deckungsbeitragsrechnung**, das heißt Sie müssen fixe und variable Kosten, Einzel- und Gemeinkosten unterscheiden. Dann steht Ihnen die Welt des Kundencontrolling offen, sonst gibt es deutliche Einschränkungen.

> **Ein paar Begriffe, die Sie hier benötigen:**
> - **Kosten**: Ausgaben für betriebliche Zwecke, zum Beispiel Ausgaben für Material und Gehälter, nicht jedoch Steuernachzahlungen oder Hagelschadenbeseitigung
> - **fixe Kosten**: von der Produktionsmenge unabhängig, zum Beispiel Gebäudemiete oder Werbeanzeigen
> - **variable Kosten**: von der Produktionsmenge abhängig, zum Beispiel Material oder Vertriebsprovisionen
> - **Einzelkosten**: einem Produkt genau zurechenbar, zum Beispiel spezifische Entwicklungskosten oder Werbemaßnahmen für dieses Produkt
> - **Gemeinkosten**: einem einzelnen Produkt nicht genau zurechenbar, zum Beispiel Verkaufsbüro oder Unternehmensleitung

Die wichtigste Größe ist aber der **Deckungsbeitrag**. Er ist in der einfachsten Form definiert als:

      Preis
–   variable Kosten
=   Deckungsbeitrag

Der Deckungsbeitrag bzw. die Summe aller Deckungsbeiträge soll einen Teil der bzw. die Fixkosten decken und darüber hinaus dem Unternehmen zu einem Gewinn verhelfen. Maßgebend hierbei ist die Trennung in entscheidungsabhängige und nicht entscheidungsabhängige Kosten. Man kann daher auch allgemeiner definieren:

      Erlös
–   entscheidungsabhängige Kosten
=   Deckungsbeitrag
–   nicht entscheidungsabhängige Kosten
=   (Betriebs-)Ergebnis

Diese Definition zielt darauf ab, den Deckungsbeitrag gerade auch in seiner Funktion als kurzfristiges Instrument der Entscheidungsunterstützung zu kennzeichnen. Geht es nämlich darum, einen zusätzlichen Auftrag anzunehmen (bei vorhandenen Kapazitäten), sich von einem Kunden zu trennen oder ein Produkt aus dem Sortiment zu entfernen, dann sind Deckungsbeiträge die entscheidende Größe. Sie trennen die für die Entscheidung relevanten von den hierfür nicht relevanten Kosten.

Beispiel: Sie bieten in Ihrem Sortiment unter anderem Schreibtische zu einem Listenpreis von 600 Euro an. Ein Kunde möchte 20 Stück bestellen. Er weiß, dass die Geschäfte in der Branche zurzeit schlecht gehen und möchte einen Nachlass. Also bietet er Ihnen 400 Euro an. Ob das Geschäft für Sie lukrativ ist, hängt vom Deckungsbeitrag ab. Die variablen Kosten liegen bei 200 Euro. Dazu kommen 400 Euro für einen speziellen Transport und 800 Euro für die Montage, mit der ein Schreiner beauftragt wird. Diese Kosten sind hier die entscheidungsrelevanten und werden vom Erlös abgezogen.

Die Rechnung sieht dann wie folgt aus:

Erlös	*8.000 Euro*
variable Kosten	*4.000 Euro*
Transport	*400 Euro*
Montage	*800 Euro*
= Deckungsbeitrag	*2.800 Euro*

Somit bleibt ein Deckungsbeitrag von 2.800 Euro übrig. Es ist also sinnvoll, den Auftrag anzunehmen, weil für die Deckung der ohnehin vorhandenen Fixkosten ein Beitrag von 2.800 Euro erwirtschaftet wird. Allerdings darf dabei nicht die Preisdisziplin zerstört werden. Sonst gibt es Folgeschäden im Sinne eines kontinuierlichen Drucks auf die Preise.

Es muss aber nicht immer auf die Trennung variabler und fixer Kosten hinauslaufen. Bei etwas längerfristigen Entscheidungen lassen sich auch Fixkosten abbauen, sodass sie, zumindest ein Teil davon, in die Deckungsbeitragsdefinition mit eingehen.

Beispiel: Ihr Kunde Schmitz bestellte im letzten Kalenderjahr Waren für 500.000 Euro. Er erhielt 5 Prozent Rabatt und später noch eine Bonuszahlung von 10.000 Euro. Für die Waren werden interne Standardkosten von 360.000 Euro angesetzt (das ist der Betrag, den Ihnen das Werk verrechnet). Wie profitabel ist dieser Kunde?

Oft wird einfach gerechnet: 500.000 Euro Umsatz abzüglich 360.000 Herstellkosten ergibt 140.000 Euro. Das ist natürlich falsch, denn Sie haben ja keine 500.000 Euro eingenommen. Problem ist allerdings, die Rabatte, Boni und ähnliche „Schädlinge" zu erfassen. Aus dem Auftrag geht das alles nicht hervor, erst die Buchhaltung weiß, welcher Nettobetrag eingeht. Und dann kommt am Ende noch die Bonuszahlung, über die Sie oder die Vertriebsleitung entscheiden. Es bleiben letztlich 465.000 minus 360.000 = 105.000 Euro übrig.

Aber das ist erst eine Zwischengröße, denn Außendienst, Innendienst und die verschiedenen vertrieblichen Maßnahmen kosten auch Geld. Nehmen wir also an, für die Betreuung durch Außendienst, unterstützende Maßnahmen usw. werden noch einmal 20.000 Euro ausgegeben. Dann bleiben nur noch 105.000 – 20.000 = 85.000 Euro übrig.

Ende der Fahnenstange? Nicht ganz, denn es müssen ja noch Marketingkosten (Werbemaßnahmen, Produktmanagement usw.) abgedeckt werden. Diese Kosten kann man aber schlecht einem einzelnen Kunden zurechnen, weil das Marketing für alle Kunden arbeitet und nicht gesagt werden kann, welcher Kunde welche Maßnahmen in Anspruch nimmt.

Deswegen können jetzt nicht mehr 10.000 oder 15.000 Euro einem Kunden zugerechnet werden, sondern nur noch allen Kunden insgesamt. Daher bleibt der „Überschuss" des Kunden, das heißt der Kundendeckungsbeitrag, bei 85.000 Euro. Werden nun noch die allgemeinen Kosten aus Vertrieb und Marketing abgezogen, und zwar von allen Kundendeckungsbeiträgen zusammen, dann bleibt der Vertriebsdeckungsbeitrag übrig. Der deckt dann alle restliche Kosten, unter anderem die der allgemeinen Verwaltung.

Das erscheint alles recht kompliziert, und das ist es auch. Je größer ein Unternehmen und je komplexer ein Sortiment, desto mehr gibt es zu rechnen und zu vergleichen.

Deckungsbeiträge sagen also immer aus, ob es sich lohnt, ein Produkt, einen Kunden, eine Produktgruppe, eine Kundengruppe usw. im Programm zu haben bzw. zu beliefern. Will man dies für einen Kunden erfahren, sind natürlich andere Kosten zu berücksichtigen, als wenn es gleich um eine ganze Verkaufsregion geht. Deswegen ist Deckungsbeitrag auch nicht gleich Deckungsbeitrag. Vor allem ist ein Vergleich über Unternehmensgrenzen hinweg meist nicht möglich, weil unterschiedliche Kostenabgrenzungen vorgenommen werden.

Wenn Sie sich also in vertraulicher Runde mit anderen Vertriebsleuten über ihre Deckungsbeiträge unterhalten, dann hat dies nichts zu sagen. Manche Unternehmen beschäftigen sich damit noch gar nicht, andere kennen vier, fünf oder mehr Ebenen. Ein Deckungsbeitrag III bei Firma A muss nichts mit einem Deckungsbeitrag III bei Firma B zu tun haben.

Sehen wir uns dazu ein kleines Beispiel eines Büromaterialhändlers mit vier Kunden an. Diese Kunden werden, weil sie unterschiedlich betreut werden, zwei Kundengruppen zugeordnet. Die Kundenstruktur des Unternehmens ist damit wie in Abbildung 2.8.1 gezeigt.

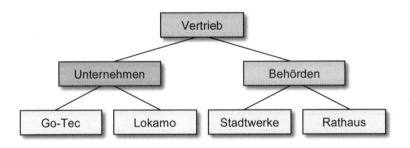

Abbildung 2.8.1: Beispiel einer Kundenstruktur

Nun möchte man herausfinden können, ob sich das Ganze überhaupt lohnt, wie profitabel die einzelnen Kunden sind und wie die beiden Kundengruppen im Vergleich zueinander stehen.

Die Kundenerfolgsrechnung muss daher so strukturiert werden, dass diese Fragen zu beantworten sind. Voraussetzung ist eine Erfassung der Kosten nach dieser Struktur. Wenn man wissen will, wie der Vertriebsweg Behörden dasteht, dann muss man auch die auf diesen Vertriebsweg entfallenden Kosten identifizieren können. Dazu können etwa die Gehälter einzelner Mitarbeiter gehören, Werbeaufwendungen oder Kosten, die mit speziellen Verfahrensanforderungen dieses Vertriebswegs zusammenhängen. In der Erfolgsrechnung ergibt sich das in Tabelle 2.8.1 gezeigte Schema.

Vertriebsweg in Tsd. Euro	Unternehmen		Behörden	
Kunde	Go-Tec	Lokamo	Stadtwerke	Rathaus
Brutto-Erlös	2.000	4.500	1.500	3.000
– Rabatt	200	150	50	100
= Netto-Erlös	1.800	4.350	1.450	2.900
– variable Kosten der Produkte	800	1.900	1.000	2.000
= Kunden-DB I	1.000	2.450	450	900
– Kunden-Einzelkosten	600	450	200	300
= Kunden-DB II	400	2.000	250	600
Summe = Vertriebsweg-DB I	2.400		850	
– Vertriebsweg-Einzelkosten	500		300	
= Vertriebswegs-DB II	1.900		550	
Summe = Vertriebs-DB I	2.450			
– restliche Vertriebskosten	650			
= Vertriebs-DB II	1.800			

Tabelle 2.8.1: Beispiel einer Kundenerfolgsrechnung

Direkt dazu sehen wir uns an, welche Kosten hinter den einzelnen Positionen stecken (können), Tabelle 2.8.2.

Vertriebsweg	Vertriebsweg I	Vertriebsweg II
Kunde	Kunde A Kunde B	Kunde C Kunde D
Brutto-Erlös	Basis: Listenpreise	
– Rabatt/Erlösschmälerungen	verhandelte und offizielle Rabatte, Skonti, Boni	
= **Netto-Erlös**	**tatsächliche Zahlungseingänge**	
– Herstellkosten der Produkte	meist als vom Werk verrechnete Standardkosten, im Handel auch Wareneinkauf	
= **Kunden-DB I**	„**Warenergebnis**" **des Kunden, direkt von ihm durch seine Kaufentscheidungen beeinflusst**	
– Kunden-Einzelkosten	Kosten für die Akquisition und Betreuung eines Kunden, soweit ihm direkt zurechenbar	
= **Kunden-DB II**	**gibt die Profitabilität des Kunden an, soweit ihm Kosten und Erlöse zweifelsfrei zugerechnet werden können**	
Summe = Vertriebsweg-DB II	Summe aller Kunden-DB	
– Vertriebsweg-Einzelkosten	Kosten für die Betreuung eines Vertriebswegs/ einer Kundengruppe (Management, Verkaufsbüro, spezifische Werbemaßnahmen usw.)	
= **Vertriebsweg-DB II**	**gibt die Profitabilität eines Vertriebswegs/einer Kundengruppe an, soweit ihm/ihr Kosten und Erlöse zweifelsfrei zugerechnet werden können**	
Summe = Vertriebs-DB II	Summe aller Vertriebsweg-DB	
– restliche Vertriebskosten	nicht einzeln zurechenbare Kosten des Vertriebs (Leitung, allgemeine Werbemaßnahmen, interne Verwaltung)	
= **Vertriebs-DB II**	**Gesamt-Profitabilität; hiervon sind noch allgemeine Verwaltungskosten des Unternehmens zu decken**	

Tabelle 2.8.2: Aufbau einer Kundenerfolgsrechnung allgemein

Insgesamt erwirtschaften die Kunden einen Vertriebs-DB in Höhe von 1.800 Tsd. Euro, von dem noch fixe Herstellkosten sowie Verwaltungskosten zu tragen sind. Der Beitrag der einzelnen Vertriebswege dazu ist höchst unterschiedlich. Die Unternehmen erwirtschaften mehr als dreimal so viel DB wie die Behörden (die restlichen Vertriebskosten sind hier noch nicht berücksichtigt, weil sie nicht eindeutig zurechenbar sind). Bezogen auf den Umsatz ist es nicht mehr ganz so dramatisch, weil die Betreuungskosten bei den Behörden niedriger sind. Die Vertriebsweg-DB-Rendite (DB bezogen auf den Netto-Umsatz) ist bei Unternehmen 31 Prozent, bei Behörden 13 Prozent.

Starke Unterschiede gibt es auch auf Kunden-Ebene. Lokamo liegt hier weit vorn und erwirtschaftet mehr DB als alle anderen Kunden zusammen. Auch die Kunden-DB-II-Rendite ist herausragend: 46 Prozent im Vergleich zu 17–22 Prozent bei den anderen Kunden. Nun lässt sich noch näher herausfinden, wo die Profitabilität herkommt. Dazu wird zum Vergleich die Kunden-DB-I-Rendite berechnet. Der Vergleich der beiden Renditen legt offen, in welchem Maße der Warenmix (die Art und vor allem Profitabilität der Produkte, die gekauft wurden) oder die Kosten der Kundenbetreuung ausschlaggebend sind. Es ergeben sich die in Tabelle 2.8.3 gezeigten Renditen:

	Go-Tec	Lokamo	Stadtwerke	Rathaus
Kunden-DB-I-Rendite	56 %	56 %	31 %	31 %
Kunden-DB-II-Rendite	22 %	46 %	17 %	21 %

Tabelle 2.8.3: Kunden-DB-Renditen

Bei Go-Tec weichen die beiden Renditegrößen weit voneinander ab. Das zeigt einen hohen Anteil der Kundenfixkosten an. Diese können im Vergleich mit den anderen Kunden als zu hoch angesehen werden. Bei Lokamo sind sie absolut und relativ geringer. Die hohe Rendite stammt also sowohl aus dem Warengeschäft als auch aus einer effizienten Betreuung.

Die Behörden stehen schlechter da. Die variablen Kosten der gekauften Produkte sind relativ gesehen höher, was auf grundsätzlich niedrigere Preise für diesen Vertriebsweg oder eine andere Nachfragestruktur schließen lässt. Bei den Stadtwerken liegen die Betreuungskosten relativ gesehen auch höher als beim Rathaus.

Als Letztes lässt sich die Rabattquote analysieren. Während drei Kunden einheitlich auf 3,33 Prozent Nachlass kommen, finden sich bei Go-Tec 10 Prozent Gerade auch in Verbindung mit den hohen Kundeneinzelkosten ist hier Handlungsbedarf erkennbar.

Die Kennzahlenanalyse verdeutlicht wesentliche Problembereiche. Durch die Berechnung mehrerer, eigentlich sogar vieler Deckungsbeiträge können Ursachen recht genau eingekreist werden. Was allerdings nicht zuverlässig gelingt, ist eine inhaltliche Interpretation. Betrachten wir dazu das Beispiel Go-Tec etwas näher, dann lassen sich zwei mögliche Ursachen denken: Zum einen kann es sich um einen Neukunden handeln, in den erst noch investiert werden muss. Dadurch erklären sich die hohen Betreuungskosten (Außendienstbesuche, Einladungen, Werbegeschenke) und die hohen Rabatte (die als „Einstiegsgeschenk" gewährt werden). Zum anderen kann der zuständige Außendienst etwas „langweilig" sein. So bemüht er sich vielleicht nicht um eine effiziente Betreuung, sondern geht „auf Nummer sicher" und gewährt im Zweifel einen höheren Rabatt, als dass er allzu viel Zeit mit Verhandeln verbringt.

So wie die Erfolgsrechnung für Kundenstrukturen aufgebaut werden kann, kann dies auch für Vertriebskanäle, Vertriebsregionen oder Außendienstmitarbeiter geschehen. Auch hier geht es um das Prinzip, Erlöse und Kosten verursachungsgetreu zuzuordnen. Angenommen, es bestehe eine Außendienstmannschaft von fünf Personen. Drei von Ihnen betreuen jeweils eine Vertriebsregion. Sie haben eine Vorgesetzte, die Vertriebsleiterin Deutschland. Zwei Kollegen betreuen von der Zentrale aus Großkunden, sie sind Key Account Manager und dem Gesamtvertriebsleiter unterstellt.

Erfolg im Vertrieb analysieren

Der Ausweis der Rabatte ist wichtig, weil sie eine Aussage über das Verkaufsverhalten der Mitarbeiter machen können. Der DB I gibt an, wie profitabel die Produkte und Dienstleistungen sind, die von den Mitarbeitern verkauft wurden. Er kann ein Hinweis auf die „richtigen" oder „falschen" Kunden bzw. auf das Erfordernis sein, sich verstärkt um den Verkauf margenstarker Produkte zu kümmern. Um zum DB II zu kommen, werden sämtliche mitarbeiterbezogenen Kosten abgezogen, die vertraglich geregelt werden und im Laufe des Jahres nicht mehr zu beeinflussen sind. Die Provisionen sind natürlich variabel, aber ihre prozentuale Höhe muss auch vorab vom Unternehmen bestimmt werden. Die Kosten im nächsten Block zum DB III können vom Mitarbeiter beeinflusst werden. Es handelt sich um Kosten, die situativ entschieden werden. Wie spendabel der Mitarbeiter ist, sollte von der Höhe des DB II abhängig gemacht werden.

	Vertrieb Nord Neumann	Vertrieb West Wortmann	Vertrieb Süd Salzmann	KAM Schlosser	KAM Schlüssig
Brutto-Erlös	3.000.000	2.800.000	4.200.000	5.000.000	4.000.000
– Rabatte	350.000	200.000	200.000	700.000	600.000
= Netto-Erlös	2.650.000	2.600.000	4.000.000	4.300.000	3.400.000
– Herstellkosten	1.600.000	1.695.000	3.200.000	2.800.000	2.095.000
= DB I	1.050.000	905.000	800.000	1.500.000	1.305.000
– Fixum	50.000	50.000	50.000	70.000	75.000
– Sozialabgaben	10.000	10.000	10.000	14.000	15.000
– Kfz, Büro, Reise	25.000	35.000	15.000	6.000	5.000
– Provisionen	15.000	10.000	5.000	10.000	10.000
= DB II	950.000	800.000	720.000	1.400.000	1.200.000
– gewährte WKZ	100.000	150.000	60.000	100.000	200.000

– Betreuungskosten	60.000	70.000	40.000	50.000	90.000
– Sonderkosten	40.000	80.000	140.000	250.000	310.000
= DB III	750.000	500.000	480.000	1.000.000	600.000
– reg. Vertriebsleitung	100.000			–	–
= DB IV	1.630.000			1.000.000	600.000
– Vertriebsleitung	400.000				
= DB V	2.830.000				

Tabelle 2.8.4: Beispiel einer Erfolgsrechnung für Vertriebsmitarbeiter

Unterhalb des DB III wird eine Gruppe „Regionaler Vertrieb" gebildet. Diesem werden die Kosten der Vertriebsleiterin zugerechnet. Schließlich fehlt noch die Gesamtvertriebsleitung. Am Ende steht ein Deckungsbeitrag von 2,83 Mio. Euro. Von diesem sind noch restliche Fixkosten des Unternehmens zu decken, vor allem die Verwaltung. Beachten Sie, dass in den Erfolgsrechnungen nie eine willkürliche Schlüsselung erfolgt. Die Kosten der Leiterin regionaler Vertrieb werden nicht etwa durch drei geteilt und dann den einzelnen Außendienstlern zugerechnet! Dafür gibt es keine Grundlage.

c) Kennzahlen zur Kontrolle der Kundenerfolgsbeurteilung

Die Kundenerfolgsrechnung ist sicher die zentrale Grundlage kundenbezogener Entscheidungen, aber sie kann letztlich nicht alle Fragen beantworten oder alle Entscheidungen vorbereiten. So kann sich beispielsweise ein gerade geworbener Kunde in der Erfolgsrechnung genauso präsentieren wie einer, der schon seit Langem unprofitabel ist und mehr oder weniger vergessen wurde. Die Deckungsbeitragsinformationen müssen also durch qualitative Informationen ergänzt werden. Manchmal reicht es schon aus, sich etwas näher mit dem Kunden zu beschäftigen, mit einem Vertriebskollegen zu reden. Je größer die Zahl der Kunden ist, desto geringer ist aber die Wahrscheinlichkeit, dass dies zuverlässig funktioniert. Dafür lassen sich Kennzahlen einsetzen. Tabelle 2.8.5 gibt einen Überblick.

Kennzahl	Aussage
Lieferanteil/ Bedarfsdeckungsquote	misst die Potenzialausschöpfung bei einzelnen Kunden oder Kundengruppen
Auftragsgrößenkonzentration	ermittelt die Abhängigkeit von einzelnen/mehreren Großaufträgen
Empfehlungskundenanteil	Indikator der Kundenzufriedenheit
Kundenumsatz(DB-)anteil	misst die Abhängigkeit des Umsatzes oder Deckungsbeitrags von Kunden/-gruppen
Kundenalter	Indikator der Kundenbindungsqualität
Kundenwanderung	Saldo aus Kundengewinnen und -verlusten, Indikator der Attraktivität des Unternehmens aus Kundensicht
Churn Rate	Anteil der verlorenen Verträge bei Auslaufen der Vertragsbindung bzw. pro Jahr
Lost Order Rate	Anteil der Auftragsverluste vor endgültiger Auftragserteilung
Kundenzufriedenheit	in Kapitel 2.6 näher erläutert

Tabelle 2.8.5: Überblick über Kundenkennzahlen

d) Kundenstrukturanalysen

Der wirtschaftliche Wert eines Kunden ist nur ein mögliches Kriterium im Rahmen des Kundencontrolling. Die Zusammensetzung des Kundenstamms eines Unternehmens ist ein wichtiger Indikator für möglicherweise vorhandene Risiken und Versäumnisse der Vertriebsleitung. So deutet zum Beispiel eine Ungleichverteilung des Umsatzes über die einzelnen Kunden auf ein hohes Risikopotenzial hin:

▶ Geht ein wichtiger Kunde verloren, verliert der Anbieter einen großen Teil seines Gesamtumsatzes.
▶ Werden kleine Kunden mit der gleichen Aufmerksamkeit bearbeitet wie große, werden Kapazitäten im Vertrieb verschwendet.
▶ Sind die Kunden überwiegend alt, wird möglicherweise der Anschluss an neue Märkte verpasst.

Folgende Kriterien eignen sich zur Analyse der Kundenstruktur:

▶ **Umsatzstruktur** – ermittelt die Abhängigkeit des Umsatzes von einzelnen Abnehmern
▶ **Deckungsbeitragsstruktur** – verdeutlicht die Abhängigkeit des Gesamtdeckungsbeitrags von einzelnen Abnehmern und die Profitabilität der Abnehmer
▶ **Altersstruktur** – stellt fest, inwieweit der Umsatz von Altkunden abhängig ist, ermittelt den Erfolg des Vertriebs bei der Gewinnung von Neukunden
▶ **Branchenstruktur** – ermittelt die Abhängigkeit von der Nachfragesituation/Konjunktur einzelner Branchen

Umsatzstrukturanalyse

Eine erste, globale Analyse der Kundenumsätze führt zur Bildung von Kundenkategorien. In vielen Unternehmen erbringen die A-Kunden rund 70 Prozent des Umsatzes, die B-Kunden rund 20 Prozent und die C-Kunden die restlichen zehn Prozent.

Dafür gibt es durchaus Gründe: Beispielsweise lässt sich oft feststellen, dass Unternehmen stark an eingefahrenen Kundenbeziehungen festhalten, die profitabel sind und wenig Anlass für eine Neuorientierung geben. Damit entsteht jedoch oft das Problem, zu stark in klassischen, das heißt alten Märkten engagiert zu sein, die sich negativ entwickeln. In einer Krisensituation dann neue Kunden zu suchen, die das Geschäft wieder auffangen, stellt sich regelmäßig als schwierig heraus.

Umgekehrt kann auch die intensive Akquisition attraktiver Kunden zunächst zu einem hoffnungsvollen Blick in die Zukunft führen. Attraktive Kunden werden aber auch von anderen Lieferanten umworben, sodass sie nur mit hohem Aufwand zu halten sind. In der Folge entstehen Liquiditätsprobleme. Ein Ausgleich zwischen diesen Extrempositionen ist demnach sinnvoll.

Das Beispiel in Tabelle 2.8.6 zeigt eine Umsatzstrukturanalyse. Das Unternehmen erzielt einen Gesamtumsatz von 100.000, der größte Kunde ist für 25 Prozent davon verantwortlich. Aufgrund der Umsatzsprünge zwischen den Kunden C und D sowie zwischen G und H bietet es sich an, hier die Grenzen für die ABC-Analyse zu setzen. Die A-Kunden (drei an der Zahl) kommen damit auf 63 Prozent Umsatzanteil, die vier B-Kunden auf weitere 30 Prozent und schließlich bleiben für die zehn C-Kunden rund 7 Prozent.

Kunde	Umsätze	Umsätze kumuliert	in %	Klasse
A	25.000		25,0	
B	20.000	45.000	45,0	A
C	18.000	63.000	63,0	
D	10.000	73.000	73,0	
E	8.000	81.000	81,0	B
F	7.000	88.000	88,0	
G	5.000	93.000	93,0	
H	2.000	95.000	95,0	
I	2.000	97.000	97,0	
J	1.000	98.000	98,0	C
K	1.000	99.000	99,0	
L	500	99.500	99,5	
M	500	100.000	100,0	
Summe	100.000			

Tabelle 2.8.6: Beispiel einer Umsatzstrukturanalyse

Die grundsätzlichen Charakteristika der A-, B- und C-Kunden zeigt Tabelle 2.8.7.

	Definition	Beschreibung	Gefahren/Chancen
A-Kunden	hohe Umsatzbedeutung, geringe Anzahl	sehr wichtige Kunden, die unbedingt gehalten werden müssen; Risikoausgleich erforderlich	müssen profitabel sein; Gefahr des „Umhegens" gegeben; Kunden nutzen möglicherweise Machtsituation aus
B-Kunden	mittlere Umsatzbedeutung	weniger wichtige Kunden, oft profitabel	werden möglicherweise unterschätzt; müssen als Nachwuchs für A-Kunden angesehen werden
C-Kunden	geringe Umsatzbedeutung, hohe Anzahl	unwichtige Kunden, oft nicht profitabel, wirtschaftliche Bearbeitung notwendig	Bearbeitungsaufwand in der Regel zu hoch, Leichtsinnigkeit kann aber zu Unzufriedenheit führen

Tabelle 2.8.7: Umsatzstrukturanalyse

Deckungsbeitragsstrukturanalyse

Der Umsatz alleine ist aber als Strukturmerkmal nicht unbedingt aussagekräftig. So arbeiten viele Unternehmen zwar nach Umsatz- und Marktanteilszielen und kümmern sich daher in erster Linie um Umsätze, doch muss unter Controllingaspekten auch an die Profitabilität gedacht werden. Daher sollte gleichzeitig die Strukturanalyse nach Deckungsbeiträgen durchgeführt werden. Dieses Vorgehen verhindert, sich um große aber unprofitable Kunden zu kümmern, während bei kleineren mit hohen Gewinnsätzen Wachstumspotenziale verschlafen werden. Konzentriert man sich dann auf die A-Kunden nach Umsatz, die aber vielleicht nicht den A-Kunden nach Deckungsbeitrag entsprechen, werden die wichtigsten Deckungsbeitragslieferanten aus den Augen verloren. Sie suchen sich möglicherweise einen neuen Lieferanten, und das noch, ohne dass es das betroffene Unternehmen stört.

Für die Unternehmen aus der Tabelle 2.8.6 werden nun die Deckungsbeiträge aufgelistet (Tabelle 2.8.8). Die A-Gruppe entspricht hier der nach Umsätzen. Der kumulierte DB liegt aber höher als der kumulierte Umsatz, wenn auch nicht wesentlich. Dies deutet aber auf noch größere Ertragsabhängigkeit hin. Bei den B-Kunden ändert sich die Reihenfolge. E schneidet nach DB schlechter ab als F. Auch in der C-Gruppe gibt es Umverteilungen. Die DB-Konzentration ist insgesamt etwas höher als die nach Umsatz, allerdings nicht bedrohlich.

Kunde	DB	DB kumuliert	in %
A	17.000	17.000	28,3
B	15.000	32.000	53,3
C	9.000	41.000	68,3
D	4.000	45.000	75,0
F	4.000	49.000	81,7
E	3.500	52.500	87,5
G	3.400	55.900	93,2
I	1.700	57.600	96,0
H	800	58.400	97,3
J	700	59.100	98,5
K	400	59.500	99,2
M	300	59.800	99,7
L	200	60.000	100,0
Summe	60.000		

Tabelle 2.8.8: DB-Strukturanalyse

Abbildung 2.8.2 stellt die Kurve der kumulierten Deckungsbeiträge grafisch dar.

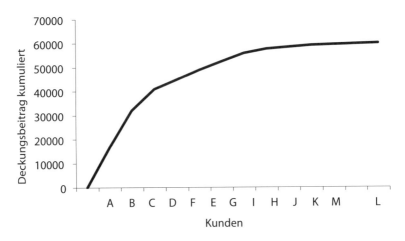

Abbildung 2.8.2: Kumulierte DB

Die ABC-Klassen bleiben in diesem Fall gleich, was wesentlich an den sehr deutlichen Größenunterschieden der Kunden liegt. Interessant ist nun noch die Analyse der DB-Rendite, das heißt die Frage, wie rentabel die einzelnen Kunden sind. Hier können keine sinnvollen Gruppen mehr bestimmt werden, aber die Daten stehen bereits zur Verfügung. Tabelle 2.8.9 zeigt im linken Teil die Umsätze, Deckungsbeiträge und die entsprechenden Renditen.

Kunde	absolut		DB/Umsatz in %	Index	
	Umsätze	DB		Umsatz-Index	DB-Index
A	25.000	17.000	68,0	3,25	3,68
B	20.000	15.000	75,0	2,60	3,25
C	18.000	9.000	50,0	2,34	1,95
D	10.000	4.000	40,0	1,30	0,87
E	8.000	3.500	43,8	1,04	0,76
F	7.000	4.000	57,1	0,91	0,87
G	5.000	3.400	68,0	0,65	0,74
H	2.000	800	40,0	0,26	0,17
I	2.000	1.700	85,0	0,26	0,37
J	1.000	700	70,0	0,13	0,15
K	1.000	400	40,0	0,13	0,09
L	500	200	40,0	0,07	0,04
M	500	300	60,2	0,07	0,07
Summe	100.000	60.000	60,0	7.692	4.615

Tabelle 2.8.9: DB-Renditen und Umsatz-/DB-Index
1 = Durchschnitt

Hier zeigen sich sehr deutliche Unterschiede. So ist Kunde I zwar nur ein sehr kleiner, erbringt aber die höchste DB-Rendite (bezogen auf den Umsatz). Anders gesagt: Das Unternehmen verdient bei diesem Kunden mit einem Umsatzeuro am meisten DB. Würde man ihn stärker fördern als andere in dieser Größenklasse, dann wäre dies für das Unternehmen wahrscheinlich profitabler. Bei den großen Kunden liegt B absolut gesehen zwar bei Umsatz wie Deckungsbeitrag an zweiter Stelle, aber in Sachen Rendite deutlich vor den anderen großen Kunden.

Umsatz und Deckungsbeitrag der Kunden können auch im Zusammenhang grafisch dargestellt werden, sodass sich Ungleichgewichte schnell erkennen lassen. Dabei werden am besten **Indexwerte** für die Umsätze und Deckungsbeiträge errechnet, sodass sich eine standardisierte Darstellung in einem Koordinatensystem ergibt. Der rechte Teil von Tabelle 2.8.9 stellt die Daten dieses Beispiels dar.

Die Winkelhalbierende in Abbildung 2.8.2 zeigt, wo die Kunden liegen müssten, wenn sie von ihrer Umsatzbedeutung her genauso wie nach Deckungsbeiträgen einzustufen wären. Kunden, die in der linken Hälfte eingezeichnet werden, sind unterdurchschnittlich profitabel, die auf der rechten Seite sind überdurchschnittlich profitabel (gemessen an der Relation Deckungsbeitrag zu Umsatz).

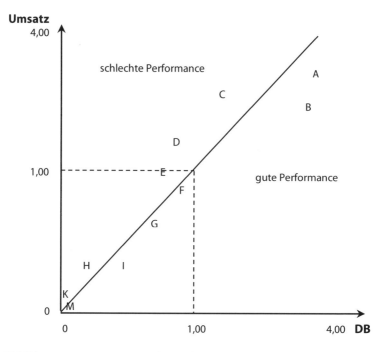

Abbildung 2.8.2: Umsatz-/Deckungsbeitrags-Diagramm

Altersstrukturanalyse

Eine dritte Standard-Strukturanalyse beschäftigt sich mit dem Alter der Kundenbeziehung. Grundsätzlich kann man davon ausgehen, dass ältere Kunden (das heißt längere Kundenbeziehungen) profitabler, weil verschiedene Anfangsaufwendungen nicht mehr erforderlich sind. Andererseits sind sie aber auch riskanter, weil ihr Geschäft möglicherweise veraltet ist und die Nachfrage nachlässt. Zum Ausgleich dieser Risiken sind wiederum ausreichend neue Kunden erforderlich. Deswegen sollte auf ein ausgeglichenes Verhältnis von Neu- zu Altkunden geachtet werden. Ein Unternehmen, dem es gelingt, kontinuierlich Kundennachwuchs zu generieren, steht auf einer gesunden Basis.

Portfolio-Techniken

Portfolio-Techniken sind **zweidimensionale Analysen** der Kundenstruktur. Sie wurden ursprünglich für die Beurteilung strategischer Geschäftseinheiten entwickelt, werden aber inzwischen auch regelmäßig im Bereich des Kundencontrolling eingesetzt. Das Grundprinzip ist dabei unverändert: Neben einer internen Erfolgsgröße (zum Beispiel Lieferantenposition oder relativer Marktanteil) wird eine externe Potenzialgröße (zum Beispiel Kundenattraktivität oder Marktwachstum) für die Bewertung herangezogen. Je nach Art der Kriterien (einfach zu ermittelnde, mathematische Größen wie Marktanteile oder komplexe, qualitative wie die Kundenattraktivität) können die Kunden bzw. Geschäftseinheiten entweder gleich in die Matrix eingetragen werden oder sind umfangreiche Bewertungsprozeduren erforderlich.

Häufig muss man sich aus pragmatischer Sicht entscheiden, ob man es von der Methodik her eher einfacher haben will oder ob man bereit ist, ausführliche Vorarbeiten zu leisten. Im ersten Fall kommen Umsatz/Deckungsbeitrags-Portfolios mit eingeschränkter Aussagekraft infrage, im zweiten Fall zum Beispiel das Kundenattraktivität/Lieferantenposition-Portfolio.

Kundenattraktivität/relative Lieferantenposition-Portfolio

Am häufigsten wird das Kundenattraktivität/relative Lieferantenposition-Portfolio eingesetzt. Die einzelnen Kunden werden nach ihrer Attraktivität für das Unternehmen (finanzielle Stärke, Bestellvolumen usw.) und der erreichten Position bei dem Kunden (eigener Lieferanteil, eigene Serviceleistungen usw.) bewertet. Da sich diese Faktoren meist nicht für eine exakte Messung eignen, wird eine Punktbewertung vorgenommen. Die Kunden werden dann aufgrund ihrer Bewertung in ein Portfolio eingezeichnet.

Bei der Kundenbewertung stellt sich besonders die Vielzahl relevanter Kriterien als Problemfaktor heraus. Die Informationen müssen nicht nur erst einmal beschafft, sondern auch stark verdichtet werden. Dazu kann der in Tabelle 2.8.10 vorgestellte Kriterienkatalog verwendet werden, der je nach Branche und Verfügbarkeit der Informationen angepasst werden kann. Dann werden die Kunden in das Portfolio in Abbildung 2.8.3 eingezeichnet, wobei der Durchmesser des Kreises mit dem Umsatz korreliert.

Kundenattraktivität	Bewertung		rel. Lieferantenposition	Bewertung	
Kriterium	Gewicht	Punkte	Kriterium	Gewicht	Punkte
Umsatz des Kunden			Verkaufsvolumen		
Umsatzpotenzial/ Marktvolumen			eigener Lieferanteil		
Umsatzentwicklung des Kunden			Entwicklung des Lieferanteils		
Marktanteil des Kunden			räumliche Nähe		
Image/Referenzeignung			eigenes Image		
Bonität/Kundenscore			eigene Termintreue		

erforderliche Rabatte		vorhandene Vertriebsbindungen	
erforderliche Zuschüsse		gewährte Zuschüsse	
Betreuungsaufwand		Unterstützungsmaßnahmen	
Transportkosten		eigene Serviceleistungen	
Reklamationsverhalten		eigene Reklamationsbearbeitung	
Preissensibilität		Entwicklungskooperation	
Kooperationsbereitschaft		kundenindividuelle Produkte	
Einkaufsbedingungen		Kooperationswerbung	
Einhaltung von Absprachen		Ingredient Branding	
Zahl der Lieferanten			
Summe	100 %	**Summe**	100 %

Tabelle 2.8.10: Kriterien der Kundenbewertung

Anhand dieser Einzelbewertungen wird ein Gesamtpunktwert berechnet, der dann Grundlage für die Einordnung in das Portfolio ist. Die Einzelkriterien werden so gewichtet, dass sich in der Summe 100 Prozent ergeben. Je nach Geschäftsart können Faktoren wie das Image oder die Transportkosten mal eine größere und mal eine geringere Bedeutung haben.

Für die Punktwerte lassen sich zum Beispiel 5er-Skalen einsetzen, bei denen 1 Punkt für eine schlechte und 5 Punkte für die beste Bewertung stehen. Die Grenze zwischen den Portfolio-Feldern ist dann bei 3 Punkten zu ziehen.

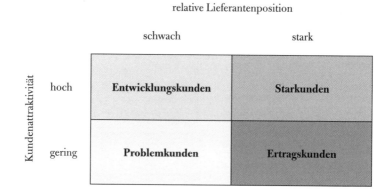

Abbildung 2.8.3: Kundenattraktivität/Lieferantenposition-Portfolio

Für die Kunden, die den einzelnen Feldern zugeordnet werden, lassen sich einige allgemeine Empfehlungen für die Bearbeitung geben.

Entwicklungskunden – Üblicherweise die Position des Einstiegs in die Kundenbeziehung. Der Kunde ist attraktiv, aber der Anbieter hat noch nichts erreicht. Die Lieferantenposition muss zügig ausgebaut werden. Im Vordergrund stehen Maßnahmen, die das Risiko des Kunden reduzieren, ihm einen Anreiz geben, die neue Lieferbeziehung auszuprobieren. Das geschieht beispielsweise durch Angebot geringer (Test-)Liefermengen, kulante Rücktritts- und Rückgabemöglichkeiten oder Kurzfristverträge. Rabatte werden auch oft gewährt, können aber zu einer dauerhaften Belastung der Profitabilität des Kunden führen.

Starkunden – Kunden sind attraktiv, außerdem erreicht der Lieferant einen hohen Lieferanteil. Diese Position ist aber nicht zum Ausruhen geeignet, da sich auch andere potenzielle Lieferanten um den Kunden bemühen dürften. Die Bearbeitung von Starkunden muss daher das Ziel verfolgen, die Bindung zu stärken und ein Abwandern unwahrscheinlich werden zu lassen. Dies geschieht etwa durch Konditionen, die eine langfristige Bindung honorieren (Boni), durch gemeinschaftliche Entwicklungsprojekte sowie alle Arten der Individualisierung von Angeboten.

Weiterhin erfolgt eine Bindung des Kunden auf kommunikativem Weg, zum Beispiel durch die Qualität der Beratung, hochkarätige Präsenzveranstaltungen, Gemeinschaftswerbung und Ähnliches.

Ertragskunden – Die Position des Lieferanten ist stark, aber die Attraktivität des Kunden hat nachgelassen. In dieser Situation steht die Abschöpfung, das heißt die Steigerung der Profitabilität durch Verringerung der kundenspezifischen Kosten im Vordergrund. Dieses Vorgehen ist gerechtfertigt, weil der Kunde auch für Wettbewerber nicht mehr attraktiv und insgesamt kein Potenzial mehr vorhanden ist. Die Deckungsbeiträge müssen verwendet werden, um Neuakquisitionen zu finanzieren.

Problemkunden – Diese Kunden sind weder attraktiv, noch hat es der Lieferant geschafft, einen nennenswerten Erfolg bei ihnen zu erzielen. Sie erwirtschaften meist nur geringe Deckungsbeiträge, sodass eine Belieferung auf der Basis geringstmöglichen Aufwands sinnvoll ist. Eine gezielte Beendigung der Kundenbeziehung kann erforderlich sein, wenn unter den gegebenen Bedingungen keine Kundenzufriedenheit erzielt werden kann und mit negativer Mund-zu-Mund-Propaganda zu rechnen ist.

Das folgende Beispiel zeigt eine Anwendung der Portfolio-Technik. Für einen Kunden A wird eine Punktbewertung mit einem leicht verkürzten Schema vorgenommen (Tabelle 2.8.11). Tabelle 2.8.12 zeigt die Werte dann für alle Kunden. In Abbildung 2.8.4 wird schließlich das Kundenportfolio insgesamt dargestellt.

Kundenattraktivität	Bewertung		rel. Lieferantenposition	Bewertung	
Kriterium	G. %	P.	Kriterium	G. %	P.
Umsatz des Kunden	10	5	Verkaufsvolumen	20	2
Umsatzentwicklung	10	4	eigener Lieferanteil	20	2
Einkaufsbedingungen	15	4	Entwicklung des Lieferanteils	10	2

Image/Referenzeignung	5	3	eigenes Image	5	3
Bonität	20	5	eigene Termintreue	10	4
erforderliche Rabatte	10	2	eigene Serviceleistungen	5	2
Betreuungsaufwand	5	2	Reklamationsbearbeitung	5	2
Preissensibilität	15	1	Entwicklungskooperation	15	1
Kooperationsbereitschaft	10	4	kundenindividuelle Produkte	10	1
Summe	**100**	**3,5**	**Summe**	**100**	**2,0**

Tabelle 2.8.11: Beispiel einer Einzelkundenbewertung

Kunde	Kundenattraktivität	relative Lieferantenposition	Umsatz	Kundentyp
A	3,5	2,0	2.000	Entwicklung
B	4,0	2,5	1.500	Entwicklung
C	1,5	4,0	1.000	Ertrag
D	4,8	4,2	500	Star
E	4,5	3,0	2.500	Star
F	2,2	1,8	1.000	Problem
G	2,5	3,9	1.500	Ertrag

Tabelle 2.8.12: Beispiel einer Bewertung eines Kundenstamms

Das Portfolio macht zunächst einen durchaus ausgewogenen Eindruck. Andererseits muss aber ein bedeutender Problemkunde beachtet werden, zudem der größte Kunde des Lieferanten. Im Bereich der Entwicklungskunden wäre weiterhin durchaus etwas Zuwachs wünschenswert. Grundsätzlich sollte bei Anwendung dieser Portfoliotechnik darauf geachtet werden, dass sowohl Ertrags- als auch Starkunden vorhanden sind. Dazu werden in geeigneter Anzahl Entwicklungskunden benötigt, die zu Star- und möglichst auch zu Ertragskunden weiterentwickelt werden können. Wie viele es sein sollten, hängt davon ab, wie schnell Kundenbeziehungen in der jeweiligen Geschäftsart aufgebaut werden können. Bei Problemkunden ist vor einer Aufgabe zu prüfen, welche Deckungsbeiträge erzielt werden. Sie können durchaus noch profitabel sein.

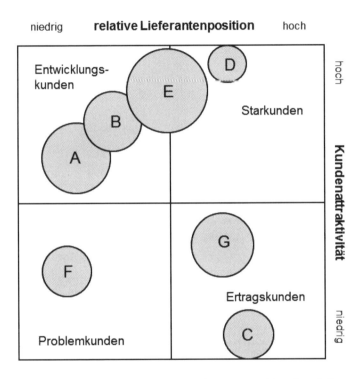

Abbildung 2.8.4: Kundenattraktivität/Lieferantenposition-Portfolio

Deckungsbeitrag/Kundenwert-Portfolio

Die Anwendung der Kundenattraktivität/Lieferantenposition-Portfoliotechnik erfordert eine genaue Analyse des Kunden, die vor allem bei Unternehmen mit vielen Kleinkunden nicht wirtschaftlich durchführbar ist. Daher kann es sinnvoll sein, sich auf die rein ökonomische Größe Deckungsbeitrag zu konzentrieren. In diesem Zusammenhang können Kunden danach klassifiziert werden, wie hoch die Deckungsbeitragsrate (DB : Umsatz) in der Vergangenheit war und wie hoch der Kundenwert (ausgedrückt als Deckungsbeitragspotenzial über die Lebensdauer) ist. Sieht man von rein qualitativen Faktoren wie etwa der Eignung eines Abnehmers als Referenzkunde ab, dann stellt sich heraus, dass Entscheidungen über die Bearbeitung von Kunden überwiegend von diesen beiden Faktoren abhängen. Im Vertrieb wird dieses Portfolio daher gerne für eher operative Überlegungen eingesetzt. Siehe Abbildung 2.8.5.

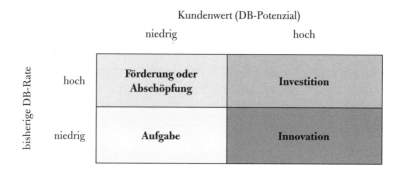

Abbildung 2.8.5: Deckungsbeitrag/Kundenwert-Portfolio

Die Aussage dieses Portfolios ist eine andere. Es geht nicht mehr darum, einen Ausgleich zwischen verschiedenen Kundentypen zu schaffen, sondern möglichst einen Schwerpunkt rechts oben zu erzielen.

Investitionskunden sind solche, die in der Vergangenheit profitabel waren und auch in der Zukunft attraktiv sind. Sie sind als Ertragsquelle zu erhalten und müssen entsprechend gepflegt werden. Investitionen sind daher nicht nur vertretbar, sondern oft auch angeraten, um die Kundenbindung zu stärken.

Förderkunden waren früher attraktiv, verfügen aber nur über einen geringen Zukunftswert. Dies ist der Fall, wenn entweder die Leistung des Abnehmers auf seinem Markt oder seine Zahlungsfähigkeit nachgelassen haben bzw. sein Markt insgesamt rückläufig ist. Kunden dieses Segments müssen daraufhin untersucht werden, ob durch eine individuelle Förderung eine Besserung der Situation eintreten kann. Sie als „Verlierer" abzuschreiben, mag im Einzelfall angemessen sein, bedeutet aber auch Verluste, die nicht immer notwendig sein müssen. Prinzipiell ist hier aber eine sehr vorsichtige Behandlung der Kunden erforderlich, beispielsweise durch Rücknahme besonderer Zugeständnisse (Rabatte, Boni, Werbekostenzuschüsse).

Aufgabekunden sind solche, bei denen ein sofortiger Rückzug aus der Lieferbeziehung angeraten ist. Weder früher noch in Zukunft ist mit zufriedenstellenden Deckungsbeiträgen zu rechnen. Sie eignen sich allenfalls, bei positivem DB I, zur Steigerung der Auslastung. In der Realität blockieren sie aber oft genug Kapazitäten, die für profitablere Kunden eingesetzt werden könnten. Auf jeden Fall sind Marketinginvestitionen hier zu unterlassen.

Innovationskunden stellen eine besondere Herausforderung dar. Wenn sich ihre Lage nicht gerade erheblich gebessert hat, dann sind in der Vergangenheit die Potenziale nicht genutzt worden. Das heißt: Das Ergebnis war schlecht, obwohl die Kunden eigentlich einen hohen Wert besitzen. Als Konsequenz ist hier eine Umstellung des Angebots bzw. der Verfahrensweise erforderlich. Zum einen kann dies durch Schwerpunktverlagerung innerhalb des eigenen Sortiments erfolgen, zum anderen durch neugestaltete Angebote, die einen höheren DB erzielen.

Während die Felder Investition und Aufgabe zu einer einfachen Interpretation führen und die sich daraus ableitende Kundenstrategie leicht und eindeutig zu entwickeln ist, stellen die Felder Förderung/Abschöpfung und Innovation eine strategische Herausforderung dar, die nicht zu eindeutigen und einheitlichen Konzepten führt. Für diese Kunden den geeigneten Strategieansatz zu entwickeln, kann zu erheblichen Ertragssteigerungen führen. Betrachten wir daher unter dem Aspekt der Strategieentwicklung die einzelnen Felder etwas näher:

Förderung/Abschöpfung

Entscheidungen bezüglich dieser Kunden sind oft recht emotional geprägt. Wie soll man sich einem Kunden gegenüber verhalten, mit dem man bislang gute Geschäfte gemacht hat, der aber in Zukunft nicht mehr interessant ist? Persönliche Beziehungen spielen eine Rolle, die Hoffnung auf eine Änderung der Lage dürfte allgemein vorhanden sein. Eine radikale Strategieumkehr ist jedoch erforderlich, sonst besteht die Gefahr, von der schlechten Situation des Abnehmers mit erfasst zu werden.

Eine Entscheidung für die strategische Ausrichtung erfordert vorab eine genaue Kenntnis des Marktumfelds und der Leistungspotenziale des Kunden. So ist die Frage zu stellen, ob er beispielsweise neuen Wettbewerbern gegenübersteht, die sich als wesentlich schlagkräftiger erweisen und neue Fertigungstechnologien einsetzen. Das Förderungsziel dürfte in diesem Fall zu hoch angesetzt sein. Besteht das Problem eher in Kapazitäts- oder Liquiditätsengpässen, kann der Lieferant schon eher helfen. In solchen Fällen kann es hilfreich sein, durch Vermittlung geeigneter Partner oder Unterstützung bei der Finanzierung zu einer Besserung der Lage beizutragen. Ebenso kann sich das Angebot von Beratungsleistungen lohnen.

Die Abschöpfung des Kunden verfolgt das Ziel, mit reduziertem Aufwand den gleichen Umsatz zu erzielen, um die Profitabilität zu steigern. Zunächst ist innerhalb des Unternehmens eine gewisse Überwindung erforderlich, entgegen sonstiger Bemühungen nun letztlich weniger für einen Kunden zu tun.

Es muss herausgefunden werden, welche Maßnahmen oder allgemein Kostenpositionen für die Kundenbeziehung wirklich wichtig sind, welche den Bestand gefährden und welche nicht. Hier ist ähnlich einer Wertanalyse vorzugehen, bei der einzelnen Kostenkomponenten ihr Nutzen gegenübergestellt wird. Für eine grobe Selektion möglicherweise verzichtbarer Maßnahmen kann eine Bewertung der Wichtigkeit nach Punkten durchgeführt werden.

Wichtig ist bei einer solchen Bewertung auch, sie nicht (nur) diejenigen Mitarbeiter durchführen zu lassen, die diese Maßnahmen konzipiert haben oder einsetzen. In diesem Fall wäre massiver Widerstand gegen jede Kürzung zu erwarten. Vielmehr sollte versucht werden, objektiv einzuschätzen, inwieweit aktuell oder in der Vergangenheit Reaktionen auf die Maßnahmen erfolgt sind. Dafür käme etwa das Marketing-Controlling infrage.

Prinzipiell sollte nicht vergessen werden, dass es bei dieser Analyse nicht um die Aufgabe der Kundenbetreuungsmaßnahmen allgemein geht, sondern nur darum, ob sie auf einen einzelnen Kunden angewandt werden sollen.

Anhand der Einschätzung von Kosten und Bedeutung der einzelnen Maßnahmen kann ein Gewicht berechnet werden, das bei der Entscheidung für oder gegen eine Maßnahme hilft. Dazu wird die Bewertung der Kosten mit der der Bedeutung multipliziert. Je höher der Wert ist, desto eher sollte auf die Aktion verzichtet werden. Bei niedrigen Werten sollte daran festgehalten werden.

Innovation

Kunden im Feld Innovation erfordern eine grundsätzlich neu gestaltete Bearbeitung. Auch hier stehen letztlich zwei grundlegende Richtungen zur Verfügung. Zum einen kann die Entwicklung umfangreicher Servicemaßnahmen sinnvoll sein, die zu höheren DB-Spannen und Mengensteigerungen führen. Zum anderen kann es auch die Umstellung des

Vertriebsprinzips sein. In beiden Fällen hat das Internet neue Perspektiven eröffnet.

Interessanter ist jedoch der Ansatz, eine Leistung über ein neues Prinzip anzubieten. Hierzu gibt es zahlreiche Beispiele aus dem Bereich der Finanzdienstleistungen. Das Grundprinzip ist es, einen Teil der bislang selbst erbrachten Leistung auf den Abnehmer zu übertragen. Dies ist immer dann sinnvoll, wenn es sich um Tätigkeiten handelt, die überwiegend aus kleineren Abwicklungsaufgaben bestehen. So bieten etwa Online-Broker nur noch die Infrastruktur für Börsengeschäfte inklusive Informationen, überlassen die Vornahme der Aufträge jedoch den Anlegern. Versicherungsgesellschaften überlassen ihren Kunden die Berechnung von Angeboten, Online-Reisebüros geben die Möglichkeit, Flüge und Reisen selbst zu buchen, Verbindungen herauszusuchen, wofür sonst ein Mitarbeiter erforderlich war.

e) Weitere Marketing- und Vertriebskennzahlen

Profitabilitätskennzahlen		
Kennzahl	**Definition**	**Erläuterung**
Stück-Deckungsbeitrag	Netto-Preis – variable Kosten	Direkt zurechenbarer Erfolg eines einzelnen Stücks, relevant für kurzfristige Verkaufsentscheidungen.
Produkt-Deckungsbeitrag	Netto-Produkt-Umsatz – gesamte variable Einzelkosten – fixe Einzelkosten	Erfolgsgröße eines Produkts (berücksichtigt die Gesamtmenge eines Artikels), geeignet für Sortimentsentscheidungen.
Deckungsbeitragsrendite	$\dfrac{\text{Produkt-Deckungsbeitrag}}{\text{Netto-Produkt-Umsatz}}$	Profitabilitätsgröße eines Produkts, ermöglicht den Vergleich innerhalb des Sortiments.
Auftrags-Deckungsbeitrag	Netto-Auftragsvolumen – Auftragseinzelkosten	Erfolgsgröße eines Auftrags, zum Beispiel im Projektgeschäft einsetzbar. Ebenso Grundlage für die Auftragskalkulation bei Unterauslastung (Ziel: positiver Deckungsbeitrag).

Rabattquote	gewährtes Rabattvolumen / Brutto-Umsatz	Kontrolliert das Rabattverhalten; Indikator für das Verhalten im Außendienst, auch für die Angemessenheit der Preise.
Marketingkostenanteil	Marketingkosten / Netto-Umsatz bzw. Gesamtkosten	Kontrolliert den Anteil der Marketingkosten; vor allem für den langfristigen Vergleich.
Vertriebskostenanteil	Vertriebskosten / Netto-Umsatz bzw. Gesamtkosten	dto.
Reklamationskostenanteil	Kosten für Reklamationsbehandlung / Netto-Umsatz	Indikator der Produkt- und Servicequalität sowie der Kundenzufriedenheit. Die Reklamationskosten gelten als grundsätzlich vermeidbar, wenn die Qualität gesteigert wird.
Aktionsumsatzanteil	Netto-Aktionsumsatz / Netto-Umsatz	Zeigt, welcher Anteil des Umsatzes durch besondere Maßnahmen (vor allem Preisnachlässe) erzielt wird. Indikator für die Attraktivität und Marktfähigkeit des Angebots. Kontrolliert das Verhalten des Vertriebs, insbesondere die Bereitschaft, Umsatz durch Aktionen zu erkaufen.
Anteil Außenstände	Außenstände / Netto-Umsatz	Maßgröße für Zinsverluste durch unbezahlte Rechnungen. Auch Instrument zur Kontrolle der Kundenqualität (hohe Außenstände deuten auf „schlechte" Kunden mit geringer Bonität hin).

Leistungskennzahlen

Kennzahl	Definition	
Marktanteil	eigener Netto-Umsatz / Absatz Gesamtumsatz/-absatz des Marktes	Zentrale Erfolgsgröße für das Unternehmen insgesamt. Weil auf den Markt bezogen immer „gerechtes" Kriterium. Misst Erfolg von Marketing, Vertrieb, Produkt ganzheitlich.
Umsatzanteil	Umsatz des Produkts A Netto-Umsatz gesamt	Kriterium zur Ermittlung der Umsatzkonzentration. Ergibt über alle Produkte (oder auch Kunden) eine A/B/C-Analyse als Indikator für die Abhängigkeit von einzelnen Produkten.
Umsatzwachstumsrate	$\dfrac{\text{Umsatz A}_t - \text{Umsatz A}_{t-1}}{\text{Umsatz A}_{t-1}}$	Erfasst die Dynamik des Unternehmens. Auch für besondere Entlohnungsformen als Grundlage einzusetzen.
Reklamationsquote	Anzahl/Umsatz reklamierter Produkte Netto-Umsatz/Gesamt-Absatzmenge	Indikator der Kundenzufriedenheit. Misst vor allem Qualitätsprobleme von Produkten. Weist aber auch auf Probleme im Vertrieb hin, wenn Aufträge aggressiv akquiriert und Versprechen nicht gehalten werden.
Käuferreichweite	Anzahl der Produktkäufer/ Kunden Anzahl der potenziellen Käufer/Kunden	Misst die Potenzialausschöpfung, allerdings nicht auf Umsatzbasis. Umsatzpotenziale zu ermitteln ist in den meisten Branchen unmöglich, sodass man sich an der Zahl der potenziellen Käufer orientiert.
Bekanntheitsgrad	Anzahl der Personen, die ein Produkt kennen Anzahl der Befragten insgesamt	Erfolgsgröße der Kommunikation und Voraussetzung für Vertriebserfolg. Muss über Befragungen in der Zielgruppe erhoben werden.
Wiederholungskaufrate	Anzahl der mindestens zum zweiten Mal vom selben Kunden gekauften Produkte Gesamtabsatzmenge dieses Produkts	Ermittelt den Stammkäuferanteil von Produkte, eignet sich damit als Indikator der Kundenzufriedenheit. Daten müssen in der Buchhaltung erfasst werden. Aussagefähigkeit insbesondere im Vergleich mit anderen Produkten des Sortiments.

Produktentwicklungszeit (Time to Market)	durchschnittliche Zeit vom Beginn der Produktentwicklung bis zur Einführung	Erfasst die Marktnähe und Innovationsfähigkeit des Unternehmens. Kontrolliert die Entwicklungsabteilung bzw. allgemein die Managementstrukturen.
Beschwerdebearbeitungszeit	durchschnittliche Bearbeitungszeit für eine Beschwerde	Einfache Kennzahl zur Steuerung der Reklamationsabteilung. Schnelle Bearbeitung führt zu hoher Kundenzufriedenheit und erleichtert Wiederkäufe.
Verbundumsatz-Anteil	$\dfrac{\text{Netto-Auftragssummen mit mindestens zwei Sortimentspositionen}}{\text{Netto-Umsatz}}$	Indikator für die Verbundbeziehungen im Sortiment. Grundlage für oder gegen Eliminationsentscheidungen und Ansatzpunkt für Cross Selling.

Logistikkennzahlen

Kennzahl	Definition	
Termintreue	$\dfrac{\text{Anzahl/Wert der termingerechten Lieferungen}}{\text{Gesamtzahl/Gesamtwert der Lieferungen}}$ oder: durchschnittliche Abweichung des tatsächlichen vom zugesagten Liefertag	In vielen Branchen (Standardteile, Verbrauchsmaterial) zentraler Indikator der Kundenzufriedenheit und Grundlage der Kundenbindung. Misst vor allem Prozesse in der Logistik, aber auch im Vertriebsinnendienst.
Lieferschnelligkeit	durchschnittlicher Zeitbedarf zwischen Bestellung und Auslieferung	Häufig Wettbewerbsfaktor und wichtige Werbeaussage. Kontrolle der Kennzahl sorgt für Disziplin bei den internen Prozessen in Außendienst, Innendienst, Lager und Transport.
Lagerumschlagshäufigkeit	$\dfrac{\text{Gesamtkosten der verkauften Waren}}{\text{durchschnittlicher Lagerbestand auf Kostenbasis}}$	Zentraler Kostenindikator in der Logistik. Hohe Umschlagshäufigkeit bedeutet geringe Lagerkosten.

Vertriebskennzahlen		
Kennzahl	Definition	
Auftragseingang	kumulierter Auftragsbestand am Stichtag	Kennzahl zur Verfolgung der Umsatzzielerreichung, leichter Vorlauf vor den realisierten Umsätzen. Soll Gegensteuerungsmaßnahmen bei größerer Abweichung auslösen.
	geplanter Umsatz der Periode	
Angebotserfolgsquote	gesamtes akquiriertes Auftragsvolumen	Kontrolliert den Erfolg „an der Front". Zu geringer Erfolg sollte Trainingsmaßnahmen nach sich ziehen bzw. eine veränderte Angebotspolitik, hoher Erfolg deutet auf zu niedrige Preise hin.
	angebotenes Auftragsvolumen	
Neukundenanteil	Umsatz/Deckungsbeitrag der Neukunden	Erfasst die Fähigkeit, neue Kunden zu akquirieren. Zu geringer Anteil ist Risikoindikator, falls alte Kunden verloren gehen und Zeichen für geringe Anreize/ wenig Zeit für Akquise. Hier sollten entsprechende Anreize oder Zeitbudgets zur Verfügung gestellt werden.
	Netto-Umsatz/ Gesamtdeckungsbeitrag	
Distributionsgrad	Anzahl/Umsatz der Geschäfte, die ein Produkt führen	Erfolgskriterium für den Vertrieb. Hoher Distributionsgrad heißt, dass die Vertriebsmöglichkeiten im Handel (weitgehend) ausgeschöpft wurden. Ist damit dem Vertrieb genau zurechenbar. Sagt allerdings nichts über tatsächliche Umsätze aus.
	Anzahl/Umsatz der Geschäfte, die ein Produkt führen könnten	
Besuchseffizienz	Anzahl der akquirierten Aufträge	Kontrolliert die Effizienz im Außendienst. Soll vor allem unproduktive Besuche verhindern, Touren zu Lieblingskunden usw.
	Anzahl der Kundenbesuche	
Außendienst-Profitabilität	Kosten des Außendienstes	Kontrolliert die Kosten für den Außendienst in Relation zum erzielten Umsatz. Instrument für die Überwachung des Gesamtvertriebs, nicht einzelner Mitarbeiter.
	Netto-Umsatz	
Verkaufszeitanteil	für die Kundenbetreuung aufgewendete Zeit	Effizienzkennzahl im Vertrieb, soll vor allem auf Überlastung mit bürokratischen Aufgaben, überflüssige Fahrzeiten u. Ä. hinweisen. Grundlage auch für die Zeitplanung im Außendienst.
	Gesamtarbeitszeit des Außendienstes	

Erfolg im Betrieb analysieren

Out-of-Stock-Anteil	Anzahl der Geschäfte, in denen ein Produkt nicht vorrätig ist / Anzahl der Geschäfte, die ein Produkt führen	Steuerungsgröße für den Vertrieb. Out-of-Stock-Situationen bedeuten Umsatzverluste und müssen vermieden werden. Über Out of Stocks soll der Lagerdruck im Handel gesteuert werden.
Sales Mix	Umsatz Produkt A / Umsatz Produkt B (C, D, ...)	Indikator für Veränderungen bei der Beliebtheit von Produkten. Auch zur Kontrolle, inwieweit profitable und unprofitable Produkte verkauft werden. Kann auch Schwerpunkte in der Verkaufstätigkeit einzelner Mitarbeiter anzeigen.
Verkaufsgebietsdurchdringung	Anzahl/Umsatz der Kunden eines Verkaufsgebiets / Anzahl/Umsatz der potenziellen Kunden eines Verkaufsgebiets	Indikator der Potenzialausschöpfung in einzelnen Regionen. Eignet sich vor allem für den Vergleich innerhalb einer Verkaufsorganisation.

Kundenkennzahlen

Kennzahl	Definition	
Lieferanteil/ Bedarfsdeckungsquote	Netto-Umsatz des Kunden A / gesamtes Beschaffungsvolumen von Kunde A	Zeigt den Erfolg beim Kunden. Hoher Lieferanteil bedeutet hohe Leistungsfähigkeit, aber auch geringes Potenzial für Umsatzsteigerungen.
Kundenzufriedenheit	Wert des Kundenzufriedenheitsindex	Umfassender Indikator, aber schwer zu ermitteln.
Auftragsgrößenkonzentration	Volumen der Aufträge mit einem Mindestbestellwert von X EUR / Netto-Umsatz	Risikoindikator und Erfolgsgröße. Hohe Auftragsvolumina bedeuten oft eine höhere Profitabilität, bergen aber auch ein höheres Risiko im Fall des Auftragsverlustes. Situationsabhängig zu interpretieren.

Empfehlungs-kundenanteil	Anzahl/Netto-Umsatz der Kunden, die auf Empfehlung kaufen	Indikator der Kundenzufriedenheit. Setzt Konzept zur Erfassung voraus (gezielte Nachfrage erforderlich).
	Gesamtzahl der Kunden/Netto-Umsatz	
Kunden-Deckungsbeitrag	Netto-Umsatz des Kunden A – dem Kunden A zurechenbare Kosten	Ermittelt die Profitabilität des Kunden, durch Berücksichtigung der zurechenbaren Kosten ganzheitlich ausgerichtet.
Kunden-DB-Rendite	Kundendeckungsbeitrag A / Netto-Umsatz des Kunden A	Eignet sich für den Vergleich der Profitabilität über Kunden und Unternehmen.
Kundenumsatz-(DB-)anteil	Netto-Umsatz/DB des Kunden A / Netto-Umsatz/Gesamt-DB	Kontrolliert die Konzentration der Kundenumsätze, damit der Abhängigkeit von einzelnen Kunden. Grundlage einer Kunden-A/B/C-Analyse.
Kundenalter	durchschnittliche Dauer der Kundenbeziehung	Indikator der Kundenbindung und der Profitabilität. Alte Kunden sind meist aufgrund des geringeren Betreuungsaufwands profitabler.

2.9 Compliance im Vertrieb

Im ersten Jahrzehnt dieses Jahrtausends wurden eine ganze Reihe von Vorfällen öffentlich bekannt, die eine Diskussion über verbotene und erlaubte Praktiken im Vertrieb einleiteten. Interessanterweise stellte sich die US-amerikanische Börsenaufsicht als besonders engagiert heraus, Bestechungsfälle aufzudecken, wenn das beschuldigte Unternehmen über eine Börsennotierung in den USA verfügte. In Deutschland war es insbesondere eine neue gesetzliche Regelung, die das Thema Bestechung in das Blickfeld von Rechtsabteilungen und Vertriebsleitungen rückte, nämlich das Korruptionsbekämpfungsgesetz von 2004 in Nordrhein-Westfalen. Es stellt die Bestechung im Zusammenhang mit öffentlichen Aufträgen unter Strafe.

Im Vereinigten Königreich wurde 2011 ein Gesetz verabschiedet, das nicht nur für britische Unternehmen, sondern auch für solche gilt, die Geschäftsbeziehungen dorthin unterhalten. Strafbar ist es danach sogar, keine internen Maßnahmen zur Korruptionsvermeidung durchzuführen,

Die Generalnorm in Deutschland ist der § 299 StGB:

§ 299 StGB Bestechlichkeit und Bestechung im geschäftlichen Verkehr

(1) Wer als Angestellter oder Beauftragter eines geschäftlichen Betriebes im geschäftlichen Verkehr einen Vorteil für sich oder einen Dritten als Gegenleistung dafür fordert, sich versprechen läßt oder annimmt, daß er einen anderen bei dem Bezug von Waren oder gewerblichen Leistungen im Wettbewerb in unlauterer Weise bevorzuge, wird mit Freiheitsstrafe bis zu drei Jahren oder mit Geldstrafe bestraft.

(2) Ebenso wird bestraft, wer im geschäftlichen Verkehr zu Zwecken des Wettbewerbs einem Angestellten oder Beauftragten eines geschäftlichen Betriebes einen Vorteil für diesen oder einen Dritten als Gegenleistung dafür anbietet, verspricht oder gewährt, daß er ihn oder einen anderen bei dem Bezug von Waren oder gewerblichen Leistungen in unlauterer Weise bevorzuge.

(3) Die Absätze 1 und 2 gelten auch für Handlungen im ausländischen Wettbewerb.

Rechtswidriges Verhalten im Vertriebsbereich kann insbesondere in folgenden Situationen vorliegen:

> Um einen Auftrag zu erlangen, erhält ein Entscheidungsträger über einen Vermittler eine Geldzahlung oder einen anderen wirtschaftlichen Vorteil. Der Aufwand dafür wird üblicherweise in den Angebotspreis eingerechnet. Um diese Aufwand über die Buchhaltung offiziell erfassen zu können, wird zum Beispiel eine Beratungsleistung dieses Vermittlers abgerechnet.

› Die Auftragserteilung wird mit der Maßgabe verbunden, eine Einrichtung des Abnehmers (zum Beispiel im Sportbereich) zu sponsern. Dadurch wird eine Gegenleistung geboten, für die ein Preis frei gebildet werden kann.
› Einem Vermittler werden für die Vermittlung der eigenen Produkte Rückvergütungen gewährt, die dieser seinen Kunden nicht offenlegt. Dieser erfährt nicht, dass die Vermittlungs-/Empfehlungstätigkeit durch die Rückvergütung beeinflusst wurde, muss sie jedoch über den Produktpreis mit bezahlen.
› Um Preise in einem Markt hochzuhalten, sprechen die Anbieter die Preise ab.

Was sind Auslöser gesetzwidrigen Verhaltens im Vertrieb? Es muss sich nicht unbedingt um die kriminelle Energie eines Einzelnen handeln, der sein Einkommen steigern will. Genauso können es lang geübte Praktiken sein, aber auch Fehlsteuerungen im Vertrieb. Beispielsweise sind in manchen Regionen der Welt Bestechungsvorgänge üblich und werden als mehr oder weniger gerechter Ausgleich für Einkommensunterschiede angesehen und toleriert. Eine Auftragserteilung mag bei Ablehnung dieser Praxis als unmöglich erscheinen. Nicht zu vernachlässigen ist auch der Einfluss von Umsatzvorgaben. Wenn es unmöglich erscheint, auf legalem Weg die Ziele zu erreichen, entsteht der Anreiz, illegale Mittel einzusetzen.

Verdachtsmomente für gesetzwidriges Verhalten im Vertrieb ergeben sich auf unterschiedlichste Weise. Oft hilft ein kritischer Blick in die Erfolgsrechnung oder die Verfolgung von Entwicklungslinien bei Umsatz oder Kosten. Vor allem positive Entwicklungen werden nicht kritisch hinterfragt.

Indikatoren für rechtswidriges Verhalten können sein:
› Ausgaben, deren Zweck unklar/unbestimmt ist – Beispiele: Beratungsleistungen, Sponsoring, Bewirtung
› plötzliche Umsatzsteigerungen ohne erkennbaren Zusatzeinsatz, das heißt ohne dass eine besondere Akquisitionstätigkeit feststellbar wäre

2.9 Compliance im Vertrieb

> Provisionszahlungen in Länder, in die nicht exportiert wird – deutet auf verdeckte Bestechungszahlung an Tarnfirma hin
> Auftragsvergabe ohne transparente Kriterien
> lange Lieferbeziehungen, die nicht regelmäßig geprüft werden bzw. Verzicht auf Neuausschreibungen

Um die Gefahr rechtswidrigen Verhaltens zu mindern oder ganz zu verhindern, sollten Richtlinien für das Verhalten im Vertrieb definiert und Kontrollinstrumente eingesetzt werden. Eine wesentliche Rolle spielt dabei die Transparenz über Kundenbeziehungen, Lieferverträge und Beratungsleistungen. Gerade eine detaillierte Kunden- und Vertriebserfolgsrechnung schafft Transparenz über möglicherweise ungleiche Behandlung und außergewöhnliche Zahlungen. Außerdem entsteht eine gewisse Abschreckung, wenn einzelne Aufwendungen nicht mehr aus einem „allgemeinen Topf" finanziert, sondern genau begründet und zugerechnet werden.

Die Vertriebsleitung muss sich verstärkt Gedanken darüber machen, wie Ziele erreicht werden können. Ein allzu leichtfertiges Vorgeben ambitionierter Ziele kann zur Falle werden. Sinnvoller ist der Einsatz von **Zielvereinbarungen**, die partnerschaftlich mit den Mitarbeitern vereinbart werden (Management by Objectives). Dazu gehören auch Regelungen für den Fall, dass Aufträge wegen Verweigerung von Bestechungszahlungen verloren gehen. Es muss möglich sein, auf Aufträge zu verzichten, ohne dass es zu deutlichen Einkommenseinbußen kommt.

Im Rahmen eines **Compliance-Konzepts**, das Rechtsverstöße verhindern hilft, sollten zum Beispiel folgende Maßnahmen ergriffen werden:

Checkliste 14: Compliance im Vertrieb

Kenntnis der Rechtslage in den relevanten Ländern

> Kontrolle der Ausgabenstrukturen, Nachweispflichten für Nicht-Warenlieferungen
> Überwachung durch unabhängige Institution (externe Person, interne Revision)

- ➤ Prüfung der Leistungsvorgaben auf ihre Angemessenheit
- ➤ Schaffung eines Bewusstseins dafür, dass Aufträge aus Compliance-Gründen verloren gehen dürfen
- ➤ Umsetzung des Vier-Augen-Prinzips für Ausgaben und der Funktionstrennung
- ➤ Definition konkreter Grenzen für Abgabe/Angebot von Geschenken und anderen Vorteilen
- ➤ Verankerung des Prinzips der Sozialadäquanz bei Essenseinladungen
- ➤ Kommunikation des Nutzens umfassender Compliance, zum Beispiel mit der Konsequenz der Ablehnung von Aufträgen, des Verzichts auf Kunden

3. Management im Vertrieb

3.1 Effizient arbeiten durch Selbstmanagement

Ein Problem, das alle Vertriebsleute untereinander teilen, ist das der fehlenden Zeit. Zumindest auf den ersten Blick. Es gibt eigentlich immer etwas zu tun, die meisten Vertriebsmenschen arbeiten deutlich mehr als andere Berufsgruppen und immer wieder fällt irgendetwas unter den Tisch. So fragt sich, ob man sich zumindest gegen größere Probleme wie vergessene Kundenbesuche oder gar Lieferungen absichern kann. Die Antwort könnte lauten „im Prinzip ja", denn es ist durchaus möglich, die eigenen Termine mehr oder weniger perfekt zu organisieren. Dafür benötigt man allerdings Disziplin, denn man muss sich an bestimmte Prinzipien halten. Ob nun Prinzipientreue das vorherrschende Charaktermerkmal erfolgreicher Vertriebsleute ist, mag dahingestellt sein. Vielmehr zeigt sich gerade im Vertrieb eine gewisse Zurückhaltung gegenüber schematischen Vorgehensweisen.

Selbstmanagement muss daher einfach zu handhaben und mit einer oftmals eher chaotischen Tätigkeit zu vereinbaren sein. Wir werden uns daher auf die wesentlichen Merkmale beschränken.

Als Grundlage sollten Sie sich einmal bewusst machen, wofür Sie Ihre Zeit aufwenden. Ein weithin zu findendes Phänomen ist die Erkenntnis, dass die wahrgenommene Zeitverwendung ganz anders aussieht als die tatsächliche. So geben zum Beispiel Außendienstmitarbeiter in der Regel an, mehr als 40 Prozent ihrer Arbeitszeit mit den Kunden zu verbringen, eher noch 50–60 Prozent. Empirische Studien ermitteln meist Werte zwischen 20 und 30 Prozent. Berücksichtigt man Fahrtzeiten und Bürokratic, dann dürften Werte von 40 Prozent und mehr kaum zu erreichen sein. Woher kommt aber diese verzerrte Wahrnehmung?

Prinzipiell hält sich fast jeder Mensch für effizienter als er ist. Nicht-produktive Tätigkeiten werden weitgehend ausgeblendet; wie lange sie dauern, wird nicht registriert. Das ist verständlich, denn niemand möchte erfahren, dass er in Teilbereichen ineffizient ist. Das ist beim Schreiben eines Buches übrigens nicht besser. Der Verfasser zählt nur die Stunden für das Schreiben des Textes, nicht aber die für das Einrichten der Software, Telefonate mit dem Verlag, Recherchen in der Literatur und was sonst noch so anfällt. Dann ist die Bilanz nicht so schlecht.

Beginnen Sie also mit der Erfassung Ihrer Arbeitszeiten. Schreiben Sie tagesweise auf, wie viel Zeit Sie für einzelne Tätigkeitsarten aufgewendet haben. Das Schema in Tabelle 3.1.1 kann Ihnen dabei helfen. Beachten Sie, dass es deutliche Abweichungen zwischen den Tagen und Wochen geben kann, sodass eine Erfassung an einem Tag alleine nicht hilft. Am besten ist es, wenn Sie über einen Monat verteilt an verschiedenen Wochentagen die Erfassung durchführen und dann Mittelwerte bilden.

	Beispiel			Ihre Daten	
Tätigkeiten	27.8. Minuten	...	Durchschnitt %		
Kundenkontakt persönlich	130		22		
Telefonieren mit Kunden	25		4		
Recherchen	40		2		
Angebote schreiben	0		4		
Berichte schreiben	35		6		
Schulungen	0		2		
Fahren	140		21		
Warten	40		4		
Telefonieren sonstige	20		5		
allgemeine Büroarbeit	30		6		

sonst. Briefe schreiben	0	2
Pausenzeiten	70	13
Abrechnungen erstellen	10	3
interne Besprechungen	25	4
sonstige	5	2
Gesamt	**570**	**100**
Gesamt Stunden	**9,5**	**10,2**

Tabelle 3.1.1: Zeiterfassungsformular

Vielleicht werden Sie erst einmal leicht schockiert sein, wenn Sie sehen, dass mitunter nur ein Viertel Ihrer Zeit der Kundenbetreuung dient. Das ist aber nicht außergewöhnlich, auch wenn Ihre Kollegen bekräftigen werden, dass bei ihnen alles ganz anders aussieht. Dem ist nicht so.

Auf der Basis dieser Zeiterfassung können Sie Ihre Zeit der

1. Kundenbetreuung zuordnen,
2. notwendigen Vor- und Nacharbeiten (ohne die Sie Ihre Kunden nicht effektiv betreuen könnten) und
3. unproduktiven administrativen Tätigkeiten.

Im Beispielfall sind der Kundenbetreuung 26 Prozent der Zeit zuzuordnen (persönlicher und telefonischer Kontakt), den Vor- und Nacharbeiten (inkl. Schulungen) 14 Prozent und 60 Prozent entfallen auf Fahrten und Verwaltung. Letzteren Bereich gilt es so zu optimieren, dass mehr Zeit für die Arbeit mit dem Kunden übrig bleibt.

Nicht immer können Sie dies selbst entscheiden. Wenn Sie von Ihrem Arbeitgeber veranlasst werden, täglich ein CRM-System mit Daten zu füttern, gefahrene Kilometer en Detail aufzuschreiben und an regelmäßigen Besprechungen teilzunehmen, dann können Sie ohne seine Mithilfe wenig ändern. Mitunter hilft es, die Zeiterfassung mit den Führungskräften durchzusprechen, um auf die Auswirkungen bürokratischer Regelungen hinzuweisen.

Beginnen Sie mit **den unproduktiven Tätigkeiten, die Sie beeinflussen können:**

Wartezeiten sind ärgerlich, aber nur begrenzt zu vermeiden. Eine gute Zeitplanung kann Schlimmstes verhindern, wenn Sie sich über die genauen Termine vergewissern und sie vorher noch einmal bestätigen. Mitunter wartet man ja nur auf den Gesprächspartner, der den Termin vergessen hat. Schreiben Sie ihm vorher eine Mail oder ein Fax, um den Termin zu bestätigen und die Inhalte noch einmal aufzulisten. Führen Sie gegebenenfalls Informationen oder Unterlagen auf, die der Gesprächspartner bereitstellen muss. Weisen Sie auch darauf hin, falls Sie wegen anderer Verpflichtungen bis zu einem bestimmten Zeitpunkt wieder gehen müssen.

Wenn Wartezeiten doch entstehen, können Sie sie auch anderweitig nutzen. Ein paar Tätigkeiten erfordern keine große Konzentration, sodass man sie auch zwischendurch auf einem Parkplatz, Bahnhof oder in einem Wartezimmer erledigen kann. Dazu gehören das Lesen von Berichten, Zeitungen, Prospekten oder die Durchführung von Zeitplanungen.

Fahrtzeiten sind schon aufgrund ihrer Variabilität problematisch. Abkürzungen können heute funktionieren, morgen aber in einen Stau führen. Wichtig ist hierbei, flexibel bei der Routenwahl zu bleiben, auch mal neue Wege zu probieren. Bei der Planung kann eine Hotelübernachtung die Fahrtzeiten reduzieren helfen und ganz nebenbei einen ruhigen Abend bieten. Vor allem lässt sich auch mancher Berufsverkehrsstau umgehen.

> Auch der Umstieg auf Bahn oder Flugzeug kann sich in manchen Fällen lohnen. Wenn mehrere Termine in der Innenstadt von Frankfurt, Hamburg, München, Wien usw. liegen, dann kann der Verzicht auf das Auto Zeit und Nerven sparen. Wenn Sie sich bei der Terminplanung zum Beispiel auf die Bahn- oder Flugverbindungen berufen können, werden Ihre Interessen eher ernst genommen, als wenn Sie mit dem Auto reisen.

Allgemeine Büroarbeit betrifft so schöne Dinge wie Ablage, Materialbestellungen, Lesen von Protokollen. Oft sind es nur kurze Tätigkeiten, die aber zufällig auftreten und daher immer stören. Hier hilft nur, sich nicht aus der Ruhe bringen zu lassen. So manche Nachricht kann noch ein wenig warten und dann zusammen mit anderen abgearbeitet werden. Vor allem der stete E-Mail-Fluss verführt dazu, schnell und auf alles zu reagieren. Meistens ist die Mühe aber vergebens.

Richten Sie daher feste Zeiten ein, zu denen Sie Bürokram erledigen. Je nach Menge kann es ausreichen, dies am Freitag als Bürotag zu machen oder jeweils nur am Abend. Auch die, die etwas von Ihnen wollen, werden sich daran gewöhnen und wissen, dass Sie vielleicht etwas später reagieren, dafür aber zuverlässig. Wer immer sofort auf jeden Anruf und jede Mail reagiert, tut dies selten durchdacht und muss später viel korrigieren.

Pausenzeiten stören nur auf den ersten Blick. Sie sind notwendig und dürfen nicht geopfert werden. Viele engagierte Vertriebsleute, die immer erreichbar sind und sich um alles kümmern wollen, telefonieren während des Essens oder beschränken sich auf einen Imbiss, beschäftigen sich immer mit ihren Unterlagen und schalten nie ab. Gesundheitlich ist dies ganz klar schädlich, aber auch die Konzentration auf das Kundengespräch leidet. Die besten Ideen kommen, wenn man an etwas anderes denkt. Eine Stunde Mittagessen im Restaurant ist letztlich produktiver als eine Currywurst im Stehen.

Briefe schreiben ist nicht jedermanns Sache und es dauert, weil man sich ja auch über Formulierungen Gedanken machen muss. Auch hier lautet die Devise, dies nur zu festen Zeiten zu tun, wenn genügend Arbeit angefallen ist und der einzelne Brief schneller erledigt werden kann. Manchmal nutzt auch ein Telefonat. Selbst wenn man etwas länger telefoniert als dass man schreibt, ist es oft wirtschaftlicher, weil das ganze Drumherum entfällt (Adresse heraussuchen, Korrekturlesen usw.).

Und nun die **unproduktiven Tätigkeiten, die Sie in der Regel nicht beeinflussen können:**

Interne Besprechungen sind meist nicht zu beeinflussen. Sie werden von der Leitungsebene einberufen oder man macht es selbst aus gutem Grund. Auch aus sozialen Gründen sollten Besprechungen nicht grundsätzlich verteufelt werden. Sie bieten die Möglichkeit, Informationen auszutauschen und manches schneller zu erledigen als auf dem üblichen Dienstweg. Gegen die oftmals zu beobachtende Zeitverschwendung kann man aber einiges tun. So könnten Sie darauf hinwirken, Besprechungen nur zu Zeiten abzuhalten, zu denen es üblicherweise ohnehin keine Kundenkontakte gibt, vor allem am späten Nachmittag. Außerdem sollten sie effizient geführt werden, das heißt mit Tagesordnung und einem Leiter/Moderator, der auch irgendwann einmal nach Hause will. Manchmal werden Besprechungen auch im Stehen durchgeführt, da geht es dann ganz schnell.

Gegen Anforderungen an die Erstellung von **Abrechnungen** können Sie wenig tun, da es in der Regel Vorschriften des Finanzamts gibt.

Was Sie bei den Vor- und Nacharbeiten tun können:

Vor- und Nacharbeiten sind ebenso wichtig wie der direkte Kundenkontakt, sodass hier nicht die Zeitersparnis im Vordergrund stehen sollte, sondern die Effektivität. Sofern sich im unproduktiven Bereich Zeitreserven ergeben, sollten sie hier oder im direkten Kundenkontakt eingesetzt werden. Hier können sie entsprechend in Erlöse umgesetzt werden.

Schulungen sollten nicht grundsätzlich außer Acht gelassen werden, um den Anschluss an die Entwicklung sicherzustellen. Vor allem gilt es, nicht in guten Jahren mangels konkreten Bedarfs und Zeit darauf komplett zu verzichten, um dann in schlechten Jahren festzustellen, dass bestimmte Kenntnisse und Fähigkeiten fehlen. Überlegen Sie also regelmäßig, in welchen Bereichen Sie sich fortbilden lassen möchten oder müssen.

Besuchsberichte zu schreiben ist meist lästig, hilft aber bei der Vorbereitung des nächsten Termins. Allerdings gehört auch nur das hinein, was wirklich profitabel genutzt werden kann. Tabellarische Auflistung ist oft besser als Prosa. Halten Sie das Berichtswesen also effizient, vernachlässigen Sie es aber nicht.

Schriftliche Angebote sind oft erforderlich, um überhaupt einen Auftrag zu erhalten. Hier ans Sparen zu denken, ist unsinnig. Viele Umsätze gehen schlichtweg verloren, weil Angebote zu spät kommen oder ganz vergessen werden. Falls Sie Angebote selbst schreiben müssen und dabei in Zeitverzug geraten, sollten Sie sich um eine andere Lösung im Betrieb bemühen. Schreiben Sie sie nicht selbst, sondern der Innendienst und kommt dieser in Zeitverzug, müssen Sie diesem auf die Füße treten. Dass Angebote auch rein für den Preisvergleich verlangt werden, ist zwar ärgerlich, lässt sich aber nicht vermeiden.

Wie wichtig **Recherchen** über ein Unternehmen sind, wurde schon an anderer Stelle erläutert. Vergessen Sie daher nicht, sich zum Beispiel im Internet über aktuelle Entwicklungen des Kunden zu informieren, etwa auch auf einschlägigen Branchenportalseiten. Auch eine Recherche nach dem Gesprächspartner kann interessante Informationen zu Tage fördern. So ergibt sich vielleicht etwas über den beruflichen Hintergrund des Gesprächspartners oder private Aktivitäten. Das ist keineswegs indiskret, schließlich kann das jeder über Sie auch in Erfahrung bringen, wenn es irgendwo im Internet steht.

Wenn Sie diesen Überblick über Ihre Arbeitszeitsituation haben, dann ist der Grundstein für effektives Zeitmanagement gelegt. Viele positive und negative Faktoren werden Ihnen dadurch bewusst. Es ist aber immer auch noch einiges an Detailarbeit erforderlich.

1. Arbeiten Sie nach klaren Prioritäten!

Sie haben sicher schon von der 80/20-Regel oder dem Pareto-Prinzip gehört. Danach bringen 20 Prozent der Produkte 80 Prozent des Umsatzes, 20 Prozent der Kunden 80 Prozent des Umsatzes und 20 Prozent der Zeit 80 Prozent des Erfolgs. Pareto hatte sich ursprünglich um ganz andere Dinge gekümmert, doch konnte man die 80/20-Regel in allen möglichen anderen Bereichen auch finden. So ungefähr dürfte sie auch in Ihrem Bereich stimmen.

Die Quintessenz daraus: Etwa ein Fünftel Ihrer Aktivitäten ist für 80 Prozent der Leistung verantwortlich. Auf dieses Fünftel müssen Sie sich konzentrieren, der Rest ist „Beiwerk", lohnt sich daher kaum. Allerdings muss man ihn zuverlässig identifizieren, um nicht versehentlich die falschen Kunden oder Tätigkeiten zu vernachlässigen. Dazu müssen Sie wieder Ihren Bereich analysieren, vor allem Ihre Kunden, aber auch die Produkte und Leistungen, die Sie vertreiben, und die weiteren Aktivitäten:

Checkliste 15: Zeitverwendung

- Mit welchen Kunden mache ich ca. 80 Prozent meines (Provisions-) Umsatzes?
- Mit welchen Produkten mache ich ca. 80 Prozent meines (Provisions-) Umsatzes?
- Welche Werbemaßnahmen haben ca. 80 Prozent des Umsatzes erbracht?
- Welche Sonderaktionen haben ca. 80 Prozent des Aktionsumsatzes ausgemacht?
- Welche Vertriebskanäle sind für ca. 80 Prozent des Umsatzes verantwortlich?
- Mit welchen Maßnahmen wurden ca. 80 Prozent der Neukunden gewonnen?

Konzentrieren Sie sich künftig auf die Kunden, Produkte und Maßnahmen, die Sie hierbei ermittelt haben. Sie werden dadurch deutlich effizienter arbeiten.

2. Planen Sie schriftlich!

Das ist einer der wenigen bürokratischen Aufwände, die sich lohnen. Schriftliche Planung ermöglicht es nämlich, sich erinnern zu lassen, was man noch vorhatte und was man schon geschafft hat. Wenn Sie im Nachhinein feststellen können, was Sie alles abgearbeitet haben, nämlich all die

Punkte, die im Kalender standen, dann ist das auch ein Erfolgserlebnis, wenn noch etwas übrig ist. Es wird allgemein als zu selbstverständlich angesehen, alles zu schaffen, was man sich vornimmt. Übrig bleibt dann nur die Enttäuschung, dass noch etwas zum Erfolg fehlt. Wenn 90 Prozent der Punkte abgearbeitet wurden, dann ist das eben eine Erfolgsquote von 90 Prozent und nicht ein Scheitern in 10 Prozent!

Schriftliche Planung führt auch dazu, sich etwas genauer Gedanken über den Zeitbedarf zu machen. Man sieht schnell, wann der Kalender wirklich voll und ob es realistisch ist, noch einen Termin dazwischen zu quetschen. Wichtig ist dabei auch, die Länge aller Aktivitäten einzuplanen. Für einen Kundenbesuch, eine Mitarbeiterbesprechung oder eine Konzeption ist entsprechend ein realistischer Zeitbedarf zu berücksichtigen.

3. Beachten Sie Ihre Leistungskurve!

Die Leistungsfähigkeit des Menschen ist im Tagesablauf höchst unterschiedlich. Am Morgen geht es meist erst recht langsam los (allerdings gibt es auch Frühstarter), am Vormittag ist man sehr produktiv und nach dem Mittagessen geht es erst einmal ins Leistungstief. Die Aufnahmefähigkeit sinkt deutlich, man ist oft müde und alles andere als kreativ. Am späten Nachmittag geht es dann wieder bergauf und man leistet bis zum Abend wieder etwas mehr. Einen Neukunden um 14 Uhr zu gewinnen ist daher schwerer als um 10 Uhr; er wird sich nachmittags etwas schwerer tun, einer Präsentation zu folgen.

> Überlegen Sie daher, zu welcher Tageszeit Sie was machen. Arbeiten, die volle Konzentration erfordern, gehören nicht in die Zeit von 13 bis 16 Uhr. Nach Möglichkeit sollten Sie sich zu der Zeit auf Büroarbeit beschränken, auch auf die Gefahr hin, dabei etwas zu sehr zur Ruhe zu kommen. Besprechungen aller Art eignen sich wunderbar für den späten Nachmittag, weil man sich noch ausreichend konzentrieren kann, aber nicht allzu aufgedreht ist.

Denken Sie auch daran, dass zu bestimmten Zeiten die Störquote geringer ist. Wenn Sie also in aller Ruhe etwas erledigen sollen, nutzen Sie am besten Zeiten, zu denen kaum jemand anruft. Diese mögen durchaus variieren, meistens ist aber zwischen 12 und 13, 14 und 15 sowie ab 18 Uhr recht wenig los.

4. Bauen Sie Pufferzeiten ein!

Ein weit verbreiteter Fehler der Zeitplanung ist die Vorstellung, alles vorhersehen zu können. Viele Führungskräfte verplanen sich von 9 bis 18 Uhr, weil sie so alle Terminanfragen unterbekommen. Dass immer auch etwas zwischendurch dazukommt, wird gerne vergessen. Diese Ereignisse (Mitarbeiter will kündigen, Kunde hat wichtige Beschwerde, Lieferung bleibt aus, Geschäftsführung ruft zu Sitzung usw.) bringen dann alles durcheinander.

Wenn nun dem Kunden abgesagt werden muss, weil es etwas Wichtigeres gibt, ist das nicht gerade verkaufsfördernd. Genauso wenig hilfreich ist es, das Problem der fehlenden Lieferung zu ignorieren, weil man den ganzen Tag in Meetings sitzt. Die Lösung kann nur sein, für solche Ereignisse jeden Tag Zeit einzuplanen. Wofür, weiß man natürlich nicht. Und wenn es nur für eine länger als erwartet dauernde Vertriebskonferenz ist, dann hat sich die Pufferzeit auch gelohnt.

5. Delegieren Sie!

Viele Führungskräfte neigen dazu, möglichst alle Aufgaben selbst erledigen zu wollen und delegieren entsprechend erst, wenn an eine Termineinhaltung nicht mehr zu denken ist. Dies führt zu erheblichem Frust bei den Mitarbeitern, weil sie kaum eine Chance auf Erfolgserlebnisse haben. Ursache ist oft das Gefühl, die Sache doch ein wenig besser erledigen zu können als andere. Das mag oft auch stimmen, weil meist mehr Erfahrung vorhanden ist. Aber die Mitarbeiter können auf diese Art der Führung keine Erfahrungen machen und daraus lernen, denn sie werden ja von den wichtigen Tätigkeiten ferngehalten. Insofern entsteht ein Teufelskreis, der unzuverlässige und überlastete Führungskräfte und frustrierte Mitarbeiter hinterlässt.

Machen Sie daher nicht alles selbst! Überlegen Sie, welche Tätigkeiten von anderen besser ausgeführt werden können bzw. in welchen Bereichen Mitarbeiter Erfahrungen sammeln sollen. Sie werden in der Regel viel effizienter arbeiten können, wenn Sie einen Teil Ihres Zeitaufwands auf Delegation und Koordination verwenden, anstatt immer selbst tätig zu werden.

6. Kontrollieren Sie sich!

Kontrolle mag sicher niemand so recht, zumindest nicht, solange sie sich auf die eigene Person bezieht. Aber es geht ja nicht darum, sich von einem Dritten kontrollieren zu lassen, sondern um Selbstkontrolle. Dazu gehört es, den Anteil der erfolgreich erledigten Termine zu erfassen, die Dauer der Besuchs- und Besprechungstermine zu notieren.

3.2 Vertrieb optimal strukturieren

a) Auswahl von Vertriebswegen

Entscheidungen über die Auswahl von Vertriebswegen sind strategischer Natur und werden in erster Linie bei einem Markteintritt bzw. im Rahmen eines grundlegenden Strategiewechsels gefällt. Sie müssen sich daher nicht alltäglich damit beschäftigen, in bestimmten Situationen aber umso intensiver. Um zu zeigen, welche Alternativen es prinzipiell gibt, sehen wir uns zunächst alle möglichen Vertriebswege im Überblick an (Abbildung 3.2.1).

Ganz oben steht die Unterscheidung von **direktem und indirektem Vertrieb**. Dabei geht es um die Kontrolle über den Vertriebsweg durch den Hersteller. Beim indirekten Vertrieb ist ein rechtlich und wirtschaftlich Selbstständiger zwischengeschaltet, der entsprechend frei den Preis bestimmen kann. Er entscheidet auch, wie die Ware angeboten wird. Beim Direktvertrieb bleibt die Kontrolle darüber für den Hersteller erhalten.

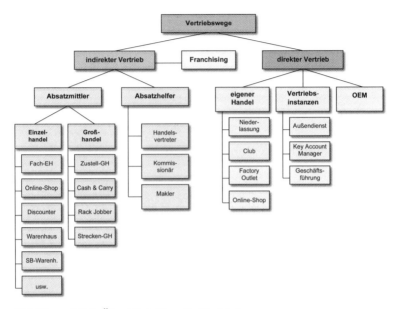

Abbildung 3.2.1: Überblick über die Vertriebswege

Der indirekte Vertrieb wird noch einmal geteilt in die Gruppen **Absatzmittler und Absatzhelfer**. Die Bedeutung erschließt sich nicht sofort, es geht aber darum, ob ein Vertriebspartner die Ware „in Händen hält". Ist das der Fall, handelt es sich um Absatzmittler oder auch Händler. Absatzhelfer haben nur im Fall der Kommissionäre die Ware in ihrem Hoheitsbereich, diese erwerben aber kein Eigentum daran. Wenn man nun vor der Frage steht, mit einem Absatzmittler oder -helfer zusammenzuarbeiten, dann geht es vor allem um folgende Fragen:

Checkliste 16: Einsatz des indirekten Vertriebs

> Wie hoch ist die Penetrationsleistung, das heißt wie schnell und umfassend werden Marktgebiete erschlossen und Kunden erreicht?
> Wie flexibel sind die Vertriebswege bei neuen Produkten, Strategiewechseln, Veränderungen im Umfeld?
> Welche Handelsspanne ist erforderlich bzw. welche Vertriebskosten entstehen?
> Welche Beratungsqualität kann der Vertriebspartner leisten?

> Welche Möglichkeiten bestehen, die Qualität des Vertriebs zu beeinflussen?
> Wie gut sind die wirtschaftlichen Kenntnisse und Fähigkeiten der Vertriebspartner?
> Wie motiviert sind die Vertriebspartner?
> Wie zuverlässig sind die Vertriebspartner?

Der **Facheinzelhandel** ist der klassische Vertriebsweg für Konsumgüter, wenn auch in weiten Bereichen im Aussterben begriffen. Die Handelsspanne ist meist recht hoch, dafür lassen sich Vertriebsstrategien mit ihm zusammen umsetzen. Die Bereitschaft, bestimmte Qualitätsmerkmale einzuhalten, von der Mitarbeiterschulung bis zur Ladenausstattung, ist recht groß.

Discounter sind vor allem im Lebensmittelbereich zu finden, aber nicht nur. Merkmal ist die starke Beschränkung auf ein kleines Segment, der Verzicht auf Zusatzleistungen und entsprechend niedrige Preise.

Online-Shops sprechen in der Regel eine besonders preisorientierte Zielgruppe an, können aber auch ein Höchstmaß an Produktinformation bieten. Problematisch ist die Konkurrenz zum stationären Einzelhandel, Chancen bestehen in der regional unbeschränkten Verfügbarkeit.

Warenhäuser gehören ebenfalls zu den Urgesteinen. Das ursprüngliche Konzept, alles unter einem Dach zu bieten, ist inzwischen deutlich verwässert.

SB-Warenhäuser sind die moderne Variante mit Standort auf der Grünen Wiese und einer zentralen Kassenzone. Beratung wird nicht geboten, die Atmosphäre entspricht Discount-Niveau. Die SB-Warenhäuser profitieren von einer hohen Nachfragemacht und entsprechendem Druck auf die Einkaufspreise.

Fachmärkte waren lange Zeit die am stärksten wachsende Sparte. Konzept ist das preisaggressive Angebot von Waren einer Branche, große Auswahl und eingeschränkte Beratung.

Der **Zustellgroßhandel** ist die klassische Form des Großhandels. Er übernimmt vor allem eine logistische Funktion, indem er große Mengen vom Hersteller abnimmt und kleine Mengen an Einzelhändler liefert. Dafür erhält er eine zusätzliche Handelsspanne.

Cash & Carry (C&C) steht für einen Großhandel, der mehr oder weniger dem Discountkonzept entspricht. Weiterverkäufer holen die Ware im C&C-GH ab, die Auswahl ist groß, die Preise liegen nicht unbedingt deutlich unter dem Niveau des Einzelhandels.

Rack Jobber sind eine besondere Form von Großhändler, die im Einzelhandel Regalflächen komplett betreuen. Sie sorgen für den Warennachschub und die Regalpflege. Die Abrechnung erfolgt über die Kasse des Einzelhändlers. Dieser spart sich den Aufwand für eine Warengruppe, die nicht zu seinem Kerngeschäft gehört.

Streckengroßhändler lagern nicht selbst ein, sondern holen die bestellte Ware direkt beim Hersteller ab und liefern sie an den Kunden aus.

Handelsvertreter (§§ 84 ff. HGB) sind selbstständig und holen Aufträge für einen oder mehrere Hersteller ein. Sie unterliegen einem Konkurrenzausschluss und vertreten meist mehrere nicht konkurrierende Anbieter, die gleichzeitig für alle Kunden interessant sind. Der Hersteller gewährt eine Provision, sodass keine Fixkosten entstehen. Im Fall der Vertragskündigung kann ein Ausgleichsanspruch für den Handelsvertreter bestehen, sodass deren Einsatz langfristig zu durchdenken ist.

Kommissionäre (§§ 383 ff. HGB) sind vergleichbar mit Händlern, werden jedoch nicht Eigentümer der Ware. Sie können diese sofort an die Kunden übergeben, treten jedoch als Vermittler auf. Ihr Einsatz bietet sich an, wenn Händler ein zu großes Risiko in der Aufnahme eines Produkts in ihr Sortiment sehen.

Makler (§§ 93 ff. HGB) vermitteln Kundenbeziehungen, unabhängig vom konkreten Auftragsvolumen. Ihre Leistung besteht im Nachweis eines Kunden, wofür sie eine vorher vereinbarte Vergütung erhalten.

Niederlassungen sind Verkaufsstellen, die zum Herstellerunternehmen gehören und meist auch Serviceleistungen erbringen. In der Regel sind sie jeweils für eine bestimmte Region zuständig. Je nach Branche halten sie Ware auch wie ein typischer Einzelhändler vorrätig (Konsumgüterhersteller mit Niederlassungen in Einkaufsstraßen).

Clubs verkaufen Waren an Mitglieder, die meist eine feste Abnahmeverpflichtung eingehen. Bekannt sind in Deutschland vor allem Buchclubs, in anderen Ländern ist das Konzept weiter verbreitet. Die Mitglieder erhalten einen finanziellen Vorteil.

Factory Outlets sind eigene Verkaufsstellen für Waren, die im üblichen Einzelhandel nicht abgesetzt werden können oder sollen. Schwerpunkt liegt auf zweiter Wahl und Produkten aus der Vorsaison, die mit Preisnachlässen verkauft werden. Meist sind die Outlets in Zentren mit einer Vielzahl von Geschäften angesiedelt.

Online-Shops werden auch vom Hersteller selbst eingerichtet, entweder als alleiniger Vertriebsweg, vor allem in industriellen Märkten, oder als Ergänzung eines indirekten Vertriebs.

Reisende bzw. Außendienstmitarbeiter stehen im Weiteren im Mittelpunkt. Sie sind Angestellte des Unternehmens und damit weisungsgebunden. Vor allem die Neuerschließung von Märkten ist aufwendig, dafür kann eine hohe Betreuungsqualität sichergestellt werden.

Key Account Manager werden eingesetzt, um einzelne bedeutende Kunden zu betreuen. Sie sollen ein Gegengewicht zur hohen Nachfragemacht herstellen.

Die **Geschäftsführung** sollte als Vertriebsinstanz nicht vernachlässigt werden. Sie wird zum Beispiel in mittelständischen Unternehmen bei großen Aufträgen tätig.

Das **Franchising** steht zwischen direktem und indirektem Vertrieb. Rein formal handelt es sich um indirekten, weil die Franchisenehmer selbstständig sind, aus Kundensicht ist es vom Direktvertrieb nicht zu unterscheiden. Der Franchisegeber regelt die Vermarktung und beliefert die Franchisenehmer mit Waren. Diese übernehmen das wirtschaftliche Risiko und zahlen eine Franchisegebühr.

In der Praxis können Distributionssysteme unterschiedlich komplex sein, das heißt Waren werden mitunter über mehrere Stufen an den Konsumenten gebracht. Zudem können auch unterschiedliche Distributionswege parallel existieren, weil zum Beispiel sowohl an Weiterverarbeiter als auch an Endverbraucher abgesetzt wird. Der Anbieter muss sich strategisch auf die unterschiedlichen Anforderungen einrichten, seinen Vertrieb mal stärker, mal geringer ausbauen. Manchmal geht es auch vorrangig darum, unterschiedliche Preise durchzusetzen. Abbildung 3.2.2 zeigt einige typische Vertriebswege.

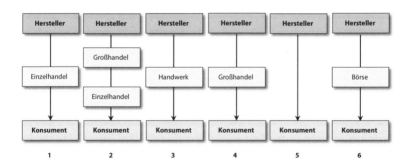

Abbildung 3.2.2: Beispiele für ein- und mehrstufige Vertriebswege

Weg 1 ist typisch für Konsumgütermärkte. Der Einzelhandel verfügt meist über eine gut ausgebaute Logistik und eine erhebliche Nachfragemacht, sodass er die ursprüngliche Großhandelsaufgabe selbst übernimmt. Der Vertrieb verhandelt mit den Einzelhändlern.

Weg 2 ist ein klassischer Vertriebsweg, der vor allem dort noch existiert, wo der Einzelhandel aus kleineren Bertrieben besteht und die Nachfrage nicht gut planbar ist. Der Großhandel kann dann als Puffer dienen und die Warenverteilung übernehmen. Er ist beispielsweise bei Elektrogeräten, Handwerksbedarf oder Modeartikeln anzufinden. Der Vertrieb muss mitunter auf beiden Stufen akquirieren.

Weg 3 ist zum Beispiel in baunahen Branchen anzutreffen. Die Waren werden von Handwerkern verwendet und in Häuser oder Gegenstände der Endkunden eingebaut. Die Entscheidung für oder gegen einen Anbieter kann sowohl vom Handwerker als auch vom Endkunden gefällt werden. Insofern sind zwei Zielgruppen zu bearbeiten.

Weg 4 findet man häufig im industriellen Produktgeschäft. Die Endabnehmer sind Gewerbetreibende und benötigen keine Serviceleistungen wie sie im Einzelhandel üblich sind. Die Endkunden müssen in aller Regel vom Hersteller umworben werden, bestellen dann aber beim Großhandel.

Weg 5 wird vor allem bei großen Abnahmevolumina und beratungsintensiven Produkten und Dienstleistungen eingesetzt. Der Vertrieb übernimmt die komplette Akquisition und Logistik, behält die vollständige Kontrolle über den Prozess.

Weg 6 ist grundsätzlich von Wertpapieren und Rohstoffen her bekannt. Durch das Internet sind aber weitere Börsen entstanden, sodass mehr oder weniger alle Produkte und Leistungen u. a. über eine mehr oder weniger stark ausgebaute Börse gehandelt werden können. Beispiele sind die Auktionsplattformen für Privatkunden, aber auch die Einkaufsplattformen einzelner Industrieunternehmen und Branchen.

b) Organisation der Vertriebsabteilung

Die Entscheidung über die eingesetzten Vertriebswege ist strategischer Natur und wird selten revidiert, allein schon wegen vorhandener vertraglicher Regelungen. Die interne Vertriebsorganisation, also die Frage, wie viele Mitarbeiter welche Kunden nach welchen Prinzipien betreuen und wie die internen Abläufe gestaltet werden, wird regelmäßig wesentlich häufiger angepasst. Diese Entscheidungen gehören in den Entscheidungsbereich des Unternehmens und können in Abhängigkeit erzielter Erfolge und Misserfolge, personeller Möglichkeiten und vertrieblicher Ziele auch relativ kurzfristig verändert werden. Für Vertriebsführungskräfte sind die hiermit verbundenen Fragestellungen alltägliches Geschäft.

Grundsätzlich müssen bei der **Organisation einer Vertriebsabteilung** folgende Faktoren berücksichtigt werden:

> **Unterschiedlichkeit der Kunden/-gruppen** – Haben die Kundengruppen unterschiedliche Anforderungen an den Vertrieb, kaufen sie sehr unterschiedliche Sortimentsteile und Mengen, dann sollte der Vertrieb jeweils mit individuellen Konzepten und Abteilungen auf sie eingehen.
> **Unterschiedlichkeit und Breite des Angebotsprogramms** – Unterschiede bei den eingesetzten Technologien und den Anwendungsfeldern setzen meist spezielle Kompetenzen in der Kundenbetreuung voraus. Dann muss entsprechende Beratungskapazität bereitgestellt werden oder eine produktorientierte Strukturierung des Vertriebs erfolgen.
> **Struktur der Fertigung/Leistungserstellung** (Massen-/Einzelfertigung) – Der Verkauf von Fertigwaren, die im Lager verfügbar sind, erfordert ein anderes Vorgehen als das Angebot und die Verhandlung individueller Entwicklungsleistungen. Davon betroffen sind sowohl die Fachkompetenzen im Vertrieb als auch die verfügbare Zeit und Unterstützung durch Innendienst, Entwicklung und Kalkulation.
> **Unternehmensgröße** – Große Unternehmen erlauben ein höheres Maß an Spezialisierung, etwa für spezielle Serviceleistungen. In klei-

neren Unternehmen muss im Vertrieb eher ein Full-Service-Konzept geboten werden.

In die Organisation sind (möglicherweise) folgende **Personengruppen** einzubeziehen:

Im Mittelpunkt stehen natürlich die **Außendienstmitarbeiter** und ihre Zusammenfassung in der Regel zu Vertriebsregionen. Dabei können mehrere Hierarchieebenen berücksichtigt werden.

Wenn im Außendienst Verantwortlichkeiten neu zugewiesen werden, insbesondere, wenn der Aufgabenumfang steigt, ist eine wachsende Unterstützung durch den **Innendienst** erforderlich. Dieser wird aber meist schlichtweg vergessen und kann seine Aufgaben nicht mehr adäquat erfüllen. Daher müssen strukturelle Veränderungen im Außendienst durch entsprechende Maßnahmen im Innendienst begleitet werden.

Die Bedeutung der **Kundendienstmitarbeiter** wächst zunehmend aufgrund der Anforderungen der Kunden im Hinblick auf weitere Serviceleistungen und bessere Verfügbarkeit. Auch in Teamkonzepte im Vertrieb werden sie immer häufiger eingebunden.

Telefonverkäufer werden oft eingesetzt, um den Außendienst von der Betreuung wenig profitabler Kunden zu entlasten. Eine strukturierte Zusammenarbeit zwischen Telefonverkauf und Außendienst kann zu deutlichen Steigerungen der Vertriebsprofitabilität führen.

Verkaufsassistenten werden üblicherweise dem Innendienst zugerechnet und entlasten den Außendienst von Routinetätigkeiten, stellen vor allem auch die Erreichbarkeit sicher.

Mitarbeiter in den **Entwicklungsabteilungen** werden selten mit dem Vertrieb in Verbindung gebracht. Allerdings sind sie diejenigen, die Kundenanforderungen in Produkte umsetzen und auch komplexe Anlagen erklären können.

Da die Finanzierung nicht nur im Anlagengeschäft eine wesentliche Rolle spielt, können **Finanzierungsberater** zum Einsatz kommen. Sie sind spezialisiert auf rein finanzielle Fragestellungen und können optimale Finanzierungskonzepte berechnen.

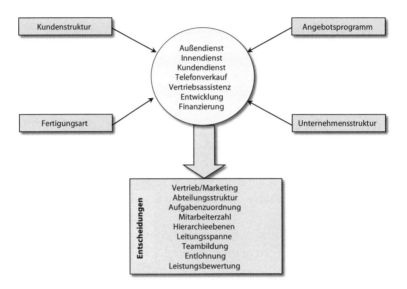

Abbildung 3.2.3: Organisationsentscheidungen im Vertrieb

Nunmehr ist der Rahmen der Organisationsentscheidungen geklärt. Konkret sind, etwa im Fall einer Neuorganisation des Vertriebs, die folgenden Fragen zu entscheiden:

Checkliste 17: Vertriebsorganisation

> Wie ist die organisatorische Stellung des Vertriebs im Unternehmen, wie steht er insbesondere zum Marketing?
> Welche Abteilungen/Instanzen innerhalb des Vertriebs sind notwendig?
> Wie erfolgt die Zuordnung von Mitarbeiter und Aufgabengebiet (insbesondere bezüglich Kunden)? Wird ein Key Account Management eingerichtet?

> Wie viele Mitarbeiter werden in den einzelnen Vertriebsbereichen benötigt?
> Wie viele Hierarchieebenen gibt es und wie werden die Instanzen jeweils zusammengefasst?
> Wie viele Mitarbeiter werden jeweils einer Führungskraft unterstellt?
> Werden Teams gebildet? Welche Größe und Zusammensetzung ist optimal?
> Wie werden die Außendienstmitarbeiter entlohnt? Für welche Mitarbeitergruppen kommen variable Entlohnungsbestandteile infrage?
> Wie kann die Leistung ganzheitlich (quantitativ und qualitativ) kontrolliert werden?

Die organisatorische Stellung des Vertriebs, vor allem auch im Hinblick auf das Verhältnis zum Marketing, wurde bereits im ersten Kapitel erörtert. Die erforderlichen Abteilungen ergeben sich jeweils aus dem Unternehmenszusammenhang. Die Vertriebsstruktur kann nach folgenden Prinzipien aufgebaut werden:

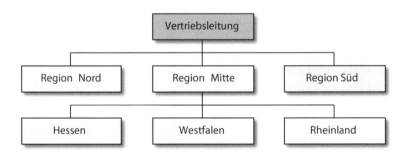

Abbildung 3.2.4: Regionale Vertriebsorganisation

Hier bearbeiten die Außendienstmitarbeiter alle Kunden in einer Region. Die Größe der Vertriebsregionen wird in Abhängigkeit von der Betreuungskapazität der Mitarbeiter festgelegt. Dabei soll der Aufwand für Reisen zwischen den Kunden minimiert werden. Hohe Besuchsfrequenzen lassen sich realisieren.

Die regionale Organisation eignet sich bei einer großen Zahl zu betreuender Kunden, die recht ähnliche Anforderungen stellen. Die zu vertreibenden Produkte sollten einfach sein, sodass ein Mitarbeiter ein großes Sortiment kompetent vertreten kann. Für komplexe Systeme oder Anlagen ist das Organisationsprinzip in der Regel nicht geeignet. Haben einzelne Kunden eine besonders große Umsatzbedeutung, sollten sie an Key Account Manager übertragen werden, weil sonst kleinere Kunden zwangsläufig vernachlässigt werden.

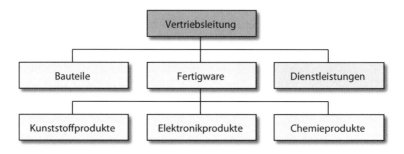

Abbildung 3.2.5: Produktorientierte Vertriebsorganisation

Die Außendienstmitarbeiter verkaufen in der produktorientierten Struktur allen Kunden ein Produkt. Dabei geht es aber meist weniger um einzelne Produkte als vielmehr um Technologie- oder Kompetenzbereiche. Der Kunde soll auf jeden Fall Kontakt mit einer qualifizierten Persönlichkeit haben, die auch technische Detailfragen erörtern kann. In der Regel sind hier entsprechende fachliche Qualifikationen erforderlich.

Der Aufwand für den produktorientierten Vertrieb ist erheblich. So fallen hohe Reisekosten an, weil im Extremfall ein Mitarbeiter alle Interessenten für „sein Produkt" besuchen muss. Meist ist aber die Zahl der Kunden für diese stark erklärungsbedürftigen Produkte überschaubar. Eine Kombination mit der regionalen Gliederung kann sich mitunter anbieten.

In den letzten Jahren ist die Bedeutung kundenorientierter Organisationsformen deutlich gewachsen. Sie sind vor allem in der Lage, unterschiedliche Kundenstrukturen abzubilden. Meist führt dies zum Einsatz eines **Key Account Managements**, bei dem einem bedeutenden Kunden ein Vertriebsmitarbeiter gegenübergestellt wird. Dadurch wird es leichter, den Kunden umfassend zu bearbeiten und ihn intensiv zu kennen. Key Account Manager übernehmen auch die Koordination und Abwicklung kundenspezifischer Prozesse und überwachen die Profitabilität des Kunden.

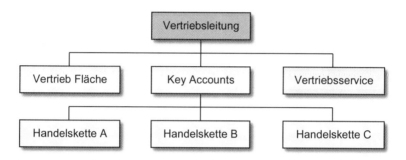

Abbildung 3.2.6: Kundenorientierte Vertriebsorganisation

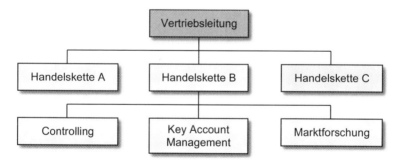

Abbildung 3.2.7: Category Management

Das **Category Management** geht noch einen Schritt weiter als das Key Account Management. Es ist zu übersetzen als Warengruppenmanagement und beinhaltet eine partnerschaftliche und wirtschaftliche Beziehung zwischen Kunde und Lieferant. Der Category Manager bzw. das

Team ist sowohl für die Aufgaben des Key Account Managements als auch des Controlling und der Marktforschung zuständig. Die Lieferbeziehung soll dadurch auf eine rationale Basis gestellt werden, die Sortimentsgestaltung und einzelne Maßnahmen müssen für beide Seiten wirtschaftlich vorteilhaft sein. Zudem werden Marktforschungsdaten genutzt, um Kundenwünsche und -verhalten optimal berücksichtigen zu können.

> Schon aus wirtschaftlichen Gründen lassen sich nur umfangreiche Kundenbeziehungen, vor allem mit Handelsunternehmen, mit Category Management steuern. Auf Seiten des Geschäftspartners muss eine Bereitschaft vorhanden sein, das Category Management zu unterstützen. Davon ist einerseits die Arbeit mit Markt- und Controllingdaten betroffen, also die Orientierung an der Profitabilität, andererseits auch die Bereitschaft, ganzheitlich zu denken und zu verhandeln. Category Management bedeutet ja eine Abkehr vom Mengendenken mit harten Preisverhandlungen hin zu einer Zusammenstellung von Sortimenten, die insgesamt optimal sind. Dies kann auch den Verzicht auf einzelne Marken bedeuten, wenn sie nur einen kleinen Beitrag zur Gesamtprofitabilität leisten oder diese sogar mindern.

Wenn die prinzipielle Struktur der Vertriebsorganisation steht, muss auf der nächsten Ebene entschieden werden, nach welchen Kriterien den einzelnen Mitarbeitern **Verantwortungsbereiche zugewiesen** werden. Die meisten Unternehmen gehen nach dem Umsatzkriterium und übertragen den Mitarbeitern jeweils Gebiete mit gleicher Umsatzbedeutung. Es gibt aber sinnvolle Alternativen.

Zuweisung nach Umsatz:

> Die Außendienstmitarbeiter verkaufen alle Produkte allen Kunden eines Gebietes, wobei alle Gebiete gleiche Umsätze aufweisen.

Zuweisung nach Deckungsbeiträgen:

> Die Verkaufsgebiete werden nach den erzielten Deckungsbeiträgen abgegrenzt, wobei alle Gebiete gleiche Deckungsbeiträge aufweisen.

Zuweisung nach Deckungsbeitragspotenzialen:

▶ Die Verkaufsgebiete werden nach Deckungsbeitragspotenzialen abgegrenzt, wobei alle Gebiete gleiche Deckungsbeitragspotenziale aufweisen.

Während das Umsatzkriterium immerhin einfach zu verwalten ist, kann mit Hilfe der Deckungsbeiträge auf eine Steigerung der Profitabilität hingewirkt werden. Das Augenmerk des Vertriebs wird automatisch auf die Kunden gelenkt, die am profitabelsten sind bzw. auf die ertragsstärkeren Produkte. Der Außendienst kann sich intensiver mit diesen profitablen Kunden beschäftigen.

Die Orientierung an Deckungsbeitragspotenzialen geht noch einen Schritt weiter und bezieht den strategischen Aspekt mit ein. Schließlich lohnt es sich, sich verstärkt um Kunden zu bemühen, die ein größeres Potenzial aufweisen. Dabei werden Kapazitäten geschaffen, um auch stärker in neue, aktuell noch nicht umsatzstarke Kundenbeziehungen zu investieren.

c) Key Account Management

Das Key Account Management nimmt eine besondere Stellung unter den Organisationsformen ein. Es soll vor allem eine angemessene Betreuung der Großkunden sicherstellen und über die reine Verkaufstätigkeit hinaus auch strategische Aufgaben übernehmen.

Key Account Management wird meist eingeführt, weil sich die Machtverhältnisse seitens der Kunden ändern – Kunden werden zum Teil durch Konzentrationsprozesse mächtiger, verstärken (Konditionen-)Forderungen gegenüber den Lieferanten – und steigern ihr Anforderungsniveau, was zum Beispiel die Professionalität der Abwicklung, die Zuverlässigkeit der Lieferungen und den Umfang der Leistungen angeht. Dadurch müssen immer umfangreichere Leistungen des Lieferanten intern koordiniert und immer härter werdende Verhandlungen geführt werden. Dies setzt eine genaue Kenntnis der Anforderungen und Abläufe voraus und nicht zuletzt eine vertrauensvolle Beziehung zwischen beiden Seiten.

Erfolgreiches Key Account Management führt zu einer stärkeren Bindung des Kunden, weil für ihn die Hemmschwelle für einen Lieferantenwechsel steigt. Die Transaktionsprozesse wie Informationsaustausch, Warenlieferung, Rechnungsabwicklung können für die jeweilige Situation optimiert werden. Damit lassen sich Fehlerquellen reduzieren und Kosten senken. Üblicherweise ergibt sich daraus eine höhere Kundenzufriedenheit und -profitabilität.

Je nach Branche und Unternehmenssituation kann ein Key Account Management unterschiedlich ausgestaltet werden:

> Unternehmen, die im **Produktgeschäft** tätig sind, zum Beispiel Konsumgüter oder sonstige Fertigwaren verkaufen, gliedern ihre Vertriebsabteilung nach den Kunden. Dabei werden aber nur die Kunden vom Key Account Manager betreut, die sich durch eine entsprechende Nachfragemenge dafür eignen. Beispielsweise sind das die A-Kunden oder solche mit mehr als zehn Prozent Umsatzanteil. Die Manager haben damit keinen Einfluss auf die Leistungsprozesse, zumal hier keine kundenspezifischen Maßnahmen erfolgen.
> In **Zulieferbranchen** geht das Key Account Management meist wesentlich weiter. Hier müssen nicht nur die vertrieblichen Aktivitäten abgestimmt werden, sondern auch Produktion, Logistik und Entwicklung. Die Manager übernehmen die Koordination von Prozessen, die klassischerweise in den Aufgabenbereich von Produktmanagern fallen.

Typische **Aufgaben des Key Account Managements**:

> Analyse der Entscheidungsstrukturen und -kriterien beim Kunden, Überwachung personeller Veränderungen in den relevanten Abteilungen (Buying Center), Beobachtung möglicher Beeinflusser.

- ▶ Zentrale Koordination aller Aktivitäten, die auf den Kunden gerichtet sind. Damit verbunden Übernahme der Verantwortung für die Einhaltung vertraglicher Regelungen.
- ▶ Regelmäßige Ermittlung der Kundenzufriedenheit und gegebenenfalls Einleitung von Maßnahmen zu deren Steigerung.
- ▶ Entgegennahme von Reklamationen, Sicherstellung der Bearbeitung.
- ▶ Überwachung der Kundenprofitabilität und Suche nach Möglichkeiten zu ihrer Steigerung.
- ▶ Identifikation neuer Absatzpotenziale beim Kunden durch weitere Einsatzmöglichkeiten oder zusätzliche Produkte und Leistungen.
- ▶ Analyse der Kundenstrategien und der Marktentwicklungen, soweit sie das Nachfrageverhalten beeinflussen können.

d) Planung des Außendiensteinsatzes

Die Planung des Außendiensteinsatzes ist eine der wichtigsten und umfangreichsten Aufgabenstellungen im Vertrieb. Sie leistet einen wesentlichen Beitrag zur Effizienz und stellt die optimale Betreuung der Kunden sicher. Wenn dabei Fehler gemacht werden, bewirkt der Planungsprozess auch schon mal das Gegenteil. Da der Außendienst in aller Regel sowohl zu den größten Kostenblöcken als auch Erfolgsfaktoren gehört, können hier die Grundlagen der Profitabilität gelegt werden.

Eine systematische Planung berücksichtigt die acht in Abbildung 3.2.8 dargestellten Aufgaben.

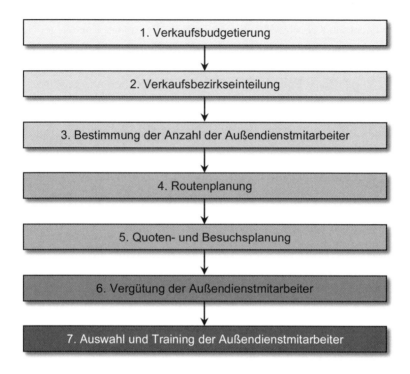

Abbildung 3.2.8: Planung des Außendiensteinsatzes

1. Verkaufsbudgetierung

Der erste Schritt ist die Bestimmung des Verkaufsbudgets und damit auch schon einer, für den es kein wirklich gut geeignetes Verfahren gibt. Er ist zwar notwendig, um überhaupt eine wirtschaftliche Steuerung auf den unterschiedlichen Vertriebsebenen zu ermöglichen und Kostentransparenz zu schaffen, jedoch gibt es keine Formel, mit deren Hilfe sich errechnen lässt, ob 500.000 Euro reichen oder ob es doch eher fünf Millionen sein müssen. Eingedenk dieser Tatsache haben sich sogenannte Daumenregeln in der Praxis etabliert, die den Entscheidungsträger seinem Ziel zumindest ein wenig näherbringen.

Orientierung am Umsatz

Das Verkaufsbudget wird hierbei als Prozentsatz des Umsatzes bestimmt, oft des Umsatzes der Vergangenheit. Dieses Verfahren ist äußerst pragmatisch, denn es sorgt dafür, dass nicht mehr Geld ausgegeben wird als vorhanden ist. Meist existieren seit etlichen Jahren Standardquoten, an denen man sich festhält, denn was es schon so lange gibt, kann so falsch nicht sein.

Der Umsatzbezug sorgt aber auch dafür, dass auf sinkenden Umsatz mit einer Verkleinerung der Verkaufsmannschaft reagiert wird. Das stellt sicher, dass sich die Situation nicht bessert und früher oder später auch kein Vertrieb mehr erforderlich ist. Gezieltes Gegensteuern durch Investition in den Vertrieb ist hierbei nicht möglich. Etwas besser geht es immerhin, wenn die Bezugsgröße der Umsatz der nächsten Periode ist.

Beispiel: Im letzten Jahr wurden im Unternehmen 400 Mio. Euro umgesetzt, das Vertriebsbudget liegt traditionell bei fünf Prozent. Also werden dieses Jahr 20 Mio. Euro budgetiert. Das ist dann auch leicht in der Kalkulation zu berücksichtigen. Was passiert, wenn die Unternehmensleitung aber den Umsatz um 20 Prozent steigern will? Dann wäre der Vertrieb unterfinanziert, es sei denn die Mitarbeiter hätten sich bislang ziemlich gelangweilt und noch genügend Zeitreserven. Es wären aber auch von der Zielgröße fünf Prozent erforderlich, also 24 Mio. Euro. Aus Gründen der Vorsicht fällt es meist schwer, das in der Kalkulation zu berücksichtigen: Wenn das Ziel nicht erreicht werden kann, stellen sich die kalkulierten Preise wegen der dann höheren Fixkosten pro Stück als viel zu niedrig heraus. Mit dem gleichen Budget aber die deutliche Steigerung zu erreichen, dürfte schwerfallen, sodass man sich letztlich in einem Teufelskreis befindet.

Orientierung an den verfügbaren Mitteln

Dieses Verfahren wollen wir nicht ernsthaft in Erwägung ziehen, weil es jeglicher wirtschaftlicher Vernunft widerspricht. Dennoch findet man es in der betriebliche Praxis nur allzu oft: Das Verkaufsbudget wird schlicht und einfach nach Abzug aller anderen Kosten vom Umsatz bestimmt. Die Logik des Verfahrens besticht nur auf den ersten Blick: Verkaufskosten sind wesentlich leichter zu beeinflussen als Produktionskosten. So kann man Provisionen kürzen, Werbekosten streichen oder auch erhöhen. Die Maschine nimmt es einem übler, wenn man ihr das Schmiermittel vorenthält. Also wird gerade in schlechten Zeiten der Vertrieb reduziert – hoffentlich wird man dann nicht plötzlich von einem Auftragsboom überrascht!

Orientierung am Wettbewerb

Nach diesem Verfahren wird das Verkaufsbudget in Abhängigkeit vom Budget der Wettbewerber bestimmt. Dabei spielt in erster Linie der Marktanteil eine Rolle. Man geht ganz einfach davon aus, dass Verkaufsbudget und Marktanteil in einem gewissen Zusammenhang stehen – was nicht ganz unrealistisch sein sollte. Wenn ein Unternehmen also einen Marktanteil von fünf Prozent hat, dann sollten seine Verkaufsausgaben auch bei fünf Prozent des Gesamtvolumens in der Branche liegen. Will es seinen Marktanteil steigern, dann muss es den Verkaufsausgabenanteil auch erhöhen. Sind zum Beispiel zehn Prozent angepeilt, dann wäre der erste Schritt die Verdopplung des Verkaufsbudgets.

Orientierung an Zielen und Aufgaben

Bei vernünftiger Betrachtung ist dies das einzige Ernst zu nehmende Verfahren. Ausgehend von den Vertriebszielen werden dabei die notwendigen Maßnahmen definiert. Für diese werden dann die entstehenden Kosten ermittelt und addiert. Man muss also überlegen, wie viele Kundenbesuche notwendig sind, in welchem Umfang Werbekostenzuschüsse zu zahlen sind, welche Infrastrukturkosten anfallen usw. Der Aufwand ist ausgesprochen hoch, sodass das Verfahren nur geringe Akzeptanz findet. Gerade wenn ein Vertrieb neu aufgebaut werden soll, verhindert es aber, schon Ende August ohne Budget dazustehen.

2. Verkaufsbezirkseinteilung

Die Einteilung der Verkaufsbezirke, wenn eine regionale Strukturierung vorgenommen werden soll, ist stets ein Politikum im Vertrieb. Wer ein unattraktives Gebiet erwischt, wird auf Jahre nicht glücklich und vor allem auch nicht reich. Also bemühen sich die Verkäufer um das größte Stück vom Kuchen, zumindest das mit dem Sahnehäubchen, während die Vertriebsleitung auch schon mal ein schlechtes Gebiet mit einem guten Verkäufer besetzen will, um noch etwas mehr Ertrag herauszuholen.

> Unabhängig von diesen politischen Interessen ist das grundlegende Prinzip der Gebietseinteilung die Gleichartigkeit der Bezirke, sodass alle Außendienstmitarbeiter ein ähnliches Nachfragepotenzial bei vergleichbarer Arbeitsbelastung bearbeiten. Im Idealfall führt dann nur die individuelle Leistung zu unterschiedlich hohen Entlohnungen.

Fraglich ist nur, wie das Potenzial eines Gebiets gemessen wird: als Umsatz-/potenzial oder Deckungsbeitrags-/potenzial? Und vor allem: Wie lassen sich Potenziale zuverlässig schätzen?

Die Vorgehensweise ist wiederum recht komplex, sodass wir verschiedene Einzelschritte unterscheiden müssen. Sie werden in Abbildung 3.2.9. dargestellt.

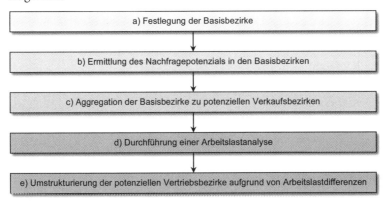

Abbildung 3.2.9: Verkaufsbezirkseinteilung

a) Festlegung der Basisbezirke

Das „Atom" der Bezirkseinteilung ist die kleinste geografische Einheit (KGE), die meist in Abhängigkeit von verfügbaren geografischen Daten definiert wird. Beispiele sind Postleitzahlgebiete, Kreise oder Nielsengebiete. Diese sind meist leicht in Form von Karten zu beschaffen bzw. in entsprechender Software enthalten. Am weitaus häufigsten sind Zuordnungen auf der Basis von Postleitzahlen zu finden, weil hier ganz pragmatisch mit der Kundenadresse gearbeitet werden kann. Wenn dies zu detailliert ist, können auch Regierungsbezirke verwendet werden. Bundesländer eignen sich wegen ihrer unterschiedlichen Größen meist nicht. Die vom Marktforschungsinstitut A.C. Nielsen entwickelten Nielsengebiete fassen teilweise mehrere Bundesländer zusammen und werden in der Lebensmittelbranche häufig eingesetzt. Das Marktforschungsinstitut ermittelt Marktdaten für diese Gebiete, sodass sich entsprechende Vertriebsgebiete leicht kontrollieren lassen.

b) Ermittlung des Nachfragepotenzials in den Basisbezirken

Hier entstehen die größten Probleme, weil es selten eine exakte Maßzahl für die vorhandene Nachfrage gibt. In Kapitel 2.2 wurde schon näher darauf eingegangen. Vor allem der Investitionsgütervertrieb kann selten auf Marktforschungsdaten zurückgreifen.

Wichtige Potenzialgrößen sind für Endkunden:

- Kaufkraft
- Bedarfsdeckungsgrad
- Zahl der Haushalte
- Einwohnerstruktur der Gemeinden (Alter, Geschlecht)
- PKW-Dichte (auch nach PKW-Arten)

und für gewerbliche Kunden:

- Zahl der A/B/C-Kunden in den Gebieten

- Zahl der Unternehmen einer Branche in einem Gebiet
- Nachfragevolumina/Umsatzvolumina der Unternehmen in den Gebieten
- Kaufwahrscheinlichkeiten bei Unternehmen in den Gebieten
- Ausschöpfungsgrade in den Gebieten
- Zahlungsausfallwahrscheinlichkeiten nach Kreisen

c) Aggregation der Basisbezirke zu potenziellen Verkaufsbezirken

Ohne interne Faktoren zu berücksichtigen, werden nun angrenzende Bezirke (zum Beispiel Postleitzahlgebiete) so zusammengefasst, dass sich Gebiete mit einem ähnlichen Nachfragepotenzial ergeben. Dabei ergeben sich vorläufige Bezirke, die von der Größenordnung her geeignet sein könnten, aber noch angepasst werden.

d) Durchführung einer Arbeitslastanalyse

Hier ist zu bestimmen, wie viele Mitarbeiter benötigt werden, um die vorhandenen und potenziellen Kunden zu betreuen. Dazu muss eine Kundenstrukturanalyse vorliegen, die zumindest A/B/C-Kunden unterscheidet und Besuchsrhythmen vorgibt. Ist das Vertriebsgebiet vollständig neu, werden die Kunden zunächst gleich behandelt, das heißt die Besuchszeiten sind in der Planung identisch.

Beispiel: Ein Unternehmen hat
40 A-Kunden
220 B-Kunden
1.680 C-Kunden
Als Besuchsrhythmen werden vorgegeben:
Die A-Kunden sollen alle zwei Wochen (26 x pro Jahr),
die B-Kunden alle zwei Monate und (6 x pro Jahr)
die C-Kunden alle halbe Jahre besucht werden (2 x pro Jahr).
Für den Besuch wird eine reine Kontaktzeit von
120 Minuten für A-Kunden,
40 Minuten für B-Kunden und

20 Minuten für C-Kunden angenommen.
Diese Zeitvorgabe schließt keine Fahr- und Wartezeiten ein.

Aus einer Zeitanalyse im Vertrieb ist bekannt, dass 15 Prozent der Brutto-Arbeitszeit für Kundenkontakte aufgewendet werden. Der Rest wird für Fahrzeit, Terminabsprachen, Berichte schreiben, Schulung usw. aufgewendet. Es handelt sich also um eine reine Netto-Größe.

Aus der Kundenzahl, den Besuchsrhythmen und den Kontaktzeiten ergibt sich folgender Arbeitszeitbedarf pro Jahr:

A-Kunden: 40 Kunden x 26 Besuche x 120 Minuten = 124.800 Minuten = 2.080 Stunden

B-Kunden: 220 Kunden x 6 Besuche x 40 Minuten = 52.800 Minuten = 880 Stunden

C-Kunden: 1680 Kunden x 2 Besuche x 20 Minuten = 67.200 Minuten = 1.120 Stunden

Summe: 4.080 Stunden

Da die produktive Zeit 15 Prozent ausmacht, ist der 6,67-fache Arbeitszeitaufwand erforderlich (100 : 15 = 6,67): 4.080 x 6,67 = 27.214 Arbeitsstunden.

Zu klären ist noch, wie viele Arbeitstage pro Jahr effektiv zur Verfügung stehen:

Kalendertage   365

➤ Wochenenden   104
➤ Feiertage   10
➤ Urlaubstage   30
➤ Krankheitstage   10
➤ Büro-/Schulungstage   45

Somit bleiben: 166 Tage = 1.660 Stunden im Außendienst bei angenommenen 10 Stunden täglicher Arbeitszeit.

Das ergibt einen Personalbedarf von 27.214 : 1.660 = 16,4 ADM. Das Unternehmen benötigt also 17 Außendienstmitarbeiter, um die Kunden wie geplant betreuen zu können. Insofern wäre das Vertriebsgebiet in 17 gleich große Zonen einzuteilen, die jeweils einem Mitarbeiter zugewiesen werden.

In diesen Verkaufsgebieten (Bezirken) muss der geplante Betreuungsaufwand jeweils der verfügbaren Zeit entsprechen. Zunächst führt die Orientierung ausschließlich an Postleitzahlen oder Ähnlichem nicht automatisch zu vergleichbaren Potenzialen, denn zufällig kann ein Gebiet mehrere große Kunden enthalten, ein anderes nur viele kleine und problematische Kleinkunden. Die Zuteilung muss sich also auch mit der Kundenstruktur beschäftigen und zum Beispiel vergleichbare Anteile von A-, B- und C-Kunden enthalten. Das setzt eine fundierte Kenntnis des Verkaufsgebiets voraus.

Spielen wir das Beispiel noch einen Schritt weiter:

Ein A-Kunde erfordert jährlich 52 Kontaktstunden (26 x 120 Minuten), also 347 Stunden Brutto-Arbeitszeit (für Reisen, Vorbereitung, Nachbereitung usw. : 52 Stunden x 6,67),

ein B-Kunde 4 Kontaktstunden (6 x 40 Minuten) bzw. 26,7 Stunden brutto und

ein C-Kunde 0,67 Kontaktstunden (2 x 20 Minuten) bzw. 4,5 Stunden brutto.

Ein Mitarbeiter kann demnach beispielsweise 4,8 A-Kunden betreuen oder 373 C-Kunden. In der Regel wird jeder Mitarbeiter aber ein bestimmtes Verhältnis von A/B/C-Kunden betreuen. Darüber hinaus ist die Akquisition von Neukunden zu berücksichtigen.

Werden einem Mitarbeiter beispielsweise 3 A-Kunden, 5 B-Kunden und 200 C-Kunden zugewiesen, dann ist seine Arbeitsbelastung 1.041 (347 x 3) + 133,5 (26,7 x 5) + 900 (4,5 x 200) = 2.075 Stunden. Er hat daher eine Belastung von 2.075 : 1.660 = 1,25.

Dass die Qualität der Betreuung unter dieser Überlastung von 25 Prozent leidet, ist verständlich. Zudem fehlt die Zeit für Akquisitionen. Hier wurde nicht berücksichtigt, dass eine gewisse Regeneration des Kundenstamms erforderlich ist. Die Größe der Vertriebsbezirke müsste so festgelegt werden, dass jeder Mitarbeiter eine Belastung von ca. 1 hat.

> Will man die Akquisition fördern, bietet sich eine maximale Belastungsquote von etwa 0,9 an. In diesem Fall müssten dann zwei weitere Mitarbeiter eingestellt werden.

Das Arbeitslastverfahren geht davon aus, dass alle Kunden einer Kategorie gleichermaßen interessant sind und gleichermaßen erklärungsbedürftige Produkte kaufen, zudem Erfahrung und Verkaufsgeschick ähnlich sind. Dies ist aber selten gegeben.

Potenzialverfahren

Alternativ bzw. parallel kann das Potenzialverfahren eingesetzt werden, bei dem die Umsätze/Deckungsbeiträge über die Bezirke gleich verteilt werden. Dies ist bei bestehenden Kundenbeziehungen recht einfach machbar.

Beispiel: Der Umsatz des Unternehmens liegt bei 74 Mio. Euro in Deutschland. Es gibt 17 Außendienstmitarbeiter. Also betreut jeder im Schnitt Kunden mit einem Volumen von 4,35 Mio. Euro. Die Bezirke wären so zu definieren, dass sie jeweils Kunden mit einem Volumen von rund 4,35 Mio. Euro Auftragsvolumen enthalten.

Möglicherweise erreicht ein einzelner A-Kunde dieses Volumen, sodass der ADM nur recht selten aktiv werden müsste, während sich ein ADM mit vielen C-Kunden in der Region die Hacken wund läuft. Es ist also parallel auch das Arbeitslastverfahren einzusetzen.

Umgekehrt lässt sich die Zahl der benötigten ADM bestimmen, wenn das durchschnittliche betreute Volumen eingesetzt wird:

Zahl der ADM = geplanter Umsatz : durchschnittlicher betreuter Umsatz eines ADM

In Konsumgütermärkten wird oft mit konsumentenbezogenen Daten gearbeitet. Beispielsweise können Branchenumsätze für einzelne Städte/Kreise bezogen werden, die Aufschluss über das Absatzpotenzial und damit den Vertriebsaufwand geben.

Kreis, Region	Einwohner	Einzelhandelskaufkraft			Einzelhandelsumsatz			Zentralitätskennziffer
		absolut in Mio. €	pro Einwohner in €	Index D = 100	absolut in Mio. €	pro Einwohner in €	Index D = 100	D = 100
Stuttgart	606.588	3.661	6.036	111,5	4.183	6.896	137,5	123,3
Baden-Baden Stadt	54.445	340	6.244	115,4	294	5.408	107,8	93,5
Heilbronn Stadt	122.879	647	5.263	97,2	963	7.838	156,3	160,7

Tabelle 3.2.1: Einzelhandelskaufkraftkennzahlen aus Baden-Württemberg
Angaben für 2012, Quelle: IHK Region Stuttgart, Daten: GfK Juli 2012

Die einzelhandelsrelevante Kaufkraft ist das Potenzial für Warenverkäufe über den Einzelhandel (ohne Kraftfahrzeuge und Kraftstoffe). Produkte und Leistungen, die über Verträge und direkt abgewickelt werden, sind hier nicht enthalten. Als Nächstes wird die Kaufkraft der jeweiligen Städte in Relation zum Bundesdurchschnitt (= 100) angegeben.

Eine Spalte weiter rechts finden sich die tatsächlichen Einzelhandelsumsätze pro Einwohner. Diese weichen teils deutlich von der Kaufkraft ab, weil hier auch die Käufe der Einkaufspendler erfasst werden. Dabei zeigt sich die Bedeutung von Heilbronn als Einkaufsstadt mit großem Einzugsgebiet. Auch das wird wieder als Kennziffer für die ganze Stadt angegeben. Setzt man die Einzelhandelsumsatzkennziffer zur einzelhandelsrelevanten Kaufkraftkennziffer in Beziehung, dann lässt sich die **Zentralitätskennziffer** berechnen. Sie ist ein Indikator für die dargestellte Bedeutung als Einkaufsstadt und wird auch als Argument im Regionalmarketing der Städte verwendet.

e) Umstrukturierung der potenziellen Vertriebsbezirke aufgrund von Arbeitslastdifferenzen

Hier werden nun, wie schon angedeutet, Umstrukturierungen vorgenommen, um einen Ausgleich zwischen Potenzialen und Arbeitslast zu erzielen. Diese Arbeit lässt sich recht mühsam von Hand vornehmen, es gibt aber auch Software dafür. Diese muss aber auch erst einmal mit Daten versorgt werden, sodass insgesamt nicht nach einer hundertprozentigen Lösung gestrebt werden sollte.

3. Bestimmung der Anzahl der Außendienstmitarbeiter

Die erforderliche Mitarbeiterzahl ergibt sich zum Beispiel aufgrund einer oben dargestellten Arbeitslastanalyse. Sie ist nur dann einsetzbar, wenn die Aufgaben langfristig unverändert bleiben. Aus strategischer Sicht spielen aber noch andere Faktoren eine Rolle, die Änderungen an dem rechnerischen Ergebnis erforderlich werden lassen könnten.

> ➤ **Einführung neuer Produkte mit erhöhtem Beratungsaufwand** – Die Erstvorstellung der Produkte erfordert zusätzliche Zeit, die aber nicht eingeplant ist. Werden die Kapazitäten nicht ausgebaut, leidet

die Kundenbetreuung zwangsläufig. Auch an die Schulung der Vertriebsleute ist zu denken, für die regelmäßig einige Tage zur Verfügung stehen müssen.

➤ **Vorhandene Ressourcen im Unternehmen** – Es ist stets zu prüfen, ob und wie die erforderlichen Mitarbeiter finanziert werden können. Mitunter kann kein ausreichendes Budget zur Verfügung gestellt werden, sodass beispielsweise Besuchsfrequenzen angepasst werden müssen.

➤ **Wettbewerbssituation** – Kommen neue Wettbewerber auf den Markt oder intensivieren alte Konkurrenten ihre Kundenbetreuung, sind ebenfalls zusätzliche Anstrengungen erforderlich.

➤ **Neukundenakquisitionsziele** – Auf die fehlende Zeit für Akquisition wurde bereits hingewiesen. Sofern einschlägige Ziele definiert werden, lassen sich auch Kapazitäten im Außendienst dafür planen.

4. Routenplanung

Die Routenplanung wird unter der Maßgabe vorgenommen, die Reisezeit und -kosten so gering wie möglich zu halten. Damit soll die für den Kundenkontakt verfügbare Zeit maximiert werden. Problematisch ist allerdings die Tatsache, dass Faktoren wie die Verkehrssituation kaum berücksichtigt werden können. Dazu kommen subjektive Faktoren wie Vorlieben für bestimmte Fahrtstrecken bzw. gezielte Umwege, um zwischendurch private Besuche zu erledigen.

In der Praxis werden meist Faustregeln für eine Grobplanung verwendet. Dazu gehört beispielsweise die Fünf-Sektoren-Einteilung um den Wohnort des Verkäufers. Das Aktionsfeld wird als Kreis gezeichnet und in etwa gleich große (Torten-)Stücke eingeteilt (Abbildung 3.2.10). Die einzelnen Segmente entsprechend der zu besuchenden Region an einem Tag. Der Reisende fährt nun an jedem Wochentag ein Stück von seinem Wohnort aus ab und kommt abends wieder zurück. Allzu lange Fahrtstrecken zwischen den Enden des Vertriebsgebiets werden vermieden, allerdings sind mitunter sinnvolle Hotelübernachtungen nicht vorgesehen.

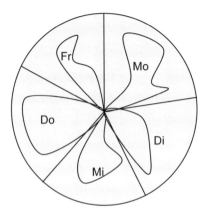

Abbildung 3.2.10: Einfache Routenplanung nach Kreissegmenten

Ein weiteres Verfahren, das mit diesem kombiniert werden kann, ist das Außenring- oder Größter-Winkel-Verfahren. Dabei werden die Kunden der Reihe nach in einem äußeren Ring angefahren. Die innen liegenden Kunden werden als Abstecher von diesem Außenring aus angefahren. Abbildung 3.2.11 zeigt ein Anwendungsbeispiel für dieses Verfahren. Die Kunden A–J können auf zwei Touren besucht werden. Für die Planung wurde versucht, möglichst wenige spitze Winkel zu fahren.

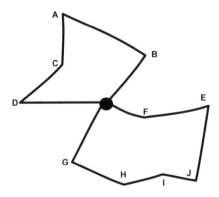

Abbildung 3.2.11: Größter-Winkel-Verfahren der Routenplanung

5. Quoten- und Besuchsplanung

Um eine Detailsteuerung des Verkaufsprozesses und der Mitarbeiter vornehmen zu können, werden oftmals Quoten vorgegeben. Sie beziehen sich auf Zielgrößen wie Umsatz und Deckungsbeitrag oder konkrete Aktivitäten wie Anrufe oder Besuche. Einige Größen wurden bereits unter den Kennzahlen vorgestellt.

Die Planung von Besuchen auf der Grundlage von Quotenvorgaben ist allerdings kritisch zu sehen. So lassen sich zwar bestimmte Ziele erreichen, dafür entstehen aber oft Probleme auf der anderen Seite. Wir werden uns bei diesen häufig gebräuchlichen Zielgrößen daher auch gleich ansehen, inwieweit sie tatsächlich sinnvoll für die Besuchssteuerung einzusetzen sind. Teilweise verbirgt sich dahinter auch ein Strategieverständnis, das durchaus in Zweifel zu ziehen ist.

Umsatz pro Mitarbeiter – Eine einfach zu berechnende Standardgröße, die auf den ersten Blick auch gerecht ist. Der Umsatz spiegelt die Anstrengungen des Verkäufers, er ist zudem auch recht leicht zu beeinflussen. Allerdings können Umsätze auch zu Lasten der Profitabilität erzielt werden, wenn zum Beispiel hohe Nachlässe gewährt oder besonders preiswerte Waren verstärkt verkauft werden. Stark wachsende Umsätze einzelner Mitarbeiter gehen oft mit sinkenden Renditen einher.

Umsatz pro Besuch – Diese Zielgröße soll dazu führen, effektive Besuche durchzuführen und nicht mehr jedem kleinen Umsatz hinterherzufahren. Der Aufwand soll möglichst auf die großen Kunden konzentriert werden, beliebte Kunden, mit denen man gerne Kontakt hat, die aber nur aus Gefälligkeit etwas bestellen, sollen vernachlässigt werden.

Umsatz pro Monat/Jahr – Lässt viel Freiraum dafür, wo der Umsatz erzielt wird und ob er überhaupt profitabel ist. Die Kennzahl ist nur dann sinnvoll, wenn die Mitarbeiter sich ihrer Freiheit bewusst sind und sich verantwortungsbewusst verhalten. Sonst passiert bis kurz vor Toresschluss nichts und erst dann wird losgelegt.

Deckungsbeitrag pro Kunde – Da Unternehmen in erster Linie an Gewinn interessiert sind, ist der Deckungsbeitrag die intelligentere Steuerungsgröße. Zudem kann der Mitarbeiter nicht nur an Erlösen arbeiten, sondern auch an Kosten, etwa denen der Kundenbetreuung bzw. auch der Zusammensetzung des Warenkorbs des Kunden. Nachteilig ist allerdings, dass die Größe recht abstrakt ist im Vergleich zum Umsatz. Wird ein Auftrag eingeholt, dann ist sofort klar, ob das Umsatzziel eingehalten wurde. Wie es mit dem Deckungsbeitrag aussieht, ergibt sich erst später.

Deckungsbeitrag pro Mitarbeiter – Diese Steuerungsgröße kann unterschiedlich definiert werden. Zum einen, und praktisch häufiger angewendet, wird der Deckungsbeitrag der vom Mitarbeiter verkauften Waren herangezogen, zum anderen wird der Deckungsbeitrag des Mitarbeiters unter Berücksichtigung seiner persönlichen Kosten berechnet. Bei letzterer Variante besteht auch ein Anreiz, die eigenen Kosten gering zu halten.

Berechnungsschema:

Netto-Umsatz des Mitarbeiters

– Herstellkosten der Produkte
– Personalkosten (Gehalt, variables Entgelt)
– Kosten der Betreuung (Reise-, Kommunikationskosten)
– Kosten der Kundenförderung (gewährte Zuschüsse, Boni usw.)
= Deckungsbeitrag des Mitarbeiters

Besuche pro Auftrag – Ein Klassiker der Außendienststeuerung. Soll die Effektivität der Kundenbesuche steuern und einen gewissen Druck auf die Abschlusssicherheit ausüben. Sind zu viele Besuche pro eingeholtem Auftrag erforderlich, könnte ein Trainingsbedarf bestehen. Allerdings fehlt eine Wertkomponente, die die Größe bzw. Profitabilität der Aufträge berücksichtigt. Intelligenter, allerdings etwas sperrig im Controlling, wäre eine Kennzahl wie „Besuche pro 100.000 Euro Auftragsvolumen".

Besuche pro Tag/Monat – Diese Zielgröße entstammt der Überlegung, der Außendienstmitarbeiter müsse nur vor der Tür stehen und bekomme dann schon seine Aufträge. Solange Unternehmen glauben, dass die Qualität und Intensität eines Kundenbesuchs keine Rolle spielt, wird diese Größe auch eingesetzt. Hochwertige Gespräche, die etwa auch größere Aufträge vorbereiten, lassen sich damit nicht durchführen. Zudem verführt eine steigende Besuchsfrequenz dazu, immer kleinere Aufträge zu vergeben und nicht etwa von alleine zu bestellen. Aus wirtschaftlicher Sicht kann eine solche Steuerung ausgesprochen kontraproduktiv sein. Sie sollte daher allenfalls auf das einfache Produktgeschäft mit dem Einzelhandel angewandt werden.

Anrufe pro Besuch – Steuert die Effektivität der telefonischen Terminvereinbarung und deutet gegebenenfalls auf rhetorische Defizite hin. Die Größe wird oft dazu verwendet, Druck auf Verkäufer auszuüben, die als nicht entschieden genug bei der Telefonakquise angesehen werden.

Verkaufsaktionen pro Monat/Jahr – Hierbei geht es um zusätzliche Aktivitäten, die den Verkauf unterstützen sollen. Die Kennzahl ist vor allem beim Vertrieb an Handelskunden einzusetzen, wenn es zum Beispiel um die Initiierung von Verkaufsförderungsaktionen, Ladendekorationen, Schulungen usw. geht. Sie ist aber keineswegs nur als Minimumforderung zu interpretieren, manchmal geht es auch darum, Übereifer zu begrenzen.

6. Vergütung der Außendienstmitarbeiter

Dieses Thema wird aufgrund seiner großen Bedeutung im nächsten Kapitel angesprochen.

7. Auswahl und Training der Außendienstmitarbeiter

Nunmehr bleibt nur noch die konkrete Entscheidung übrig, wer welches Aufgabengebiet bekommt und was gegebenenfalls zu seiner Unterstützung getan werden kann. Bei der Auswahl der Mitarbeiter sollten mehrere Kriterien berücksichtigt werden:

- **Wohnort der Mitarbeiter** – Ein Einsatz rund um den Wohnort verringert die Reisekosten und ermöglicht einen intensiveren Kontakt zur Familie.
- **Erfahrung** – Gebiete mit hohem Potenzial, vor allem an Neukunden und auch mit vielen „schwierigen" Kunden eignen sich nicht für Anfänger. Hier sollten Mitarbeiter mit längerer Vertriebserfahrung eingesetzt werden.
- **besondere Produkt-/Branchenkenntnisse** – Wenn in einer Region Schwerpunkte bei den Kundenbranchen oder -anforderungen bestehen, sollten Verkäufer mit spezifischen Kenntnissen bevorzugt werden.
- **Akquisitionsfähigkeiten** – Vertriebliches Neuland erfordert gute Akquisitionsfähigkeiten. Mitunter lohnt es sich, befristet einen akquisitionsstarken Verkäufer in einem solchen Gebiet einzusetzen.
- **Vorhandene Beziehungen zu den Kunden** können genutzt werden, müssen aber nicht. Entscheidend ist die Qualität der Beziehung und die Profitabilität des Kunden. Gelegentlich kann ein Wechsel des Außendienstlers auch belebend wirken.
- **regionale Kenntnisse** – Schon bei der Kenntnis des Dialekts zeigen sich Vorteile eines gewissen regionalen Bezugs.

Im Hinblick auf einen möglichen Trainingsbedarf geben die unter Besuchsplanung besprochenen Kennzahlen Auskunft. Lassen sich größere Unterschiede zwischen den einzelnen Mitarbeitern feststellen, könnten Trainingsmaßnahmen sinnvoll sein. Dabei kommen infrage:

Rhetorikschulungen – Nicht jeder Verkäufer ist ein rhetorisches Talent, das auch in schwierigen Situationen immer den richtigen Ton trifft. Mitunter bilden sich auch Gewohnheiten, weil sich der Kontakt immer wieder auf den gleichen Kreis von Gesprächspartnern konzentriert. Es fällt dann schwer, mit einem anderen Personenkreis zurechtzukommen und sich auf neue Situationen einzustellen. Ein Rhetoriktraining kann in dieser Situation entscheidende Impulse vermitteln und Defizite abbauen.

Beispiel: Der Vertriebsleiter musste den Außendienst im letzten Jahr gründlich umstrukturieren. Bislang hatte man im Wesentlichen mittelständische Unternehmen und Einzelhändler zu betreuen. Seine Außendienstler kamen mit den Einkäufern gut zurecht und entwickelten gute persönliche Kontakte. Die Verkaufsgespräche wurden zusehends informeller, waren aber erfolgreich.

Da die kleineren Kunden inzwischen durch ein Call Center betreut werden und mehrere Einzelhändler über eine Einkaufszentrale bestellen, müssen Kontakte zu neuen und professionelleren Einkäufern aufgebaut werden. Diese kennen sich in den Produktbereichen sehr gut aus und stellen härtere Anforderungen. Zunächst kam es zu erheblichen Problemen, mehrere Aufträge gingen verloren, oft waren weit mehr Besuche erforderlich als vorher. Es stellte sich heraus, dass der Stil der Verkäufer nicht ankam, einige auch regelrecht auseinander genommen wurden. Sie fanden sich in der neuen Situation nicht zurecht und mussten viel improvisieren.

Der Vertriebsleiter verordnete ihnen ein Training zur Gesprächsführung, das vor allem verdeutlichen sollte, wie sehr sich ungünstige Gewohnheiten eingeschlichen haben.

Akquisitionstrainings – Vor allem neue Mitarbeiter haben oft Probleme mit der direkten Ansprache, insbesondere am Telefon. Meist geht es dabei um Hemmnisse, die sich durch einige Erfolgserlebnisse abbauen lassen. Diese lassen sich in gezielten Trainings abbauen, in denen typische Situationen geprobt werden.

Beispiel: Die Geschäftsführerin eines Vertriebsunternehmens für Nahrungsergänzungsmittel arbeitet mit vielen Teilzeitkräften zusammen, Wiedereinsteigerinnen in den Beruf und anderen Personen, die keine klassische Vertriebs-

karriere haben oder anstreben. Eine professionelle Schulung kam aufgrund der Kosten nicht infrage. Also organisierte sie Selbsthilfe-Workshops, zu denen sich alle Verkäufer in der Telefonzentrale trafen und sich über ihre Probleme austauschten. Es wurden einzelne Gespräche geführt und von den anderen mitgehört. Jeder konnte dann seine Ideen und Erfahrungen einbringen, um das Problem zu lösen. Wer eine Lösung wusste, führte dann den anderen seine Gesprächstechnik vor. Die Mitarbeiter waren vor allem davon begeistert, nicht mehr alleine an den Problemen arbeiten zu müssen und fühlten sich motiviert, beim nächsten Mal selbst ein Gespräch „vorführen" zu können.

Produktschulungen – Sind vor allem bei neuen Produkten erforderlich, um eine hohe Beratungsqualität gewährleisten zu können. Bei Neueinführungen sollten sie rechtzeitig vor dem Verkaufsstart durchgeführt werden. Die Durchführung kann intern erfolgen, etwa durch die verantwortlichen Entwickler.

Betriebswirtschaftliche Schulungen – In Bereichen, in denen betriebswirtschaftliche Argumente von zentraler Bedeutung sind, muss der Außendienst wichtige Kennzahlen beherrschen, Investitionsrechnungen durchführen und Einsparpotenziale vorrechnen können. Besonders Einkaufsabteilungen größerer Unternehmen stellen hier wachsende Anforderungen. Schulungsbedarf besteht dann häufig bei Mitarbeitern, die eine technische Ausbildung haben oder deren Ausbildung schon eine Weile zurückliegt. Hierfür gibt es kaufmännische Seminare, Kurzlehrgänge mit Prüfung oder auch Aufbaustudiengänge.

Marketing-Workshops – Für Fälle, in denen mehr gemacht wird als reiner Verkauf. Im Zusammenhang mit einer Ausweitung der Kompetenzen in den Verkaufsgebieten wird zunehmend auch über regionale Marketingmaßnahmen entschieden. Dazu gehören kleinere Werbemaßnahmen, Verkaufsunterstützung für Einzelhändler, Produktschulungen und Präsentationen aller Art. Die nötigen Kenntnisse lassen sich am besten in Form von Workshops organisieren, die beispielsweise auch von Mitarbeitern des eigenen Marketing geleitet werden können.

Führungstrainings – Möglichkeiten, im Vertrieb Karriere zu machen, gehören zu den wesentlichen Motivationsansätzen. Damit verbunden ist oft die Übernahme von Personalverantwortung, die entsprechende Führungsfähigkeiten voraussetzt. In solchen Fällen bietet es sich an, die Mitarbeiter durch Seminare und Trainings in den Bereichen Mitarbeiterführung, Konfliktbewältigung der Gesprächsführung darauf vorzubereiten.

3.3 Mitarbeiter im Vertrieb erfolgreich führen

a) Entlohnung

Die Entlohnung ist zumindest aus Mitarbeitersicht die wichtigste Frage aus dem Bereich der Führung. Aus Sicht des Unternehmens bzw. der Vertriebsleitung ist es nicht wesentlich anders, wenngleich die Zielsetzung eine ganz andere ist. Gerade hier kommt es daher oft zu recht deutlichen Interessenskonflikten. Man kann von einem Trilemma der Anreizgestaltung sprechen, wie Abbildung 3.3.1 verdeutlicht.

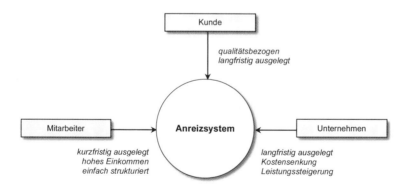

Abbildung 3.3.1: Trilemma der Anreizgestaltung

Drei Seiten haben spezifische Anforderungen an die Gestaltung des Anreizsystems:

> Die betroffenen Mitarbeiter wollen eine kurzfristige Belohnung erfolgreicher Aktivitäten, einen möglichst hohen Anreiz und wollen den Überblick behalten, das heißt von vornherein wissen, in welchem Maße ihr Bemühen entlohnt wird.
> Das Unternehmen möchte möglichst wenig investieren, damit aber einen langfristigen Erfolg erzielen. Die Vertriebsleistung soll gesteigert werden, meist sollen unterschiedliche Ziele berücksichtigt werden.
> Die Kunden haben zwar konkret nichts mit dem Anreizsystem zu tun, erwarten aber eine qualitativ hochwertige Beratung, wollen nicht überrumpelt oder übervorteilt werden. Sie haben daher ein Interesse an der Förderung qualitativ hochwertiger Beratung und einer langfristig erfolgreichen Geschäftsbeziehung.

Das zu entwickelnde Anreizsystem muss versuchen, diese unterschiedlichen, oft gegenläufigen Ziele zu berücksichtigen.

Bei einer konkreten Entscheidung sollten die folgenden Fragen beachtet werden:

> Welche Zielsetzungen müssen bei der Anreizgestaltung berücksichtigt werden?
> Wie hoch soll der variable Anteil der Entlohnung sein?
> Welche Anreiz- und Entlohnungsformen kommen infrage?
> Auf welche Bezugsgrößen können die Anreize bezogen werden?

1. Zielsetzungen des Anreizsystems

In der Regel werden Anreizsysteme pauschal auf den Umsatz ausgerichtet. Dass der Deckungsbeitrag oft die intelligentere Lösung ist, wurde bereits angesprochen. Es gibt aber noch viel mehr Auswahl, wenn man sich einmal die Vertriebsziele ansieht. Dazu gehören finanzielle Ziele wie Marktanteil oder unterschiedliche Deckungsbeiträge und Renditen und Leistungsziele wie die Kundenzufriedenheit oder die Stornoquote. Ins Blickfeld rückten in den letzten Jahren auch verstärkt Themen wie die Kundenbindungsdauer oder andere Kriterien, die die Qualität der Kundenbeziehung honorieren. Konzentriert man sich nicht allein auf den Umsatz, dann kann die Erreichung der Ziele deutlich erleichtert werden.

2. Anteil der variablen Entlohnung

Diese Überlegung hat viel mit Unternehmenspolitik und Arbeitsklima zu tun. Einige Branchen arbeiten prinzipiell mit hohen variablen Anteilen wie etwa im Finanzbereich, andere halten sich zurück und sehen Provisionen nur als kleine zusätzliche Anerkennung, wie häufig im Anlagenbereich zu finden. Hohe variable Anteile vermögen einen hohen Druck auf die Verkäufer auszuüben, der nicht immer zu einer langfristigen Kundenzufriedenheit führen muss, wenn darunter die Qualität der Beratung leidet. Insofern konnen auch geringe Provisionsanteile langfristig vorteilhaft sein.

> Im Allgemeinen gilt der Grundsatz, dass mit dem Fixum eine angemessene Grundversorgung gesichert sein sollte. Es muss auch möglich sein, Umsatzdurststrecken zu überstehen, ohne in eine finanzielle Notsituation zu kommen. Wäre dies der Fall, wäre letztlich auch ein Anreiz vorhanden, einen Kunden zu überrumpeln, nur um eine Provision zu erhalten. Der variable Anteil liegt vielfach in einer Größenordnung von 10–30 Prozent, wobei Spitzenverkäufer auch auf deutlich höhere Werte kommen.

Drei Probleme sind zu beachten:

Zeitproblem – Beispielsweise entsteht im Projekt- und Systemgeschäft eine so komplexe Aufgabe, dass die Motivation kaum auf einzelne Produktumsätze oder sonstige kurzfristig messbare Größen bezogen werden kann. Was passiert beispielsweise, wenn im beratenden Projektvertrieb erst nach zwei bis drei Jahren ein Umsatz erzielt wird? Wird der Mitarbeiter dann zwei bis drei Jahre knapp gehalten, um dann reich zu werden und an der Steuerprogression zu verzweifeln?

Signifikanzproblem – Der variable Anteil ist schließlich eine Frage der Personalpolitik sowie tarifvertraglicher Regelungen im Unternehmen.

Dabei müssen tarifvertragliche Regelungen eingehalten und auch eine innerbetriebliche Gleichbehandlung gewährleistet werden. Die variablen Anteile müssen aber auch signifikant sein, um wirken zu können. Im Allgemeinen bietet sich eine Bandbreite je nach Leistung von 10–30 Prozent vom Fixgehalt an.

Verbundproblem – Schließlich ist daran zu denken, dass ein Umsatz auch andere auslösen kann, die aus dem Verantwortungsbereich des Mitarbeiters herausfallen, zum Beispiel in anderen Produktgruppen, anderen Vertriebsgebieten.

3. Anreizformen

Klassiker ist die **Provisionszahlung**, und zwar auf den Umsatz bzw. einzelne Stück. Allerdings setzt sich die Erkenntnis durch, dass Geld irgendwann seinen Reiz verliert, wenn es nämlich ausreichend vorhanden ist und andere Wünsche in den Vordergrund treten. Zudem führt eine rein monetäre Anreizgestaltung zu einem Provisionstourismus, das heißt, die Mitarbeiter arbeiten dort, wo sie am meisten Provision bekommen und wechseln schnell, wenn sie keine weiteren Steigerungen mehr erzielen können. Irgendwann fällt auch das Einkommensgefüge auseinander, wenn der Außendienst sich vom sonstigen Gehaltsgefüge entfernt.

Umsatzprovisionen dienen der Umsatz- und Einkommenssteigerung. Sie fördern direkt den Abverkauf ohne dabei besondere Schwerpunkte zu setzen, vernachlässigen jedoch die Beratungsqualität und den Aufbau neuer Kundenbeziehungen. Einen Anreiz zur Neukundengewinnung vermitteln sie kaum.

Superprovisionen werden auf einen Mehrumsatz gewährt und dienen einer zusätzlichen Umsatz- und Einkommenssteigerung. Sie sind kurzfristig äußerst wirkungsvoll und honorieren den überproportional steigenden Aufwand. Vor allem können sie eine angemessene Reaktion auf Maßnahmen des Wettbewerbs sein. Längerfristig lässt sich die Steigerungsrate aber nicht aufrecht erhalten, die Umsätze brechen meist wieder ein.

Geldprämien können bei Erreichung konkreter Ziele ausgelobt werden. Dabei bietet sich zum Beispiel die Kundenzufriedenheit an. Aufgrund der Erfassungsprobleme bietet sich eine Art Provision je nach Zufriedenheitsgrad nicht an.

Ebenso können Qualitätsnormen oder Abverkaufsziele für bestimmte Produkte (Ladenhüter) eine Grundlage sein.

Sachprämien sind eine Alternative zu Geldprämien. Sie werden auf die Erreichung konkreter Ziele ausgerichtet und können individuell auf die Bedürfnisse der Mitarbeiter abgestimmt werden. Es kommt auch nicht so schnell zu einem internen Wettbewerb, wer am meisten Prämie bekommen hat. Sachprämien unterliegen einer individuellen Wertschätzung.

Auszeichnungen werden oft als sozialistische Form der Anerkennung mild belächelt, es muss aber nicht immer der Verkäufer des Monats sein. Allein die Tatsache, dass gute Leistungen nicht nur in der Buchhaltung auffallen, ist ein Ansporn.

Karriereoptionen erfordern ein gewisses Mindestmaß an Hierarchie, um eine berufliche Perspektive zu bieten.

4. Bezugsgrößen der variablen Entlohnung

An verschiedenen Stellen wurde schon darauf hingewiesen, dass es im Vertrieb nicht immer nur um Umsatz geht, sondern auch um zufriedene und profitable Kunden, um Zuverlässigkeit, Profitabilität usw. usf. Entsprechend sollte das Anreizsystem auch auf solche Faktoren ausgelegt werden.

Als Bezugsgrößen kommen infrage:

> Umsatz des jeweiligen Mitarbeiters – Normalfall
> Umsatz des Vertriebsgebiets oder Unternehmens insgesamt – honoriert auch die Unterstützung der Kollegen (Vertretung, Beratung usw.) und wirkt daher egoistischem Verhalten entgegen. Es entsteht ein Anreiz, sich gegenseitig zu helfen, wenn Probleme bestehen.

In der Regel üben die Mitarbeiter auch einen starken Druck auf diejenigen aus, die sich unter diesen Bedingungen eher zurücklehnen wollen.

> Umsatzsteigerung (möglichst: in Relation zur Branchenentwicklung) – honoriert überdurchschnittliche Verkaufsleistungen, auch als kurzfristige Maßnahme zur Abwehr von Wettbewerbern geeignet.
> Deckungsbeitrag – schließt Anreiz zur Durchsetzung der Listenpreise ein; möglichst auf Basis des DB II.

Berechnung:

  Umsatz
 – Herstellkosten der Waren
 = DB I
 – Außendienst- und Betreuungskosten
 = DB II

> Deckungsbeitrags-Steigerung (wie oben)
> Kundenprofitabilität – fördert eine ganzheitliche Betrachtung der Kundenbeziehung unter Einbeziehung des Aufwands. Basis sollte der DB II sein.

Berechnung:

  Umsatz des Kunden
 – Herstellkosten der Waren
 = Kunden-DB I
 – kundenspezifische Kosten
 = Kunden-DB II

> Kundenzufriedenheit – meist als Prämie oder Sonderprovision bei Erreichen einer bestimmten Zufriedenheitsrate
> Kundenbindungsdauer – meist als Prämie oder Sonderprovision für Umsätze von langjährigen Kunden
> Reklamationsquote – Prämie oder Sonderprovision bei Unterschreiten einer bestimmten Quote
> Stornoquote – Sonderprovision bei Unterschreiten einer bestimmten Quote oder Malusregelung für stornierte Aufträge
> Neukundenanteil – Sonderprovision bei Erreichen eines bestimmten Anteils oder für Umsätze von Neukunden
> Preisabweichung – Provisionsabschläge bei Nichteinhalten der Listenpreise

Welche Wirkung die deckungsbeitragsorientierte Entlohnung haben kann, zeigt folgendes Beispiel:
Der Vertrieb soll fünf Produkte verkaufen. Die Gesamtmenge liegt bei konstant 1.500 Stück, was mit dem Aufwand begründbar ist. Wie sich diese 1.500 Stück auf die einzelnen Produkte verteilen, sei aber von der Höhe der Provision abhängig.

Umsatzabhängige Entlohnung:

Produkt	A	B	C	D	E	Gesamt
Preis	80	65	33	45	57	
variable Kosten	62	24	10	21	41	
DB	18	41	23	24	16	
Provision (2 % vom Umsatz)	1,6	1,3	0,66	0,9	1,14	
Menge	500	400	100	200	300	1.500
Summe Provisionen	800	520	66	180	342	1.908
DB gesamt	9.000	16.400	2.300	4.800	4.800	37.300

Tabelle 3.3.1: Beispiel umsatz- und deckungsbeitragsabhängige Entlohnung

Nun wird die Provisionierung auf eine deckungsbeitragsabhängige umgestellt. Verhält sich der Verkäufer nun nach dem gleichen Prinzip und verkauft vom provisionsstärksten Produkt 500 Stück, vom zweitstärksten 400 usw., so kommt er auf eine höhere Provision als vorher.

Provision 5 % vom DB	0,9	2,05	1,15	1,2	0,8	
Menge	200	500	300	400	100	1.500
Summe Provisionen	180	1025	345	480	80	2.110
DB gesamt	3.600	20.500	6.900	9.600	1.600	42.200

Tabelle 3.3.2: Beispiel umsatz- und deckungsbeitragsabhängige Entlohnung

Will der Verkäufer nur die alte Provisionssumme erreichen, müsste er bei folgender Verteilung nur 1.282 Stück insgesamt verkaufen. Das Unternehmen würde immer noch einen um 862 höheren DB erwirtschaften.

Provision 5 % vom DB	0,9	2,05	1,15	1,2	0,8	
Menge	100	500	250	400	32	1.282
Provisionsumsatz	90	1.025	287,5	480	25,6	1.908
DB gesamt	1.800	20.500	5.750	9.600	512	38.162

Tabelle 3.3.3: Beispiel umsatz- und deckungsbeitragsabhängige Entlohnung

Von wachsender Bedeutung ist auch die Einhaltung der Listenpreise als Anreizbasis. Dies ist zudem für das Unternehmen sehr profitabel, da im Falle der Nichteinhaltung Provisionen eingespart werden, der Verlust also insgesamt verringert wird. Werden die Preise hoch gehalten, fällt es auch leichter, höhere Provisionen zu zahlen. Allerdings muss auch daran gedacht werden, dass bei steigenden Provisionen eine gewisse Trägheit eintreten kann. Wie die Einhaltung der Listenpreise als Bezugsgröße der variablen Entlohnung eingesetzt werden kann, zeigt folgendes Beispiel:

Ein Unternehmen bietet nur ein Produkt zum Listenpreis von 100 Euro an. Die Provision liegt bei 2 Prozent vom Umsatz. Durchschnittlich werden 5 Prozent Rabatt gewährt, sodass im Schnitt 1,90 Euro Provision erlöst werden. Nachgelagerte Vergütungen um den offiziellen Preis hoch zu halten, seien ausgeschlossen.

Nun wird eine preisabhängige Staffel eingeführt. Die Vertriebsmitarbeiter erhalten bei einem Verkaufspreis von 90 Euro 1,40 Euro Provision, bei 95 Euro 1,80 und bei 100 Euro 2,20. Der Anreiz zur Preiseinhaltung wird damit verstärkt. Bleibt es beim Durchschnittspreis von 95 Euro, dann profitiert das Unternehmen von sinkenden Provisionen. Steigt er auf 100 Euro, dann profitiert es auch, weil von zusätzlichen 5 Euro Einnahme pro Stück nur zusätzlich 0,30 Euro für Provisionen anfallen.

Grundlage ist ein Index zur Bestimmung des Provisionssatzes bei Preisabweichungen:

altes System: 2 Prozent Provision bei Listenpreis, durchschnittlich wurden 95 Prozent realisiert

neues System:

Preiseinhaltung	Provisionssatz
100 %	2,4 %
98 %	2,2 %
96 %	2,0 %
94 %	1,8 %
92 %	1,6 %
90 %	1,4 %
88 %	1,2 %
86 %	1,0 %

Es zeigt sich, dass es eine ganze Reihe unterschiedlicher Anreizformen und Bezugsgrößen dafür gibt. Wenige Unternehmen nutzen die Spielräume aus und damit auch die Möglichkeit, Ziele besser umzusetzen und engagierte Mitarbeiter anzulocken. Tabelle 3.3.4 gibt einen zusammenfassenden Überblick über interessante Kombinationen von Anreizformen und Bezugsgrößen.

Bezugsgröße	Anreiz- und Entlohnungsformen					
	Provision	Superprovision	Geld-Prämie	Sach-Prämie	Auszeichnung	Incentive
eigener Umsatz	+	-	0	0	+	0
Gebiets-/Teamumsatz	+	-	0	++	++	++
Umsatzsteigerung	+	++	+	+	+	0
Deckungsbeitrag	+	-	0	0	0	0
DB-Steigerung	+	++	+	+	0	0
Kunden-DB	+	-	0	0	0	0
Kundenzufriedenheit	-	-	+	+	++	++
Kundenbindungsdauer	-	-	+	+	0	0
Reklamationsquote	-	-	+	+	+	0
Stornoquote	-	-	+	+	0	0
Neukundenanteil	-	-	+	+	0	0
Preisabweichung	+	++	0	0	0	0
Betriebsergebnis	+	-	++	0	-	++

Tabelle 3.3.4: Anreizformen und Bezugsgrößen im Vertrieb
- = nicht geeignet   0 = bedingt geeignet
+ = geeignet   ++ = sehr gut geeignet

Was Sie beachten sollten bei der Auswahl von Entlohnungs-/Anreizkomponenten

Besteht ein Bezug zu den Erfolgsfaktoren und strategischen Zielen des Unternehmens/Vertriebs?

Beispiel: Wenn das Unternehmen eine exklusive Positionierung anstrebt, sind umsatzbezogene Provisionen kontraproduktiv.

Motivieren die Anreize die Vertriebsmitarbeiter wirklich?

Beispiel: Das Unternehmen bietet erfolgreichen Verkäufern vielfach Kurzreisen über das Wochenende als Prämie an. Da die meisten aber Familie haben, wollen sie lieber zu Hause bleiben.

Bleibt die Motivationswirkung langfristig erhalten?

Beispiel: Das Unternehmen arbeitet mit umsatzabhängigen Provisionen und Superprovisionen. Die Einkommen steigen stark, der „Grenznutzen" der variablen Entlohnung sinkt, man wünscht sich mehr Freizeit und reduziert den Arbeitseinsatz.

Ist eine gerechte Erfolgsmessung möglich?

Beispiel: Der Verkäufer muss seine Verkäufe mit dem Innendienst abstimmen, der Kapazitäten bereitstellt und sich um die Abwicklung kümmert. Dieser ist genauso am Verkaufserfolg beteiligt, bekommt aber nur Fixum.

Kann unter den Verkäufern Gerechtigkeit hergestellt werden?

Beispiel: Die variable Entlohnung erfolgt nach Umsatz, die Gebiete sind nach PLZ-Regionen eingeteilt. Dabei sind einige weniger umsatzstark als die anderen. Ein neuer Verkäufer bekommt rein zufällig ein schwaches Gebiet zugewiesen und kann nicht so hohe Provisionen erzielen wie seine Kollegen.

Hat die Bezugsgröße unerwünschte Nebenwirkungen?

Beispiel: Die Provisionierung des Neukundenanteils führt zur Vernachlässigung von Altkunden.

Kann die Bezugsgröße zuverlässig gemessen werden?

Beispiel: Die Ermittlung der Kundenzufriedenheit führt je nach Ansatz zu unterschiedlichen Ergebnissen.

b) Teamwork im Vertrieb

In Vertriebsabteilungen lassen sich regelmäßig Probleme feststellen, die sich auf die Ziele und die Zusammenarbeit innerhalb des Bereichs beziehen. Da im Vertrieb immer sehr zielorientiert gearbeitet und dies durch die Entlohnungsstruktur und individuelle Zielvorgaben gefördert wird, entstehen mehr oder weniger zwangsläufig Koordinationsprobleme.

Beispiele: Bei einem Autohändler arbeiten vier Mitarbeiter im Verkauf. Früher galt das Prinzip, dass man sich seinen Kunden beim Betreten des Ladenlokals „schnappen" musste und dann im Fall eines Verkaufs die fällige Provision kassierte. Kam der Kunde an einem freien Tag des Mitarbeiters oder war dieser nicht verfügbar, konnte ein Kollege den Abschluss machen. Das führte zu Unzufriedenheit, denn mitunter wurde die Vorarbeit von einem geleistet, ein anderer bekam aber den Lohn, wenn der Zufall es so wollte. Vor allem war auch niemand bereit, dem Kollegen auszuhelfen, eher wollte man absahnen, wenn dieser einmal verhindert war. Diese Stimmung war entsprechend auf Konkurrenz ausgerichtet, Kunden wurden oft irritiert.

Vor einiger Zeit wurde dann ein Teamprovisionssystem eingeführt. Die Mitarbeiter erhalten nunmehr eine Provision auf die Gesamtumsätze der Filiale, sodass es keine Rolle mehr spielt, wer konkret den Abschluss erzielt. Die guten Verkäufer sträubten sich zunächst. Sie erkannten aber, dass sie sich auch etwas länger mit einzelnen Kunden beschäftigen konnten, ohne immer die Eingangstür des Hauses im Augenwinkel haben zu müssen. Zwar gab es auch Fälle, dass andere Mitarbeiter mal etwas weniger engagiert waren, doch regelte sich dies über den Druck der besonders Aktiven, die auf die negativen Auswirkungen auf ihre Einnahmen hinwiesen.

In einem Stahlbauunternehmen bestand traditionell ein Konflikt zwischen Vertrieb und verschiedenen Abteilungen innerhalb des Unternehmens, insbesondere der Kalkulation und der Bauplanung. So passierte es oft, dass die Vertriebsleute Projekte akquirierten, die kalkulatorisch kaum zu rechtfertigen waren und vor allem Zeitprobleme verursachten. Der Außendienst verstand sich mehr als Vertreter der Kunden und stand somit oft im Gegensatz zu den Kol-

legen. Die Geschäftsführung kippte daraufhin die klassische Aufgabenteilung und bildete Projektteams. In die Vertriebsaktivitäten wurden Kalkulatoren und Planer integriert, um von vornherein für eine sichere Projektplanung zu sorgen. Damit stieg zwar zunächst der Vertriebsaufwand, es ergaben sich aber deutliche Verbesserungen im weiteren Verlauf der Projekte. Anstelle einer Provision auf das akquirierte Projektvolumen wurde die variable Entlohnung auf eine Erfolgsprämie für das ganze Team umgestellt.

Neben diesen beiden typischen Beispielen für die Koordinationsproblematik gibt es eine Reihe weiterer, wobei meist jede Branche ihre individuellen Besonderheiten aufweist:

> ➤ Der Innendienst ist an der Vertragserfüllung maßgeblich beteiligt, wird aber nur eingeschränkt in das Anreizsystem einbezogen.
> ➤ Die Kunden benötigen zur Kaufentscheidung technische Beratung, die durch Kundendienst erfolgt. Dieser greift damit in den Vertriebsprozess ein.
> ➤ Das Unternehmensinteresse wandelt sich zunehmend von der reinen Mengensteigerung hin zur Profitabilitätssteigerung.
> ➤ Die Kunden interessieren sich immer weniger für nackte Produkte und wollen Service, Rundum-Betreuung, Know-how-Tausch usw.
> ➤ Klassische Instrumente wie Umsatzprovisionen nutzen sich zunehmend ab.

Diese Probleme lassen sich durch die Bildung von Verkaufsteams zumindest deutlich reduzieren. Dabei wird der Einzelverkäufer, der sich situativ die Unterstützung von Innendienst, Kundendienst usw. sichern muss, durch ein fest institutionalisiertes Team ersetzt. Die so entstehende Gruppe arbeitet meist dauerhaft zusammen, kann sich weitgehend selbst steuern und wird meist auch einem einheitlichen Anreizsystem unterzogen. Die Zusammensetzung des Vertriebsteams spiegelt dabei die Besonderheiten der Unternehmenssituation. Während manchmal die Zusammenarbeit von Verkauf und Kundendienst im Vordergrund steht (vor allem im Technologiebereich), ist es in anderen Fällen die Zusammenarbeit von Außen- und Innendienst oder von Außendienstmitarbeitern innerhalb einer Region.

Als **Teammitglieder** kommen infrage:

Verkäufer (Key Accounter) – Zum Beispiel als Vertreter des Vertriebs zusammen mit anderen Fachbereichen oder mehrere Verkäufer eines Verkaufsbüros oder einer Filiale.

Servicetechniker – Vor allem beim Vertrieb von Produkten mit hohem Wartungsbedarf bieten sie einen schnellen und hochwertigen Zugang zu den Kunden und können technische Argumente für den Verkauf liefern.

Administrator/Kalkulator – Sie kommen in speziellen Vertriebssituationen zum Einsatz. So erfordert etwa der Vertrieb unter Bedingungen der elektronischen Beschaffung einigen EDV-technischen Aufwand. Die entsprechenden Kompetenzen können meist nur spezialisierte Mitarbeiter einbringen, die dann aber auch die Abstimmung mit Kunden optimieren können. Im Projektgeschäft spielt die Kalkulation eine herausragende Rolle, mit der eine kontinuierliche Abstimmung erforderlich ist. Insofern lohnt es sich, einen Vertreter der Abteilung gleich in das Team zu integrieren.

Entwickler – Bei Einzelanfertigungen muss eine genaue Abstimmung mit der Entwicklung erfolgen, um nicht an technischen Faktoren zu scheitern. Entwickler können beispielsweise auch gleich mit Benutzern auf der Kundenseite kommunizieren, um die genauen Spezifikationen festzulegen und die Realisierbarkeit sicherzustellen.

Controller – Sie spielen eine wachsende Rolle im Vertrieb an Key Accounts, das heißt Kunden mit hohen Volumina, vor allem auch Handelskunden. So ist genau festzustellen, wie profitabel die Kundenbeziehung ist und welche Konditionen vertretbar sind. Controller können auch einen wesentlichen Beitrag für die Abstimmung der Sortimente leisten, indem sie die Profitabilität im Einzelnen analysieren.

Produktmanager – Oft sind kundenspezifische Maßnahmen der Vermarktung erforderlich, sodass sich die Zusammenarbeit mit Produktmanagern lohnt. Sie können weiterhin logistische Fragen der Versorgung klären.

Während im klassischen System ein einzelner Vertriebsmitarbeiter nur am Verkaufserfolg „seiner" Produkte oder Kunden gemessen werden kann, kommen nunmehr weitere Kriterien infrage. Der Einfluss des Vertriebs beispielsweise auf die Kundenzufriedenheit ist beschränkt, denn auch die Qualität der Produkte und die logistische Leistung spielen eine Rolle. Werden zum Beispiel Kundendienst und/oder Produktmanagement mit einbezogen, erreicht das Team eine größere Wirkung auf die Kundenzufriedenheit. Dann eignet sich diese Größe als Beurteilungs- und Entlohnungsmaßstab, was auch im Interesse der unternehmerischen Ziele ist.

Abbildung 3.3.2 zeigt, welchen Beitrag die verschiedenen möglichen Teammitglieder leisten und welche Größen sich für die variable Entlohnung des Teams eignen.

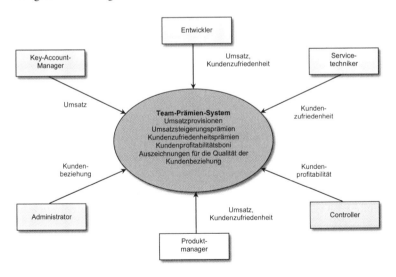

Abbildung 3.3.2: Entlohnung von Vertriebsteams

3.4 Zielvereinbarungen im Vertrieb

Die Vereinbarung von Zielen gilt seit Jahrzehnten auf Führungsebene und im Vertrieb als probates Mittel, um einerseits Leistungsanreize zu geben, andererseits aber auch das Verhalten der Mitarbeiter gezielt zu steuern. So sind in vielen Unternehmen Routinen entstanden, die nicht immer im Sinne der ursprünglichen Zielsetzung sind.

Die Idee, Ziele mit Mitarbeitern zu vereinbaren und ihnen die Freiheit zu lassen, diese auf individuelle Art und Weise zu erreichen, geht auf die Sechzigerjahre zurück. Das **Management by Objectives** sollte vor allem zu verbesserten Arbeitsbedingungen beitragen, indem nicht mehr konkrete Handlungsanweisungen gegeben werden müssen und die Verantwortung bei der Führungskraft bleibt. Im Laufe der Zeit kamen weitere Faktoren hinzu, vor allem die Möglichkeit, das Unternehmen genauer zu steuern und die Arbeitsleistung objektiv bewertbar zu machen. Variable Entlohnungsmodelle beruhen vielfach auf Zielvereinbarungssystemen.

In der letzten Zeit ist sicher die Leistungsbewertung in den Vordergrund getreten. Die Vereinbarung von Zielen für eine bestimmte Periode erleichtert es, das Augenmerk auf spezifische Aufgaben zu lenken und den Erfolg festzustellen. Dabei soll die Mitwirkung des Mitarbeiters (deswegen Zielvereinbarung) eine besondere Motivationswirkung entfalten.

Die praktische Umsetzung der Zielvereinbarung muss jedoch kritisch gesehen werden. So stellte die Beratungsgesellschaft Saaman in einer Erhebung 2010 fest, dass nur etwa die Hälfte der befragten Führungskräfte ihre Ziele vollständig auswendig kannte, bei den Mitarbeitern war es kaum mehr als ein Viertel. Die Eignung der Ziele zur Leistungsbeurteilung wurde unter den Führungskräften zu mehr als einem Viertel als nicht oder weniger gut eingeschätzt. Bei den Mitarbeitern äußerten ca. 45 Prozent der Befragten Zweifel an der Eignung ihrer Ziele. Auch bei der Frage, ob die Personen hinter ihren Zielen stehen, ergaben sich Unterschiede zwischen den Ebenen. Wirklich überzeugt zeigten sich etwa zwei Drittel der Führungskräfte und wieder 45 Prozent der Mitarbeiter.

Auf Führungsebene scheint zwar der Einsatz der Zielvereinbarungen auch noch nicht perfekt zu funktionieren, die Identifikation mit den Zielen ist jedoch deutlich besser. Dies kann mit einer höheren Abhängigkeit der variablen Entlohnung von der Zielerreichung zusammenhängen, aber auch mit detaillierteren Zielvorgaben.

Erfolg und Misserfolg bei der Zielerreichung werden jeweils unterschiedlich eingeschätzt. Die meisten Befragten neigen dazu, sich für eine Nichterfüllung der Ziele nicht selbst verantwortlich zu fühlen. Unter den Führungskräften machten rund 70 Prozent äußere Umstände für die Nichterfüllung der Ziele verantwortlich, unter den Mitarbeitern rund 80 Prozent. Daraus lässt sich eine Schönwetterbetrachtung der Zielvereinbarung ableiten. Wenn es gut läuft, lag es an einem selbst, läuft es nicht so gut, sind vor allem die Umstände verantwortlich. Die Ziele werden daher eher für die Bestätigung verwendet, nicht so sehr für die kritische Betrachtung der eigenen Leistung.

Im Rahmen der Erhebung wurde noch ein weiterer Aspekt thematisiert, nämlich der Zeitbezug der Zielvereinbarungen. In aller Regel werden sie auf ein Jahr bezogen, was gerade in Anbetracht der Entwicklungen in den letzten Jahren als zu lang und unflexibel erscheinen mag. So wurden zum Beispiel zu Zeiten der Finanzkrise Zielvorgaben nach unten korrigiert und in Erwartung einer sehr langsamen Erholung nicht schnell genug nach oben angepasst. Die Wirtschaft erholte sich 2009 und 2010 deutlich schneller als zu erwarten war, die Zielvorgaben reflektierten jedoch überwiegend noch das Krisenniveau. In der Folge wurden Ziele mit Leichtigkeit übererfüllt, eine motivierende Wirkung konnten sie nicht mehr erfüllen.

Eine erfolgreiche Vereinbarung von Zielen muss eine Reihe von Anforderungen erfüllen:

> ➤ Zunächst muss es sich wirklich um eine Vereinbarung, nicht um eine Vorgabe handeln. Das Zusammenwirken der beiden Parteien ist die Grundlage dafür, dass die Ziele ernst genommen werden und ihre Motivationswirkung entfalten können.

> Die ausgehandelten Ziele müssen für beide Seiten relevant sein. Der Vertriebsmitarbeiter muss sie tatsächlich selbst beeinflussen können, aber auch für das Unternehmen muss das Ziel relevant sein.
> Ziele müssen erreichbar sein. Dauerhaftes Verfehlen eines Zieles und die Erkenntnis, dass seine Erreichung nie möglich sein wird, ist letztlich demotivierend. In amerikanischen Unternehmen wird das Formulieren kaum erreichbarer Ziele häufig praktiziert, was allerdings eine andere Kultur der Führung, Motivation und Arbeitsplatzsicherheit erfordert.
> Bei der Höhe der Zielvorgabe muss berücksichtigt werden, dass Verluste bzw. negative Abweichungen doppelt so stark wahrgenommen werden wie Gewinne bzw. positive Abweichungen. Psychisch kompensiert eine Übererfüllung von 10 Prozent daher nicht eine Zielverfehlung um 10 Prozent. Man kann sagen: Das Leid einer Verfehlung um 10 Prozent ist mindestens doppelt so hoch wie die Freude über 10 Prozent Plus.
> Ziele müssen kontrolliert werden. Wenn die Entlohnung damit verbunden ist, dürfte dies selbstverständlich sein. Wichtig ist aber auch, dass der Vertriebsmitarbeiter die Möglichkeit hat, kontinuierlich seine Zielerreichung zu verfolgen. Nur dann kann er innerhalb des Planungszeitraums gegensteuern und erkennen, dass die Entgeltbemessung korrekt ist.
> Der Vertriebsmitarbeiter müssen mit ihren Fähigkeiten in der Lage sein, die Ziele zu erreichen. Wenn Ziele aufgrund mangelnder persönlicher oder fachlicher Kenntnisse nicht erreicht werden können, werden sie abgelehnt und nicht verfolgt.

Es sind aber nicht nur formale Anforderungen zu berücksichtigen, sondern auch inhaltliche. Beispielsweise ist ein Umsatzziel zwar meist einfach zu verhandeln und zu kontrollieren, verursacht jedoch auf Unternehmensebene Schwierigkeiten. Ein hoher Umsatz kann durch Zugeständnisse bei Rabatten oder Nebenleistungen „erkauft" werden. Die Rentabilität des Unternehmens kann dadurch sinken, was den Umsatzeffekt zunichtemacht.

Ein anderer häufiger Fall ist mit dem Ziel der Senkung der Reklamationsquote verbunden. Sie lässt sich schon dadurch senken, dass berechtigte Ansprüche erst einmal abgelehnt werden. Gibt sich der Kunde damit zufrieden, wird er sich einen anderen Anbieter suchen. Die geringere Reklamationsquote ist deswegen ungeeignet.

Daher müssen weitere **Anforderungen an die Zieldefinition** berücksichtigt werden:

- Die vereinbarten Ziele dürfen nicht die Erreichung anderer Ziele verhindern. Ggf. sind mehrere Ziele parallel zu vereinbaren, die dafür sorgen, dass keine Schieflagen entstehen.
- Neben harten Zielen (Umsatz, Gewinn, Rendite usw.) sollen auch weiche Ziele berücksichtigt werden. Sie sind oft Voraussetzung für harte Ziele und genauer einem Mitarbeiter zuzurechnen.
- Ziele sollen nicht mit Maßnahmen verwechselt werden. Zur Zieldefinition gehört es, dem Mitarbeiter einen gewissen Freiraum bei der Umsetzung zu lassen. Wenn aber anstelle eines Ziels konkrete Handlungsanweisungen vorgegeben werden, entscheidet letztlich die Führungskraft. Irrt sie sich mit ihrer Anweisung, dann würde dies dem Mitarbeiter zugerechnet. Ein Beispiel ist etwa das Ziel, 200 Kunden auf Telefonbetreuung umzustellen, anstatt sie persönlich zu besuchen. Sinnvoller ist es, die Kosten der Kundenbetreuung als Zielgröße zu verwenden. Dann kann der Vertriebsmitarbeiter selbst entscheiden, welche Art der Betreuung und welche Intensität jeweils geeignet ist. Beispielsweise können Kostensenkungspotenziale durch Routenplanung und veränderte Besuchsrhythmen realisiert werden.
- Ziele haben immer auch ihren Zeithorizont. Ein Umsatzziel kann auf mehr oder weniger jeden Zeitraum bezogen werden, gerade deswegen aber ist es schon kurze Zeit später nicht mehr aktuell und angemessen. Ein Ziel wie die Kundenzufriedenheit ist nur langsam zu erreichen, daher ist ein Zeithorizont von einem Jahr oft zu wenig.

Versucht man die unterschiedlichen Anforderungen zu berücksichtigen, ergibt sich schnell die Forderung nach einem komplexen System, das mehrere Ziele beinhaltet:

> **Checkliste 18: Sind Ziele vernünftig gesetzt?**
> ➤ Entspricht das Ziel dem Aufgabengebiet des Mitarbeiters?
> ➤ Kann der Mitarbeiter das Ziel aufgrund seiner Potenziale erreichen?
> ➤ Ist das Zielausmaß motivierend definiert?
> ➤ Ist das Ziel widerspruchsfrei zu anderen Unternehmenszielen definiert?
> ➤ Ist der Zeithorizont für das Ziel angemessen?
> ➤ Lässt das Ziel Freiraum für die Wahl von Maßnahmen für seine Erfüllung?
> ➤ Hat das Ziel eine Bedeutung für das Unternehmen/den Vertriebsbereich?
> ➤ Steht das Ziel in Konkurrenz zu anderen Zielen?
> ➤ Kann die Zielverfolgung kontinuierlich überwacht werden?

Rechtliche Aspekte der Zielvereinbarung

Die generelle Einführung und grundsätzliche Ausgestaltung von Zielvereinbarungsgesprächen ist nach Betriebsverfassungsgesetz mitbestimmungspflichtig. Die betriebliche Interessenvertretung kann über Fragen der betrieblichen Lohngestaltung, insbesondere die Aufstellung von Entlohnungsgrundsätzen und die Einführung und Anwendung von neuen Entlohnungsmethoden, mitbestimmen. Zwischen Betriebsrat und Unternehmensleitung kann über Zielvereinbarungen eine Betriebsvereinbarung abgeschlossen werden.

Zielvereinbarungen müssen sich grundsätzlich den Tarifverträgen unterordnen. Beispielsweise dürfen Löhne nicht in variable und fixe Teile gespalten werden, wenn der fixe Teil unter dem vorherigen Gesamtlohn liegt. Dies gilt auch für übertarifliche Bezüge. Sinnvoll ist es, schon im Tarifvertrag die Möglichkeit vorzusehen, leistungsabhängige Entgelte zu zahlen.

Mitarbeiter haben keinen grundsätzlichen Anspruch darauf, mit einem Dritten zusammen in das Zielvereinbarungsgespräch zu gehen. Anders ist es, wenn es sich als betriebliche Praxis ergeben hat, zu mehreren die Gespräche zu führen. Ebenso kann eine entsprechende Regelung in einer Betriebsvereinbarung getroffen werden.

Wenn die Erreichung eines Ziels aufgrund fehlenden Wissens unmöglich erscheint, kann auch die Teilnahme an einer Bildungs- oder Qualifizierungsmaßnahme Bestandteil der Vereinbarung sein.

Sollte der Zielwert nicht erreicht werden, beschränkt sich der Verlust für den Mitarbeiter auf die Prämie. Sie wird nicht oder nur in geringerem Maße ausgezahlt. Es entsteht keine Ausgleichspflicht etwa für nicht erreichte Umsätze gegenüber dem Arbeitgeber. Auch ergibt sich aus der Zielverfehlung kein Grund für eine Abmahnung oder gar Kündigung. Genauso wenig kann einem Mitarbeiter gekündigt werden, weil er im internen Vergleich der Letzte bei der Zielerreichung ist.

Diskussionen entstehen oft, wenn unklar ist, ob das Ziel erreicht wurde. Ursache ist nicht selten eine ungenaue Definition des Ziels. Die Rechtsprechung hat in solchen Fällen zugunsten des Mitarbeiters entschieden. Der Arbeitgeber müsse für eine eindeutige Formulierung sorgen. Ist dies nicht der Fall, dürfe dies nicht zum Nachteil des Mitarbeiters sein.

3.5 Einsatz von CRM-Systemen

In der Vertriebspraxis wird seit Jahren das Thema CRM (**Customer Relationship Management**) diskutiert, und zwar nicht selten sehr heiß. Dabei ist oft unklar, was damit überhaupt gemeint ist. So verstehen die einen unter CRM den strategischen Ansatz, sich auf die Kundenbedürfnisse zu konzentrieren und die Beziehung auf Dauer zu pflegen. Insofern geht es um Denk- und Verhaltensweisen. Für andere ist CRM eine Software zur Unterstützung der täglichen Vertriebsarbeit, die vor allem mit umfangreichen Daten über die Kunden zu füttern ist und damit nicht selten von der eigentlichen Arbeit abhält.

Die Wahrheit liegt sicher nicht in der Mitte, sondern umfasst letztlich beides. Grundlage für den Einsatz von CRM-Software ist eine klare gedankliche Orientierung an den Kundenbedürfnissen. Was will der Kunde haben, wie will er betreut werden, wie kann seine Zufriedenheit gesteigert werden? Diese und viele weitere Fragen müssen vorab durchdacht werden, um dann die notwendigen Instrumente für die Unterstützung des Vertriebs bestimmen zu können. Dabei handelt es sich im Wesentlichen um die Zurverfügungstellung von Informationen und die Unterstützung bei Standardprozessen. So muss ein CRM-System beispielsweise erst einmal „wissen", auf welchen Wegen Kunden zu akquirieren und betreuen sind, um dann die notwendigen Hilfsmittel wie etwa Kundenprofile, Kontaktmanagement, Briefgeneratoren und Ähnliches anzubieten.

Unter der Überschrift CRM gibt es eine ganze Reihe von Funktionalitäten, die ursprünglich häufig von Einzelsystemen erbracht wurden, heute aber weitgehend in einem Gesamtsystem integriert sind. Sie werden kontinuierlich weiterentwickelt, zum einen einhergehend mit der technischen Entwicklung, zum anderen mit neuen Formen der Kommunikation und Zusammenarbeit. So ist aktuell etwa die Integration der Social-Media-Kanäle in CRM-Systeme ein großes Thema.

Üblicherweise werden drei **Funktionsbereiche von CRM-Systemen** unterschieden:

Operatives CRM

Hier geht es um die konkrete Unterstützung der alltäglichen Arbeit mit den Kunden. Grundlage sind Daten über diese Kunden und die bearbeiteten Märkte. Dazu gehört die Unterstützung bei der Erstellung und Nachverfolgung von Angeboten, die Steuerung der Akquisitionstätigkeit etwa durch Tourenplanung, die Kontrolle von Auslieferungen und Zahlungseingängen, die Planung der Verkaufsgebiete und des Verkäufereinsatzes usw. Diese Informationen werden den Vertriebsmitarbeitern übersichtlich und situationsgerecht verfügbar gemacht, zum Beispiel in Form von Tagesaktionsplänen (Wer ist wann anzurufen? Wer soll besucht werden? Welche Aufträge sind noch offen?). Dadurch sollen das Hauptaugenmerk der Mitarbeiter auf die wichtigen und profitablen Tätigkeiten gelenkt und Kosten gesenkt werden.

Analytisches CRM

Diesen Bereich kann man sich als die intellektuelle Komponente vorstellen. Es geht darum, die Aktivitäten zu bewerten und Handlungsempfehlungen zu entwickeln. Dazu werden zum Beispiel Kundenprofile erstellt, Marktpotenziale geschätzt, Profitabilitätsgrößen wie Kundendeckungsbeiträge oder die Kundenzufriedenheit ermittelt, Vertriebsgebiete bewertet, Kundenaktivitäten in sozialen Netzen beobachtet usw. Dabei werden meist auch andere Funktionsbereiche als der Vertrieb involviert, vor allem Controlling und Marketing. Ergebnis sind zum Beispiel Aktionsprogramme zur Ansprache einzelner Kundengruppen, die Ursachenanalyse von Kundenzufriedenheit und -unzufriedenheit, die Auswahl von Märkten zur Bearbeitung usw.

Kollaboratives/kooperatives CRM

Diese dritte Komponente ist zuständig für die Vernetzung mit internen und externen Partnern des Vertriebs. Sie soll die Steuerung der Schnittstellen erleichtern. Diese bestehen zu Vertriebspartnern wie Händlern und Handelsvertretern, zu eigenen Vertriebskanälen wie Online-Shops und Niederlassungen, zu Leistungspartnern, die Teile einer Dienstleistung erbringen, oder zu Kommunikationspartnern in sozialen Medien. Die Steuerung der Zusammenarbeit mit einem Großhändler im Hinblick auf die Warenversorgung, Sortimentsplanung und Konditionen ist etwa ein Aufgabengebiet des kollaborativen CRM.

Winkelmann (2012, S. 258) sieht die in Abbildung 3.5.1 dargestellten Funktionalitäten eines CRM-Systems.

Management im Vertrieb

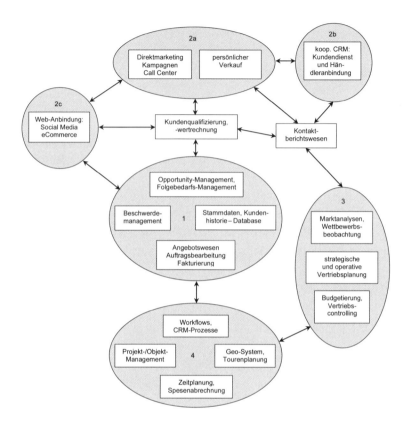

Abbildung 3.5.1: Grundbausteine eines CRM-Systems
(Winkelmann 2012, S. 258)

Wenn Sie die einzelnen Funktionalitäten im Zusammenhang ansehen, stellen Sie fest, dass praktisch alle Inhalte eines Vertriebsbuchs oder -lehrgangs dort abgebildet werden. CRM-Systeme können inzwischen für fast den gesamten Vertriebsalltag eine Hilfestellung anbieten. Letztlich stellt sich die Frage, wie weit man sich davon leiten lassen will. So kann es sinnvoll und akzeptiert sein, sich einen Anruf mit Zeit und Thema vorgeben zu lassen, es kann aber sinnvoll sein, selbst aufgrund vorhandener Besuchsberichte zu entscheiden, welche Aktion sinnvoll ist.

Die Akzeptanz eines CRM-Systems hängt oft damit zusammen, wie es zugänglich gemacht wird. Man kann sich leicht vorstellen, dass die Vielzahl der Funktionen unterschiedliche Darstellungsweisen erfordert. So kann es passieren, dass ein ziemlicher Zahlensalat präsentiert wird, der über Monate der Nutzung harren wird. Intelligenter sind sogenannte **Dashboards**, die man sich als Übersichtsseite über die relevanten Daten mit einer leicht verständlichen Aufmachung vorstellen kann. Für jeden Vertriebsbereich und -mitarbeiter werden die jeweils relevanten Informationen bereitgestellt, nicht mehr und auch nicht weniger. Ein Außendienstmitarbeiter sollte auf einer solchen Bildschirmseite erkennen, welche Angebote zurzeit „im Rennen" sind, bei welchem Kunden zu welchem Thema nachgehakt werden muss, ob die aktuelle Umsatz- und Auftragssituation im Plan ist usw.

4. Literatur

ARD/ZDF-Medienkommission (Hrsg.) (2012): ARD-ZDF-Online-Studie 2012, www.ard-zdf-onlinestudie.de

Bailom, F.; Hinterhuber, H. H.; Matzler, K.; Sauerwein, E. (1996): Das Kano-Modell der Kundenzufriedenheit, S. 117 – 126, in: *Marketing 2/1996*

Biesel, H. H. (2007): Key Account Management erfolgreich planen und umsetzen, 2. Aufl., Wiesbaden

Blake, R. R.; Mouton, J. S. (1994): *Besser führen mit Grid*, Düsseldorf

Cichelli, D. J. (2003): Compensating the Sales Force, New York

Dalrymple, D. J.; Cron, W. L. DeCarlo, T. E. (2009): *Sales Management*, 10. Aufl., New York

Fezer, K.-H. (2010): Telefonmarketing im b2c- und b2b-Geschäftsverkehr, S. 1075–1094, in: *Wettbewerb in Recht und Praxis 9/2010*

Grabs, A.; Bannour, K.-P. (2011): Follow me!, Bonn

Hofbauer, G.; Hellwig, C. (2012): *Professionelles Vertriebsmanagement*, 3. Aufl., Erlangen

Homburg, Chr. (1995): *Kundennähe von Industriegüterunternehmen*, Wiesbaden

Jordan, J.; Vazzana, M. (2012): *Cracking the Sales Management Code*, New York

Kotler, Ph.; Bliemel, F. (2006): *Marketing-Management*, 10. Aufl., München

Kuhlmann, E. (2001): *Industrielles Vertriebsmanagement*, München

Maslow, A. H. (1981): *Motivation und Persönlichkeit*, Reinbek

Meffert, H. (2007): *Marketing*, 9. Aufl., Wiesbaden

Nieschlag, R.; Dichtl, E.; Hörschgen, H. (2002): *Marketing*, 19. Aufl. Berlin

Preißner, A. (2011): *Balanced Scorecard anwenden*, 4. Aufl., München

Preißner, A. (2003): *Kundencontrolling*, München

Preißner, A. (2006): *Projekterfolg durch Qualitätsmanagement*, München

Ratzkowski, J. (2011): *Keine Angst vor der Akquise*, 5. Aufl., München

Verband der deutschen Internetwirtschaft (Hrsg.) (2011): *eco Richtlinie für zulässiges E-Mail-Marketing*, 4. Aufl., Köln

Weis, H. Chr. (2003): *Verkaufsgesprächsführung*, 4. Aufl., Ludwigshafen

Winkelmann, P. (2010): *Marketing und Vertrieb*, 7. Aufl., München

Winkelmann, P. (2012): *Vertriebskonzeption und Vertriebssteuerung*, 5. Aufl., München

Zeithaml, V. A.; Parasuramam, A.; Berry, L. L. (1992): *Qualitätsservice*, Frankfurt

5. Über den Autor

Andreas Preißner war nach dem Studium der Betriebswirtschaft als Produktmanager in der Elektrogerätebranche tätig. Danach wechselte er in die Verkaufsförderung, bevor er sich als Trainer und Autor selbstständig machte. Sein Tätigkeitsschwerpunkt liegt in den Bereichen Vertrieb und Controlling, insbesondere an der Schnittstelle der beiden Gebiete, im Vertriebscontrolling. Er hat Bücher über Vertrieb, Marketing, Controlling, Balanced Scorecard und Geldanlage verfasst. Weiterhin ist er Lehrbeauftragter für Betriebswirtschaft an mehreren Hochschulen.

In seinen Seminaren vermittelt er Führungskräften im Vertrieb und Controlling Kenntnisse und Fähigkeiten, den Vertrieb effizient zu steuern. Dazu gehören sowohl die klassischen quantitativen Methoden, mit denen sich Ertragspotenziale ebenso wie Schwachstellen finden lassen, als auch kreative qualitative Verfahren, mit deren Hilfe Konzepte entwickelt und Strukturen gestaltet werden können. Sein Ansatz ist auf Ausgewogenheit und Nachhaltigkeit ausgerichtet, das heißt es sollen nicht einzelne kurzfristige Ziele zu Lasten anderer verfolgt, sondern ein langfristiger Vertriebserfolg aufgebaut werden. Anders gesagt: Umsatzsteigerungen können im Vertrieb durch Klinkenputzen und durch Qualität erzielt werden. Erstere kommen schneller, letztere bleiben länger.

6. Stichwortverzeichnis

A

ABC-Analyse 219
Absatzhelfer 258
Absatzmittler 40, 258
Abwanderungsgründe 200
AIDA-Formel 82
Akquisitionsprozess 128
Akquisitionstermine vorbereiten 100
Akquisitionstrainings 291
Aktionsdaten 64
Aktionsumsatzanteil 237
Allgemeine Büroarbeit 251
Altersstruktur 218
Altersstrukturanalyse 225
Analyse 30
Anfahrtsweg 143
Anforderungen an den Vertrieb 18
Anforderungserhebung 189
Anforderungs- und Leistungsprofil 165
Angebote 253
Angebotserfolgsquote 240
Anreizformen 296
Anreizgestaltung 293
Anrufe pro Besuch 289
Anteil Außenstände 237
Arbeitslastanalyse 279
Artikel/Bücher 126
Aufgabekunden 233
Auftrag 161
Auftrags-Deckungsbeitrag 236
Auftragseingang 240
Auftragserteilung 159, 244
Auftragsgrößen 181
Auftragsgrößenkonzentration 241
Auftragsvolumen 236, 240, 261, 288
Auftragswert 45
Außendienstmitarbeiter 261, 265
Außendienst-Profitabilität 240
Auszeichnung 297

B

Basisbezirke 278
Bedarfsanalyse 77, 79, 142
Bedarfsdeckungsquote 50, 241
Bedürfnishierarchie von Maslow 81
Bedürfnisse 81
Beeinflusser 54 ff., 272
Begeisterungsleistungen 172
Bekanntheit 88
Bekanntheitsgrad 48, 238
Benutzer 54
Beschwerdeannahme 195
Beschwerdebearbeitung 194
Beschwerdebearbeitungszeit 239
Beschwerdedurchführung 194
Beschwerdemotivation 192
Besprechungen 252
Bestellfrequenz 45
Besuche pro Auftrag 45, 288
Besuche pro Tag/Monat 289

Besuchsbericht 154, 155, 252
Besuchseffizienz 240
Besuchsplanung 287
Betriebswirtschaftliche Schulungen 292
Bonität 61, 226, 230, 237
Bonitätsindex 62
Branchenstruktur 218
Branchenverzeichnisse 101, 124
Briefgestaltung 119 f.
Buying Center 54, 56

C
Cash & Carry 260
Category Management 269
Chemie 152
Clubs 261
Cross Selling 70, 202
Customer Relationship Management 12, 22, 313

D
Deckungsbeitrag 69, 207, 270, 288, 298
Deckungsbeitrag/Kundenwert-Portfolio 232
Deckungsbeitrag pro Mitarbeiter 288
deckungsbeitragsabhängige Entlohnung 300
Deckungsbeitragspotenzial 271
Deckungsbeitragsrendite 236
Deckungsbeitragsstruktur 218
Deckungsbeitragsstrukturanalyse 220
Definitionen des Marketing 13
Delegieren 256
Direkter Vertrieb 14, 257
Direktwerbung 85

Discounter 259
Distributionsgrad 44, 240
durchschnittlicher Auftragswert 45

E
Einkäufer 54
Einzelkosten 207
Elektronische Beschaffung 19
E-Mail-Newsletter 103
Empfehlungen 197
Empfehlungsaktionen 117
Empfehlungskundenanteil 242
Empfehlungsverhalten 181
Entlohnung 293
Entscheider 54, 55, 57
Entscheidungsprozess 30
Entwicklungsabteilungen 265
Entwicklungskunden 228
Erfolgsanalyse 203
Erfolgsdaten 67
Erstkontakt 132, 141
Ertragskunden 229
extensiven Entscheidungen 53

F
Facheinzelhandel 259
Fachmärkte 259
Factory Outlets 15, 261
Fahrtzeiten 247, 250
Fernsehwerbung 94
Finanzierungsberater 266
Firmenadressen 63
fixe Kosten 207
Förderkunden 233
Förderung/Abschöpfung 234
Forderungsmanagement 24
Fragetechnik 137
Franchising 262

Führungstrainings 293
Funkwerbung 94

G
Gatekeeper 55, 118
Gegenfragetechnik 157
Geldprämie 297
Gemeinkosten 207
Generalisierung 31
Geschäftsführung 262
Gesprächsanalyse 153
Gesprächsführung 146
Gesprächsziele 145
Gewohnheitsmäßige Entscheidungen 52
Größter-Winkel-Verfahren 286

H
Handelsspanne 44
Handelsvertreter 260
Hausmesse 114
Huckepackwerbung 116

I
Impulsive Entscheidungen 52
indirekter Vertrieb 14, 257, 258
Innendienst 65, 209, 239, 264, 265
Innovation 235
Innovationskunden 233
Interessentendaten 63
Internationalisierung 21
Internetpräsenz 124
Investitionskunden 232

J
Ja und Nein im Verkaufsgespräch 134

K
Karriereoption 297

Kaufentscheidung 51, 54
Käufermarkt 10
Käuferreichweite 50, 238
Kaufkraft 45, 283
Kennzahlen 42
Key Account Management 15, 205, 269 ff.
Key Account Manager 214, 261, 268, 269, 272
Kleidung 143
Kommissionäre 260
Kommunikationsmittel 82, 84
Kontaktkosten 89
Kontakt- und Verkaufsdaten 65
Kooperationswerbung 189
Kundenalter 217, 242
Kundenattraktivität 225, 226, 228, 229, 230, 232
Kundenattraktivität/Lieferantenposition-Portfolio 226, 228
Kundenbegeisterung 162
Kundenbesuch 142, 143, 255, 288
Kundenbindung 167
Kundenbindungsdauer 299
Kundendaten 60
Kundendatenbank 60
Kunden-DB-Renditen 213, 216, 242
Kunden-Deckungsbeitrag 242
Kundendienstmitarbeiter 265
Kundenentwicklung 162
Kundenerfolgsrechnung 206, 211
Kundengespräch 144
Kundeninformationen 145
Kundenkennzahlen 241
Kundenlebenszyklus 162
Kundennutzen 164

Kundenorientierte Vertriebsorganisation 269
Kundenorientierung 11, 150
Kundenprofitabilität 69, 298
Kundenstruktur 210
Kundenstrukturanalysen 217
Kundenumsatz-(DB-)anteil 242
Kundenwert 67, 70, 76
Kundenwiedergewinnung 190, 199
Kundenzufriedenheit 47, 167, 170, 174, 241, 299
Kundenzufriedenheitsindizes 185
Kundenzufriedenheitskennzahlen 180
Kundenzufriedenheitskennzahlensystem 182, 183

L
Lagerumschlagshäufigkeit 239
Leistungskennzahlen 238
Leistungskurve 255
Lieferanteil 50, 181, 241
Lieferschnelligkeit 239
Lieferzeit 49
Logistikkennzahlen 239

M
Makler 261
Marketing 9, 11
Marketingkostenanteil 237
Marketing-Workshops 292
Marktanalyse 39, 42, 131
Marktanteil 49, 238
Marktanteil im Vertriebskanal 49
Marktausschöpfungsgrad 43
Marktpotenzial 42
Marktvolumen 42

Maslow 80
Mindestleistungen 171, 173

N
Nachfass 158, 159, 160
Nachfragepotenzial 34, 278, 279
Netzwerke 123
neue Vertriebswege 20
Neukundenanteil 240, 299
Niederlassungen 261
Normalleistungen 171 ff.
Nutzendefinitionen 164

O
Öffentlichkeitsarbeit 88, 98
Online-Shops 259
operative Planung 31, 36
Organisation der Vertriebsabteilung 264
Out-of-Stock-Anteil 241
Outsourcing 23

P
Pausenzeiten 249, 251
Phasen der Kundenbeziehung 58
Planung des Außendiensteinsatzes 273
Portfolio-Techniken 225
Potenzialdaten 64
Potenzialgrößen 278
Potenzialschätzung 68
Potenzialverfahren 282
Preisabweichung 299
Preiselastizität 46
Pressekonferenz 99
Pressemitteilung 98
Presseveranstaltungen 99

Privatadressen 61
Problemkunden 228, 229, 231
Produkt-Deckungsbeitrag 236
Produktentwicklungszeit 239
Produktindividualisierung 188
Produktorientierte Vertriebsorganisation 268
Produktschulungen 292
Profitabilitätskennzahlen 236
Provision 23, 25, 68, 71, 118, 203, 215, 260, 276, 295 ff.
Prozesse 24
Pufferzeiten 256

Q

Qualitative Erfolgskriterien 216
Quotenplanung 287

R

Rabattquote 237
Rack Jobber 260
Reaktionsdaten 65
Recall 48
Recency-Frequency-Monetary-Ratio-Methode 75
Recognition 48
Referenzkunden 72, 73
Regionale Vertriebsorganisation 267
Reisende 261
Reklamationsbearbeitung 190
Reklamationskostenanteil 237
Reklamationsquote 238, 299
Reklamationsverhalten 181
relative Lieferantenposition 226
Retention Management 199
RFMR-Methode 75
Rhetorikschulungen 290
Routenplanung 285

S

Sachprämie 297
Sales Mix 241
SB-Warenhäuser 259
Schulungen 252
Selbstmanagement 247
Share of Voice 49
Situationsanalyse 33
SMS 113
Spezifität 168
Starkunden 228
Stornoquote 299
strategische Planung 31, 36
Streuung 97
Strukturanalysen 205
Stück-Deckungsbeitrag 236
Suchmaschinenwerbung 115
Superprovision 296
SWOT-Analyse 33

T

Tagungen/Kongresse 125
Tausend-Auflage-Preis 89
Tausend-Kontakte-Preis 89
Tausend-Zielpersonen-Preis 89
Teilkostenrechnung 206
Telefonverkäufer 265
Termintreue 239
Terminvereinbarung 100
Training der Außendienstmitarbeiter 290

U

Umsatzabhängige Entlohnung\ 299
Umsatzanteil 238
Umsatz-/Deckungsbeitrags-Diagramm 224
Umsatz pro Besuch 287

Umsatz pro Mitarbeiter 287
Umsatz pro Monat/Jahr 287
Umsatzprovisionen 296
Umsatzstruktur 218
Umsatzstrukturanalyse 218
Umsatzwachstumsrate 238
Unique Selling Proposition 12
unproduktiven Tätigkeiten 250
unproduktive Tätigkeiten 251
Unternehmensorganisation 16
Up Selling 202

V
variable Kosten 207
Verbände 125
Verbundumsatzanteil 239
Vereinfachte (limitierte) Entscheidungen 53
Verkauf 10
Verkäufermarkt 10
Verkaufsaktionen pro Monat/Jahr 289
Verkaufsassistenten 265
Verkaufsbezirkseinteilung 277
Verkaufsbudgetierung 274
Verkaufsförderung 88
Verkaufsgebietsdurchdringung 50, 241
Verkaufszeitanteil 240
Vertrauen 167
Vertriebscontrolling 203
Vertriebskennzahlen 240
Vertriebskonzept 30, 37, 39

Vertriebskostenanteil 237
Vertriebsprozess 29
Vertriebsteams 25
Vertriebswege 257
Vertriebswegsanteil 44
Visitenkartenparty 123
Vorlaufindikatoren der Kundenunzufriedenheit 180
Vor- und Nacharbeiten 252

W
Warenhäuser 259
Wartezeiten 250
Wechselkosten 167
Wechselrisiken 167
Werbebudgets 96
Werbeerfolgskontrolle 97
Werbeträgerselektion 95, 97
Werbeziele 96
Werbung 85
Wiederholungskaufrate 238
Wissensaustausch 188

Z
Zahlungsverhalten 180
Zeiterfassungsformular 249
Zeitreserve 143
Zielbildung 35
Zieldefinition 31
Zielebenen 36
Zusammenarbeit mit Kunden 186, 190
Zustellgroßhandel 260

Alles, was Sie wissen müssen bietet einen Überblick über die wichtigsten Bereiche der Wirtschaft. Ob Betriebswissenschaft, Vertriebswissen, Projektmanagement und mehr: Mit diesen Büchern lässt sich schnell und unkompliziert das notwenige Know-how abrufen.

Bewährt und aktualisiert ermöglichen diese Bücher einen unkomplizierten Einstieg in die Unternehmenspraxis. Kompetente Autoren vermitteln das nötige Fachwissen, um im Berufsalltag zu bestehen – von Praktikern für Praktiker.

Einkauf
19,99 €
ISBN 978-3-86881-323-4

MBA
19,99 €
ISBN 978-3-86881-341-8

Projektmanagement
19,99 €
ISBN 978-3-86881-360-9

Kompaktes Wirtschaftswissen für Einsteiger und Praktiker

BWL
19,99 €
ISBN 978-3-86881-359-3

Kennzahlen
19,99 €
ISBN 978-3-86881-342-5

Marketing
19,99 €
ISBN 978-3-86881-482-8
Ab Februar 2013 erhältlich

alles, was sie wissen müssen

Wenn Sie **Interesse** an
unseren Büchern haben,

z. B. als Geschenk für Ihre Kundenbindungsprojekte, fordern Sie unsere attraktiven Sonderkonditionen an.

Weitere Informationen erhalten Sie von unserem Vertriebsteam unter +49 89 651285-154

oder schreiben Sie uns per E-Mail an:
vertrieb@redline-verlag.de